集人文社科之思　刊专业学术之声

集刊名：逻辑与批判性思维

主　办：中国逻辑学会

承　办：四川大学哲学系

　　　　四川大学逻辑、科学与文化研究所

协　办：四川师范大学逻辑与信息研究所

LOGIC AND CRITICAL THINKING, VOL.1

邮政信箱

Lgct2023@126.com

编辑部地址

四川省成都市武侯区一环路南一段 24 号 四川大学文科楼 215 室

第一辑

集刊序列号：PIJ-2024-519

集刊主页：www.jikan.com.cn/ 逻辑与批判性思维

集刊投约稿平台：www.iedol.cn

Logic and Critical Thinking　　　　Vol.1

逻辑与批判性思维

第一辑　　　　　　　　　　　　林胜强 ／ 主编

社会科学文献出版社
SOCIAL SCIENCES ACADEMIC PRESS (CHINA)

让理性与智慧之光大放异彩

随着时代的进步，创新已成为推动国家繁荣、社会文明和个体发展的核心动力。创新是引领发展的第一动力，而批判性思维作为创新的基石，其重要性不言而喻。在此背景下，中国逻辑学会与社会科学文献出版社携手创办《逻辑与批判性思维》集刊，对于推进逻辑与批判性思维的理论研究以及提高公众的思维素养起到积极作用。

批判性思维，是一种基于理性、逻辑和证据的思维方式，它强调质疑、反思和独立思考。批判性思维是现代社会中不可或缺的思维方式，它能够帮助我们更好地理解世界、分析问题、做出决策。当今社会，随着信息爆炸和知识更新速度的不断加快，批判性思维的重要性也日益凸显。近年来，习近平总书记高度重视批判性思维的培养，他强调，"要更加重视人才自主培养，更加重视科学精神、创新能力、批判性思维的培养培育"。[①] 这不仅是对教育工作者的要求，对逻辑与批判性思维工作者的嘱托，更是全社会逻辑与批判性思维学者的责任与担当。在此背景下，《逻辑与批判性思维》集刊应运而生，为批判性思维的研究和普及提供了一个专业的学术平台。

本集刊的创办，旨在推动逻辑与批判性思维的理论研究，促进学术交流与合作。我们设置了多个栏目，包括学术讲堂、高等教育研究、学术论坛

---

① 《习近平谈治国理政》第四卷，外文出版社，2022，第202页。

等，从不同角度探讨批判性思维的理论与实践问题。积极发掘中华优秀传统文化中的批判性思维，构建体现东方智慧的批判性思维理论体系和话语体系，从基础教育入手，加强中小学生的批判性思维教育教学研究，当是我们的重要工作方向。

我们相信，在中国逻辑学会的指导下，在中国逻辑学会批判性思维专业委员会的带领下，广大同人将携手共进，共同谱写逻辑与批判性思维事业的新篇章，让理性与智慧之光大放异彩，为人类的文明进步贡献智慧和力量。

逻辑与批判性思维 第一辑

批判性思维培育的演绎逻辑之根*

张建军**

摘　要：文章通过探讨批判性思维与演绎逻辑的深层关系，批判了离开逻辑根基从事批判性思维培育的学者，论证了演绎逻辑是批判性思维最重要的根基和最基本的工具。文章强调，离开了演绎逻辑的根基，就不可能有真正的批判性思维，也不可能有真正的批判性思维培育。

关键词：批判性思维；培育；演绎逻辑

经过多年探索与讨论，在基础教育和高等教育中均须强化批判性（审辨性）思维能力与素养培育，已逐渐达成社会共识。近年关于"核心素养"的讨论，也使这一共识得以彰显。鉴于逻辑与批判性思维的密切关联，这种新的发展态势为进一步强化我国逻辑基础教育提供了新的有利条件。然而，在当前关于批判性思维培育的讨论中，出现了一种"淡化逻辑教育"的趋向，其表述方式为"两个反对"：一是反对批判性思维培育中

---

　*　本文根据作者在"全国逻辑思维能力测评与培养学术研讨会"上的大会报告的录音整理。

　**　张建军，南京大学哲学学院教授、博士生导师，南京大学现代逻辑与逻辑应用研究所所长；原中国逻辑学会副会长，中国逻辑学会辩证逻辑专业委员会主任。

的"逻辑主义观念",二是反对批判性思维培育的"逻辑取向"。在此影响下,出现了批判性思维课程冲击逻辑基础教育的奇怪现象。我对此的忧虑基于对形式理性在当代社会文化发展中的基础地位和我国逻辑基础教学仍然十分薄弱之现实的认识。如果不努力澄清在逻辑与批判性思维关系上的种种误视与错解,离开逻辑之根基谈批判性思维,则无异于舍本逐末、缘木求鱼。因此,近年来我致力于对上述"两个反对"观念的系统性反驳,基本认识凝结在《高阶认知视域下的批判性思维教学与研究》① 及《批判性思维教育的逻辑根基》② 之中。现借"全国逻辑思维能力测评与培养学术研讨会"之机再就此谈谈一些看法,请大家批评指正。

自 20 世纪后期北美兴起"批判性思维运动"以来,批判性思维研究逐步成为一个广受关注的跨学科研究领域。尽管关于"批判性思维"的定义仍然众说纷纭,但"批判性思维运动"的发起人之一 Robert Ennis 的较为简明而贴切的定义,即"旨在决定(主体)所信或所做的合理的反思性思维(Reasonable Reflective Thinking)",得到了比较广泛的认同。Robert Ennis 本人在 Topic 杂志 2018 年第 1 期上发表"Critical Thinking across the Curriculum:A Vision"一文,比较了数十年来关于"批判性思维"的一些流行定义,表明它们都与他的定义大同小异,我认为这是符合实际的。Ennis 定义中的"反思"体现了"批判性思维"作为"高阶认知"的性质,其表现无非对既有信念的怀疑或置信,而"合理"则是区分批判性反思与非批判性反思的根本标志。由于定义中的"所做"亦以"所信"为前提条件,我认为,批判性思维的根本特征可以概括为"合理怀疑、合理置信"。而无论如何界说,"合理""尊重事实、尊重逻辑",都应作为其核心意涵。批判性思维能力的基本要求,就是要把所有的观点(首先是主体自身的观点)公平地摆在事实与逻辑的理性"法庭"面前进行评估,这不仅为旨在求真与创新的科学思维之所必需,也构成现代合格公民的基本素养。

讨论批判性思维与逻辑的关系,首先便应涉及的是其与演绎逻辑的关

---

① 参见《河南社会科学》2015 年第 7 期,转载于《逻辑》2016 年第 1 期。
② 参见《中国教师报》2017 年 11 月 29 日。

系。国内外一些主张离开逻辑根基从事批判性思维培育的学者，其所针对的也主要是演绎逻辑。在我看来，这样的观点是建立在对演绎逻辑的一系列误视与错解之上的。我所要论证的是，演绎逻辑乃批判性思维最重要的根基和最基本的工具，离开这个根基，就不会有真正的批判性思维。

然而，在某些持有"两个反对"观念的学者看来，演绎逻辑所研究的演绎推理，是与批判性思维的本性相冲突的，因为有效的演绎推理都是从前提到结论的保真推演，因而演绎逻辑只训练人们如何从已知前提必然地推出结论，从而使逻辑训练成为人们循规蹈矩、维护既有信条的工具，其与本本主义、教条主义等非批判性思维相容，与解放思想、探求新知的批判性思维背道而驰。这种认识是对演绎推理与演绎逻辑之本性的严重扭曲。

自逻辑学诞生以来，关于其研究畛域一直有广泛的争论。但争辩各方也存在一个持久的"共识"，即"推理"是逻辑学研究的核心对象。逻辑学对推理的研究，乃基于人类思维的"反思"本性。正如当代认知科学所充分揭示的，"会推理"并非人类的独有属性，而是人与许多高等动物的共性。人之区别于其他高等动物的，乃是人可以对推理做出"反思"，即思考什么样的推理是正确的、可以推出的，什么样的推理是错误的、不能推出的。对这种"可推"与"不可推"的规律与法则的思考与把握，就产生了"逻辑思想"，而将这样的思想条理化、系统化，就构成了逻辑学说，构成了逻辑学这门学问。而"逻辑学之父"亚里士多德的发现——前提到结论能否具有"必然地得出"的关系，也就是演绎推理的有效-保真推出关系，所依据的是推理的形式结构而非推理的内容。正是这个发现，奠定了作为整个科学思维基础的形式理性根基，也解释了把人类零散的知识与信念组织起来，构成合理思维系统的基本逻辑机制。上述误解的根本盲点在于，他们只看到"必然地得出"这一个方向，而没有看到亚里士多德已清楚地揭示的另一个方向：有效推理前提到结论的"形式保真性"，同时也意味着结论到前提的"形式保假性"，也就是有效演绎推理的"逆保假性"。在演绎推理的前提真假、形式有效和结论真假的组合中，前提都真、形式有效而结论假这一组合是绝不会出现的，这正是演绎逻辑的"力量"之所在。换言之，基于有效演绎推理，若其推出的结论明显为假，则其前提至少一假，从而构成对前提的强烈质疑。如果说批判性思维要致力于对既有思维结果的检讨与评判，那么有效演绎推理就构成其最重要的"杠杆"。演绎逻辑非但不是封闭心灵、维护教条的工具，恰恰相反，它是促进心灵开放、质疑教条的最有力的工具，是批判性思维培育中的基本"硬件"。

具有广泛影响的CCTST（California Critical Thinking Skills Test，加利福尼亚批判性思维技能测试），曾设计了如下五个并非互斥的"子量表"，即分析、评价、推论、演绎与归纳（这种设计的合理性另当别论）。除了对演绎的直接测试外，其他各项测试实际上也都离不开对演绎根基的把握。比如，如下案例就涉及对上述能力的综合评估。有人给出如下论证：

> 科学研究不应设置禁区，人工智能研究是科学研究，因此，人工智能研究不应设置禁区。

对这个论证加以评估可以考察多个方面，但需要首先认识到论证者所做的是一个基于三段论的演绎论证。如果其中的三个词项都是在同一意义上使用的，则其所使用的是一个有效的演绎推理。因此，若我们不能接受结论，则必须质疑两个前提之一。这种质疑会涉及"科学研究""人工智能研究"等语词的意义分析，往往是通过"科学研究"与"技术研究"之区分而达成共识。这样的分析当然不能只基于演绎逻辑，但演绎推理机制的基本支撑作用是毋庸置疑的。

在持有"两个反对"观念的学者中流行着这样一种认识：遵守演绎逻辑法则对于批判性思维"既不充分也不必要"。对于"不充分"当然不会有异议，问题在于"不必要"的理据。其所提供的理由是，演绎逻辑所把握的逻辑规律都是广义的"重言式"，也就是都具有"同义反复"的特征，对于批判性思维没有根本性帮助。比如有人举例说，命题同一律"如果p，那么p"是演绎逻辑的基本定理，而它用于实际思维中只会导致同义反复或循环论证。这种误解源自对逻辑规律的"本体"把握与对逻辑规律之应用的"规范"把握的混淆。

经典演绎逻辑所把握的逻辑规律的确都有其形式结构所决定的"重言"（永真）特征，但是它们在实际思维中的应用需要"化理论为方法"（冯契语），即依据一定的思维宗旨（包括价值目标）正确地运用逻辑法则和据此制定的思维规范。比如在实际思考与论辩中必须注意维护命题的确定性，不能随意转移与偷换论题的规范，就是依据上列命题同一律而制定的。而一个好的论证尽管不会仅仅取决于遵循逻辑法则，但假如违反依据逻辑法则所制定的思维规范，必然不会产生好的论证。在论证中如何正确运用逻辑规律与逻辑规范，的确是批判性思维研究所要阐明的，但由此绝不能得出将批判性思维与掌握逻辑规律对立起来的结论。在我看来，对逻辑规律、思维规范与思维方法的区别与关联的把握，对正确认识逻辑与批判性思维之关系是至关重要的。

根据我们在南京大学从事"逻辑与批判性思维"课程的教学实践，我们认为要体现演绎逻辑在批判性思维中的基础作用，阐明"矛盾"与"演绎推理"相互关联是极为关键的。正如卡尔·波普尔在《猜想与反驳：科学知识的增长》中所指出的："批判总是指出某种矛盾：或者是受批判理论之中的自相矛盾，或者是这一理论同另一我们有一定理由接受的理论之间的矛盾，或者是这一理论同某种事实之间——更确切地说也即这一理论同某种事实陈述之间的矛盾。"[①] 波普尔这里是就科学理论而言的，实际上这个道理也可推广到具有合理思维诉求的任何信念系统之中。而演绎逻辑之所以成为"审辨矛盾"的锐利工具，是因为有效演绎推理的形式保真性与逆保假性都基于一定的基本逻辑机制：如果一个推理从形式结构上具备有效性，则肯定其前提否定其结论必然导致自相矛盾；反之亦然。把握好演绎推理这一基本的逻辑机理，并将其转化为基本的逻辑审辨思维方法，是任何批判性思维培育都不可或缺的。依据我们的经验，在教学中可以引入作为这种审辨性思维方法的极致体现的逻辑悖论研究做典型案例分析，这对学生会具有高度的吸

---

① Karl Popper, *Conjectures and Refutations: The Growth of Scientific Knowledge* (London and New York: Rout ledge, 2002).

引力与启发作用。

在持有"两个反对"观念的学者中还有一种影响广泛的认识，即认为现代演绎逻辑的发展，主要是为数学与人工智能服务的，它们远离了人的日常思维，无法为批判性思维素养的培育服务。如果我们真正明了上述逻辑规律、思维规范与思维方法的区别与关联，也会明了这种认识之似是而非。

的确，现代演绎逻辑是在为数学奠定更为坚实的逻辑基础的过程中创生与发展的，而人工智能研究也构成现代逻辑发展的强大推动力，并促进了许多非经典演绎逻辑蓬勃兴起。然而，现代演绎逻辑与传统逻辑对于演绎推理有效性的考察是一以贯之的。尽管其所使用的形式化方法远离日常思维，但通过这种方法所揭示的逻辑规律则远远超过了传统逻辑，而这些逻辑规律恰恰就是居于日常思维之中而未能被传统逻辑所揭示的。在此意义上，现代逻辑比传统逻辑实际上更接近于日常思维。人们所能把握的逻辑规律越多，其实际的逻辑思维与分析论证能力越强，在其他条件相同的情况下，这种正相关关系是不言而喻的。

当然，就不同层次和不同宗旨的教学对象而言，如何把现代逻辑成果运用到批判性思维培育之中，是需要认真研究的；但对现代逻辑的成果适当利用，应是批判性思维培育的一个重要着眼点。例如，现代逻辑对传统逻辑在关系推理上的盲点的克服，就是批判性思维培育中所应当着重加以利用的。正如许多学者所指出的，批判性思维研究实际上是亚里士多德的《后分析篇》《论辩-辨谬篇》《修辞学》的当代后裔。如果说，在这些研究中亚氏只能运用在逻辑初创时期的初级逻辑工具讨论问题，在今日的批判性思维及其教学研究中，我们为什么舍弃已获得充分发展的当代逻辑工具呢？

依据我们的教学经验，应把握和应用为现代逻辑奠基人弗雷格所引入的作为现代逻辑创生标志的"逻辑量词"，在批判性思维素养培育中应发挥其重要作用。我们知道，正是"逻辑量词"的发现，从根本上克服了传统逻辑只使用命题逻辑刻画自然语言条件句的弊端，揭示了大多数自然语言条件句背后所隐藏的量化机制。比如当我们说"如果张三不勤奋努力，他就不会取得好成绩"之时，表面说的是"张三"，实际上这个"张三"是个伪装的个体变元，其所表达的是对于个体域中（可以限制到一定个体，比如学生）的任一个体而言的，如果该个体不勤奋努力，就不会取得好成绩。我们曾在南京大学逻辑通识教学中使用过的关于"南京彭宇案"的分析，可作为反映这种分析的效应的一个典型案例。

曾产生了重大"蝴蝶效应"的南京彭宇案近来之所以重新受到关注，是因为当事人彭宇在时隔十年后公开承认其实际上撞了原告。因而有人又为当时主审法官所招致的社会诟病喊冤，认为其判决实际上"主持了正义"，甚至由此批评媒体与公众对司法审判造成了不应有的"压力"。然而，造成此案产生"蝴蝶效应"的并非判决结果，而是一审法官在感觉证据不够充足的情况下，运用所谓"经验法则"所做的"推理分析"。

"如果是做好事，在原告的家人到达后，其完全可以在言明事实经过并让原告的家人将原告送往医院后自行离开，但彭宇未做此等选择，显然与情理相悖。"对事发当日彭宇主动为原告付出医药费，一直未要求返还的事实，法官认为，这个钱给付不合情理，应属撞人的"赔偿款"。

这种"推理分析"的前提，被社会舆论并非不合理地简化为"如果未撞人就不会主动帮忙"。这样的假言陈述背后隐藏的"逻辑量词"就是"对于任何一个人（限制个体域为人类）来说，如果他未撞人就不会主动帮忙"，根据这样的前提加上彭宇主动帮忙的事实陈述，的确可以有效推出"彭宇撞人"的结论；然而，只要稍为自觉地运用人的反思能力，面对许多危难之际伸出援手的大量反例，无论是根据原审法官的复杂表述还是人们的简化表述，都会从这种"经验法则"中得出许多明显荒谬的结论，据前述演绎推理的"逆保假性"，无疑可以断定这是一个明显虚假的"理由"。

令人遗憾的是，法院二审在没有公开否定这一虚假前提的情况下，在和解协议中增设了"双方均不得在媒体上就本案披露相关信息和发表相关言论"的保密条款，这使彭宇案的真相未能及时让公众知晓，从而使其起了"道德滑坡催化剂"的作用。从演绎逻辑的观点看，即使原审推出的结论最终被证明为正确，但由于它是从一个明显虚假的前提得来的，据此绝不能说明当时所作判决的合理性。如果法官拥有健全的批判性思维素养，这样匪夷所思的"经验法则"就不会出台；而如果社会舆论处于健全的批判性思维所营造的氛围中，就应该集中于对这样的"经验法则"进行批判，而不应在不了解具体案情的情况下为彭宇喊冤。至于十年之后又为法官"喊冤"，实际上仍然偏离了问题的真正"症结"。

像这样的案例分析，可以典型地体现演绎逻辑在批判性思维培育中的基础地位，同时也显示出在逻辑教育中强化批判性思维视角的必要性、重要性与可行性。

显然，批判性思维的逻辑根基并非仅限于演绎逻辑。正如我们从"大逻辑观"视角一再强调的那样，只要我们引入明确的批判性思维视角，则在发展程度不同的三大逻辑基础理论（演绎逻辑、归纳逻辑以及辩证-范畴逻辑）指导下所研究的"演绎有效性""归纳可靠性""辩证灵动性"都是批判性思维的重要支柱。但是，从基本规律、规范与方法而言，这三者是具有层次递进性的，没有前者做基础，后者就没有牢固根基。演绎逻辑是逻辑之本，因而演绎逻辑的基础教育也是批判性思维培育之本。

总之，批判性思维培育本身就是一项"学逻辑、用逻辑"的事业，无论在专门的逻辑与批判性思维的教育中，还是在其他路径的批判性思维训练中，都应强化对其逻辑根基的认识与把握。要真正加强批判性思维培育，就应当全面促进多层次逻辑教育事业的发展。

正是基于上述认识，我和南京大学逻辑学科团队近年来做了以下五个方面的努力。

第一，积极探索在逻辑基础教学中如何通过更自觉地引入批判性思维视角，更好地体现逻辑在批判性思维素养培育中的作用，这首先体现在我们对开设的本科一年级文科大类课程"逻辑与批判性思维"和全校通识课"逻辑与科学思维方法""逻辑与语言表达"等课程的建设之中。我们经多年积累贯彻了如下四个基本教学理念。

（1）应体现演绎逻辑本位和现代逻辑观念。

（2）应承继亚里士多德《后分析篇》传统，体现逻辑的科学方法论功能。

（3）应承继亚里士多德《论辩篇》传统，体现逻辑在人类日常思维和实际论辩中的作用。

（4）应以培养以"一求四讲"（求真、讲理、讲规则、讲条件、讲系统）为经纬的"逻辑精神"为基本宗旨。

其中后三项都明确包含"合理怀疑、合理置信"的批判性思维视角，取得良好的教学成效。

第二，将批判性思维培育研究与研究生培养及学科建设密切结合。组织研究生作为助教参与上述课程建设，并将批判性思维培育贯彻在研究生培养的过程之中。在科研中也注意增强批判性思维研究，比如在我们承担的国家社科基金重大招标课题"广义逻辑悖论的历史发展、理论前沿与跨学科应用研究"之中，把"悖论研究在批判性思维与素质教育中的应用"列为重要的研究专题。

第三，我们也下大功夫翻译出版了两部国际发行量最大的高校逻辑基础教材：柯匹等著《逻辑学导论》①和卡哈尼等著《逻辑与哲学：现代逻辑导论》②。两者均被列入中国人民大学出版社"国外经典哲学教材译丛"。旨在使得国内学界更清楚地了解西方"批判性思维运动"本身所基于的厚重的逻辑基础教学背景，同时也为我国高校逻辑基础教学提供借鉴。令人振奋的是，多达80万字的《逻辑学导论》的两个版本已先后重印20余次，发行量达十几万册，这说明了社会所蕴藏的学逻辑、用逻辑的现实需求。

第四，我们积极支持学科成员参与多层次逻辑教育的社会服务与普及工作，比如参与"马工程"逻辑学教材的编撰，参与编撰作为高级科普的"逻辑时空丛书"等工作，承担全国逻辑自学考试的主考、教材编写与命题工作；参与各层次逻辑考试的研讨、命题、面试与辅导工作等。

第五，我们积极参与了推进国民基础教育中逻辑思维素养教育的工作。特别是对我们主编的高中实验选修教材《科学思维常识》进行了多次修订，并促使该教材在2017年颁布的新课标中转型升级为"选择性必修"教材

---

① 先后出版原书第11版和第13版两个译本。

② 原书第9版译本。

《逻辑与思维》。该教材目前已进入专家委员会终审阶段，在一定程度上体现了上述逻辑基础教育的"递进式"结构。

以上工作我们都将以历史使命感与责任感继续加以改进与推进，希望继续得到大家的关心、支持。

审辩式思维与心理健康

谢小庆*

摘　　要： 审辩式思维（批判性思维）与心理健康和本文作者的工作经历有着密切联系。文章通过自己的工作经历，探讨了心理健康与信仰、审辩式思维与信仰以及审辩式思维与心理健康的关系，重点揭示了审辩式思维对于心理健康的重要性。

关 键 词： 审辩式思维；信仰；心理健康

　　审辩式思维与心理健康这个主题与我的工作经历有着密切联系。1985 年元旦，华中师范大学心理咨询保健所正式开业。当时，保健所广告上的"心理咨询"四个字是我用钢板、铁笔在蜡纸上写出的。这是中国最早的心理咨询服务机构之一，是迄今为止中国不间断服务历史最长的一个心理咨询机构。华中师大的心理咨询服务一直延续至今，一代一代，一棒一棒，接力前行，从未中断。

　　1984 年底，我自己用白面熬出糨糊，骑着自行车，挂着糨糊筒，在武昌司门口、水果湖、大东门、街道口等处的电线杆上贴"心理咨询"的小广告。二十多年间，我一直以为我的小广告只贴在武昌。大约在 2010 年，一位女作家通过网络联系上我，告诉我，当年，她是一位刚满 20 岁的现役军人，她曾经帮我把这个小广告贴到了汉口的六渡桥等闹市区。至今，她还保

---

　　*　谢小庆，北京语言大学教育测量研究所原所长，博士生导师，长期从事教育测量、思维品质测试、审辩式思维教学和研究工作。

留了一份这个小广告。她的讲述，使我回忆起当初那个穿着军装，主动找上门来愿意做心理咨询志愿者的小女兵。

1985 年 3 月 16 日，《江汉早报》登了一条消息："医治心病，指渡迷津，华师教育开展心理咨询服务。"后来，王伟老师于 1985 年 9 月 20 日前后，出钱先后两天在《江汉早报》刊登了华中师大心理咨询保健所的广告，广告占据了小半版的篇幅。当时华中师大咨询保健所有一台 IBM 原装的 PC 机，拥有类似机器的学校在那时并不多。1983 年开始，我给华中师大三年级的学生开了一门必修课"心理测量学"，给四年级学生开了一门选修课"咨询心理学"。

今天我主要谈我的一个看法：有明确、坚定、虔诚信仰的人更容易保持心理健康，审辩式思维（critical thinking）有助于一个人建立信仰，从而有助于一个人保持心理健康。我的发言包括三部分：心理健康与信仰；什么是审辩式思维；审辩式思维与信仰。

一　心理健康与信仰

2015 年 10 月 24 日，扎克伯格在清华大学用中文进行了一次演讲，通过三个故事讲了他自己的三个关键词，第一个关键词是"使命"。他创建"脸书"的初衷是"建立起人与人之间的联系"。许多次，许多人，包括公司的董事会成员问他："你这个项目怎么赚钱？"他回答说："我不知道，但是，我知道，连接人是我们的使命。"

我猜想，具有使命感的人，通常更容易保持心理健康。这个问题，可以作为心理学的一个研究课题。

我并不是凭空猜想，猜想来自我自己的生活经历。1967 年 11 月我到内蒙古东乌珠穆沁插队落户，1978 年通过高考进入北京师范大学心理专业学习，在内蒙古生活了 11 年。根据我的观察，那些有明确、坚定、虔诚信仰的人，很少出现心理健康问题。在我插队的生产队，共有 36 名北京知青。插队期间，并没有人出现严重的心理健康问题。一名知青返城后，出现了精神疾患。在我插队的生产队，由于近亲生育，存在一些智力残疾人员，但没有出现过严重的心理健康问题。我认为，这与信仰有很大的关系。当时，知青大多保持坚定的共产主义信仰，心心念念关注着"祖国的前途，人类的命运"。当时，牧民大多信仰"长生天"，大多信仰藏传佛教。牧民对藏传佛教的虔诚信仰给我留下了深刻印象。

在这两天的大会发言中，"抑郁症"是一个高频词，多篇报告涉及"抑郁症"。"抑郁症"也是今天高发的心理健康问题。当初，在我插队期间，不论是知青，还是牧民，并不存在抑郁症问题。

2014年9月9日，习近平总书记在我的母校北京师范大学考察，他讲道："做好老师，要有理想信念。陶行知先生说，教师是'千教万教，教人求真'，学生是'千学万学，学做真人'。老师肩负着培养下一代的重要责任。正确理想信念是教书育人、播种未来的指路明灯。不能想象一个没有正确理想信念的人能够成为好老师。"①

唐代韩愈说"师者，所以传道受业解惑也"。"传道"是第一位的，一个老师，如果只知道"受业""解惑"而不"传道"不能说这个老师是完全称职的，充其量只能是"经师""句读之师"而非"人师"了。古人云："经师易求，人师难得。"一个优秀的老师，应该是"经师"和"人师"的统一，既要精于"受业""解惑"更要以"传道"为责任和使命。好老师心中要有国家和民族，要明确意识到肩负的国家使命和社会责任。

1983年，我在华中师大给三年级学生开了一门必修课"心理测量学"，课程讲义于1988年由华中师范大学出版社正式出版。在讲义的绪论部分，我写道："笔者认为，教育的第一职能是发展学生人格，其核心是品质，其次才是发展学生智力，再次才是传授学生以知识。今天，我们的许多学校教育恰恰是本末倒置了，注重传授知识而忽视发展能力，更不重视发展学生人格。在这种教育状况下，不仅学生知识面窄，实际分析问题和解决问题能力差，独立思考能力差，而且缺乏社会责任感，缺乏理想与抱负，审美能力

---

① 习近平：《做党和人民满意的好老师——同北京师范大学师生代表座谈时的讲话》，人民出版社，2014，第4~5页。

低，兴趣狭窄。在这种对学生健全人格发展的干扰中，考试亦发挥着重要作用。"①

我当时讲的，是 36 年前教育存在的问题，是那时我对教育的批评。大家想一想，今天，是否还存在类似现象？这些问题是否已经得到解决？

1989 年 3 月 6 日，我在《中国青年日报》发表了一篇关于德育的文章。在文章开头，我写道："作为一个看着孩子一天天长大的父亲，我时常想，儿子将来能够成就一番轰轰烈烈的事业固然可喜，不过，只要他为人正直，善良，有信念，肯努力，即使一生默默无闻地做工务农，我也感到满足。如果说对儿子有什么期望，那么，首先是身心健康，其次才是能力学识……"

我在这篇文章中还写道："今天学校德育困窘状况无须赘述。原因何在？是由于共产主义这一凝聚着人类悠久大同理想的信仰失去了生命力吗？是由于利他、助人、友善、诚信、责任这些曾经贯穿人类历史的价值观失去了生命力吗？绝不是！我相信，随着人类文明程度和理性水平的不断提高。这些蕴藏于人性之中的美好东西一定会愈益显示出强大生命力。"

如果对历史感兴趣就会知道，那时的报纸上，很少有人讲类似的话。

我一贯认为："健康"比"成功"重要，"立德"比"赋能"重要，培养"好人"比培养"能人"重要。教育在培养"创新人才"方面的失败，是小失败；在培养"好人"方面的失败，是大失败。

我在《当代中国研究》2000 年第 4 期发表的一篇文章中说：我是一个心理学者，我不相信一个没有信仰支撑的民族会真正地兴旺发达。

我在《中国教师》2007 年第 10 期发表的文章中说，今天高考指挥棒主导的应试教育，所损害的不仅是学生的能力发展，更严重的问题是损害学生的人格发展；所损害的不仅是"受业"，更严重的是损害"传道"。在这种应试教育中，核心价值观的培养成为当今教育最薄弱的环节。我们呼吁把学生从死记硬背的重负下解放出来，不仅是为了他们可以更好地"格物致知"，更是为了他们可以更好地"正心修身"，不仅是为了保护学生的好奇心和创

---

① 谢小庆：《心理测量学讲义》，华中师范大学出版，1988，第 6 页。

造力，更是为了培养学生的爱心，为了培养学生的社会责任感和审美能力。①

为了保护青少年的心理健康，一个重要的措施是帮助青少年建立信仰。发展学生的审辩式思维，这对于信仰建立，十分重要。

二　什么是审辩式思维

我本人是做考试的，主要是做三个考试：公务员考试、中国汉语水平考试、中国少数民族汉语水平考试。因此我用我最熟悉的方式，即考试的方式，来谈什么是审辩式思维。

1. "长风破浪会有时，直挂云帆济沧海"是谁的诗句？（A）

A 李白

B 杜甫

C 王维

D 白居易

2. 彭平是计算机专家，姚欣是数学家。其实，所有的计算机专家都是数学家。今天，国内大多数综合大学都在培养计算机专家。据此，我们知道（D）

A 彭平由综合大学培养

B 多数计算机专家由综合大学培养

C 姚欣并非毕业于综合大学

D 有些数学家是计算机专家

第 1 题考查的是知识记忆，第 2 道题考查的是逻辑推理能力。

3. 在 2008 年北京奥运会上，中国体育代表团获得了 51 枚金牌，位于金牌榜首位。据此，有人认为，中国的体育运动水平已经处于国际领先水平，通过开展体育运动，成功地增强了中国人的体质。对于这一推论反驳最有力的一项是（D）

A 虽然中国获得的金牌数位于首位，但获得的奖牌总数却比美国少

B 主办国在奖牌的竞争中往往处于有利地位

---

① 谢小庆：《为什么要进行高考改革》，《中国教师》2007 年第 4 期。

C 中国足球队在 2008 年北京奥运会中一场未赢

D 按人均计算，中国获得的金牌数低于世界的平均数

这道题考察的是事实与论点之间的关系。

4. 论题：是否所有的适龄青年都应该读大学？

观点：是。

论证：在大学中青年人可以有机会学习唱歌和跳舞。这项论证（B）

A 有说服力

B 缺乏说服力

5. 论题：是否所有的适龄青年都应该读大学？

观点：不是。

论证：相当比例的年轻人既没有足够的能力也没有足够的兴趣进行大学学习。他们很难从大学中获益。这些论证（A）

A 有说服力

B 缺乏说服力

大家知道，今天法国和德国的教育制度是初中毕业以后分流。我国确定初中毕业后分流的政策就是学习法国和德国的结果，而不是学美国的结果。这个论证，对于为法国和德国的教育体系辩护，为我国既定的教育政策辩护，是具有一定说服力的。

6. 论题：是否所有的适龄青年都应该读大学？

观点：不是。

论证：强度过大的学习会对一个人的人格造成永久的伤害。这项论证（B）

A 有说服力

B 缺乏说服力

第 4、5、6 题考查的是什么？考的是对一项论证的评价能力。

第 3~6 题考查的不是知识记忆，也不是逻辑推理能力，而是审辩式思维水平。

长期以来，国际教育界已经形成共识：教育最重要的任务之一是发展学

生的审辩式思维，审辩式思维是最值得期许的，是最核心的教育成果。伴随着 AI 的快速发展，发展学生的审辩式思维变得更加重要。

"critical thinking" 有以下多种汉译方式：

（1）批判性思维（今天最普遍的翻译）

（2）评判性思维

（3）思辨能力

（4）思辨力

（5）审辩式思维

（6）审辩式思维

（7）明辨性思考

（8）分辨性思考

（9）严谨的思考

（10）明辨性思维

（11）辨识性思考

（12）明审性思考

（13）慎思明辨

（14）关键思维

在现代汉语中，"批判" 这个词与 20 世纪 30 年代相比已经发生了变化，在 30 年代将 critical thinking 翻译成 "批判性思维" 没有问题。但是。在现代汉语中，"批判" 已经包含了一定的攻击意义和负面意义（aggressive or negative），在英语中，它并没有攻击和负面的含义，完全是一个中性的词语。我希望学生，以及诸位，能够对我讲的每一句话都予以审辩，但不希望你们对我讲的每一句话都展开 "批判"。

"维基百科" 中说：审辩式思维是一种判断命题是否为真或是否部分为真的方式。审辩式思维是我们学习、掌握和使用特定技能的过程。审辩式思维是一种我们通过理性达到合理结论的过程，在这个过程中，包含着基于原则、实践和常识的热情和创造。审辩式思维的源头在西方可以追溯到古希腊时苏格拉底的方法，在东方可以追溯到古印度佛教的《卡拉玛经》———一部以倡导怀疑精神为突出特色的经典——和《论藏》等佛教经典。审辩式思维对一个人在教育、政治、商业、科学和艺术等许多领域内的发展都会产生重要的影响。

20 世纪 90 年代，鉴于人们关于"何为审辩式思维"问题言人人殊，众说纷纭，美国哲学学会面向哲学和教育领域的专家，运用德尔菲方法（Delphi Method）对"何为审辩式思维"问题进行了研究。德尔菲方法又称专家规定程序调查法。该方法主要是由调查者拟定调查表，按照既定程序，以函件的方式分别向专家组成员进行征询，而专家组成员又以匿名的方式通过函件提交意见。经过多轮反复征询和反馈。专家组成员的意见逐步趋于集中，最后获得具有高度共识的集体判断结果。此项研究的调查对象包括 46 名相关领域的权威专家，调查共包含 6 轮反馈修订。Peter A. Facione 主编的《德尔菲报告——审辩式思维：对以评估和教学为目的的专家共识的说明》报告了此项研究的结果，说明了专家们关于审辩式思维的共识。该报告可以说是迄今为止对关于"什么是审辩式思维"这个问题最权威、体现最大共识的一个回答。

审辩式思维包括认知技能和人格气质两个方面。认知技能又包括 6 项核心技能和 16 项子技能。

表 1　认知技能划分

核心技能	子技能
1. 解释 Interpretation	1. 归类 Categorization
	2. 意义解码 Decoding Significance
	3. 意义澄清 Clarifying Meaning
2. 分析 Analysis	4. 观点探测 Examining Ideas
	5. 论证确认 Identifying Arguments
	6. 论证分析 Analyzing Arguments
3. 评价 Evaluation	7. 判断评价 Assessing Claims
	8. 论证评价 Assessing Arguments

续表

核心技能	子技能
4. 推论 Inference	9. 证据查证 Querying Evidence
	10. 设想多种可能性 Conjecturing Alternatives
	11. 导出结论 Drawing Conclusions
5. 阐释 Explanation	12. 说明结果 Stating Results
	13. 过程判断 Justifying Procedures
	14. 展示论证 Presenting Arguments
6. 自我调整 Self-Regulation	15. 自省 Self-examination
	16. 自我纠错 Self-correction

在人格气质方面包括对待生活的一般态度和面对特定问题的处理方式。对待生活的一般态度包括以下几种：

◆对广泛问题的探究欲和好奇心。

◆努力保持自己具有广泛、畅通的信息来源渠道。

◆运用审辩式思维对各种机会保持警觉。

◆在理性探索过程中保持真诚。

◆对自身理性的自信。

◆对各种不同的世界观保持开放心态。

◆在考虑各种替代方案和多种选择时具有灵活性。

◆能够听取和理解其他人的意见。

◆理性评价中的公平意识。

◆能够诚实地面对自己可能存在的偏见、成见、思维定式、刻板印象、自我中心倾向和社会文化局限性。

◆三思而行，知错认错。

◆能够听取不同意见，接受那些理由充分的反对意见，并修正自己的观点和计划。

面对特定问题的处理方式包括以下几种：

◆清晰地界定问题。

◆有条理地处理复杂问题。

◆尽力收集最全面的信息。

◆合理地选择和运用评价标准。

◆可以将注意力集中于当下的问题。

◆面对困难具有坚韧性。

◆精益求精。

我们关于审辩式思维的最简描述：不懈质疑、包容异见、力行担责。

具有审辩式思维的人不轻易相信家长、老师、领导、专家和权威的说法。他们会用自己的头脑独立地进行思考，不懈质疑。他们会想，家长、老师、领导、专家和权威们这样想，这样说，这样做，那么，我自己应该怎样想？怎样说？怎样做？他们会根据自己的思考、学识、情感、经验和理性做出自己的独立判断。这是一个审问、慎思、明辨、决断的过程，这个过程所需要的就是审辩式思维。他们并非一概地拒绝和反对他人的意见，而是在经过自己的思考以后，做出自己的判断，接受或者拒绝他人的看法。

我们的很多看法来自对以往经验的归纳。但是，经验归纳的结论常常是靠不住的。

一百多年前，那时还不知道相对论、量子力学和"大爆炸宇宙学"，恩格斯就曾指出说："按照归纳派的意见，归纳法是万无一失的方法。但是并非如此，它的似乎是最可靠的成果，每天都被新的发现所推翻。"[1]

习近平总书记于 2019 年 1 月 21 日在"省部级主要领导干部坚持底线思维着力防范化解重大风险专题研讨班"开班式上强调："要高度警惕'黑天鹅'事件。"[2]

美国东部时间 6 月 27 日晚，我们又看到一个不大不小的"黑天鹅"。拜

---

[1] 《马克思恩格斯选集》（第三卷），人民出版社，2012，第 930 页。

[2] 《习近平著作选读》（第二卷），人民出版社，2023，第 406 页。

登和特朗普的辩论，让我大跌眼镜。为什么我会有如此之感？原因是，党的十八大举行闭幕会那一天，我在北京国际会议中心有过一次发言，发言的身份是北京语言大学的老师，发言的题目是《母语是最重要的核心胜任力》。当时我说道，美国孩子在跟谁学母语，在跟奥巴马、罗姆尼、克林顿和希拉里学习母语。我们的孩子在跟谁学习母语？在跟一众明星学习母语。12 年前，当我在国际会议中发言时，我绝对想不到，12 年后的今天，美国的孩子会真的跟拜登和特朗普学习母语。

具有审辩式思维的人，不是"手电筒只照他人"，不是仅仅质疑他人，他会"双向质疑"，既质疑他人，也质疑自己。正是由于质疑自己，他才会包容异见。他会想到，别人可能是错的，我自己也可能是错的。

具有审辩式思维的人不是"口头革命派"，不是坐而论道者，亦不是纸上谈兵者，而是行动者，力行担责。面对复杂、艰难的选择，其会勇敢地、果断地做出自己的选择并付诸行动，并坦然地面对自己行动的后果，承担自己的责任。

陶行知先生原名陶知行，后自己改名为陶行知。他悟到，不是"知而后行"，而是"行而后知"，在行动中才逐渐获得真知。王阳明先生最重要的核心理念是"知是行之始，行是知之成"。陶行知先生却持相反的看法，陶先生说："行是知之始，知是行之成。"

我对"审辩式思维"的理解：审辩式思维是一种最重要的职业胜任心理特征，表现在认知和人格两个方面。其突出特点表现为以下几点。

1. 合乎逻辑地论证观点。

2. 凭证据讲话。

3. 善于提出问题，不懈质疑。

4. 对自身的反省，对与此相关联的异见的包容。

5. 对一个命题（claim）适用范围的认识和理解，对命题概括化（generalization）范围的认识和理解。"人要宽容""课堂要以学生为中心""顾客是上帝""有志者事竟成"等，所有这些命题，都仅仅在一定的条件下才能成立，都具有一定的适用范围，都并非"放之四海而皆准"。

6. 直面选择，果断决策，勇于为自己的选择承担后果和责任。

审辩式思维水平很大程度上代表一个人进行有意义、有说服力论证的水平。学术研究，主要是一个论证过程。

三　审辩式思维与信仰

我今天讲的第三个话题是审辩式思维与信仰。包括三方面的内容：

1. "初心"不需要论证；

2. 重要的不是"讲道理"而是"讲故事"；

3. 重要的不是"说教"而是"行为感召"。

（一）"初心"不需要论证

"只有发展学生的审辩式思维，才能帮助学生建立信仰。"为什么我这么说？

维特根斯坦无疑是 20 世纪最重要的思想家之一。有一种流行的说法："维氏之前的哲学家都是在给柏拉图做注释。"这种说法，不无道理。维特根斯坦是 20 世纪两个重要学派的创始人。人们一般认为他是逻辑实证主义的创始人。当年，石里克曾经领着维也纳学派的成员们，把维特根斯坦那本薄薄的《逻辑哲学论》读了两遍，一句一句地读了两遍。维特根斯坦也是语言哲学的创始人。我个人认为，他很可能是生活在 20 世纪而对 21 世纪产生最重要影响的思想家。他在世时仅仅在 1922 年（33 岁）正式出版了一本书：《逻辑哲学论》。这本书不足百页，共七章，作为全书结论的第七章仅仅一句话："对于不可说的东西，保持沉默（What we cannot speak about we must pass over in silence）。"

对于我们中国人来讲，这句话是否似曾相识？老子在《道德经》中说"道，可道，非常道"①，"知者不言，言者不知"②，庄子讲"意之所随者不

---

① 《道德经》第 1 章，北京联合出版公司，2015。
② 《道德经》第 58 章，北京联合出版公司，2015。

可言传也"①。两千多年后，维特根斯坦、哈耶克等人读懂了老、庄的话，理解了老、庄的话。

有人说"先有鸡"，有人说"先有蛋"；有人说"不患寡而患不均"，有人说"不患不均而患贫"；有人说"蛋糕做大才有东西可分"，有人说"分好蛋糕才能把蛋糕做大"；性本善还是性本恶；效率优先还是公平优先……许多时候，道理很难讲清楚。通常越是重要的问题，道理越难讲清楚。

二战结束以后，全世界都重视从小发展学生的审辩式思维，通常，发展儿童的审辩式思维，从区分"事实"与"看法（观点）"开始。例如冰激凌通常是以牛奶制品做的，这是一个事实；冰激凌好吃，这是一个观点。足球是黑白相间的，这是一个事实；和体操相比，足球是更好的运动，这是一个观点。

1946 年 10 月 25 日，卡尔·波普尔应邀参加了一个小型研讨会。波普尔也是 20 世纪一位很了不起的科学哲学家，金融大鳄索罗斯就是波普尔的学生。那天晚上，参会人员有二十几个人，其中包括罗素和维特根斯坦。这是同样出生在维也纳的波普尔与维特根斯坦的唯一一次见面，也是罗素、波普尔和维特根斯坦三人唯一一次同处一室。半个多世纪以后，2001 年，两位记者关于这次研讨会写了一本书，书名是《维特根斯坦的拨火棍——两位大哲学家 10 分钟争吵的故事》，详细记录了那天晚上发生的事情。2003 年，此书被翻译为中文，由长春出版社出版。两位记者采访了曾经参加那天晚上会议的人。那天晚上究竟发生了什么？有一种说法是，当时维特根斯坦拿着长长的壁炉拨火棍威胁波普尔，就被罗素大声喝住，罗素说："你住手。"之后，维特根斯坦扔掉了拨火棍，冲出了房间。这是一个著名的"罗生门"，众说不一，这是一种说法。

两位记者走访了几乎所有在场的人，阅读了几乎所有的回忆资料。图尔敏是当时的在场者，两位记者曾采访图尔敏。图尔敏 2009 年去世。两位记者的这本书值得看一看，书中系统地讨论了维特根斯坦与波普尔的分歧。

当时，在场者之一是图尔敏。我是搞心理测量的，我怎么会关注到审辩

---

① 参见《庄子·天道》。

式思维呢？主要缘于图尔敏。

这次会议上，许多报告人的研究都采用了测验或问卷。会议报告涉及了几十个测验或问卷。我估计，报告人心里最不踏实的就是测验或问卷的效度，最感到没有底气就是测验效度。

2013年，我发表了4篇关于测验效度的文章。《测验效度概念的新发展》，发表于《考试研究》2013年第3期；《效度：从分数的合理解释到可接受解释》，发表于《中国考试》2013年第7期；《教育测量：从数学模型到法学模型》，发表于《招生考试研究》2013年第3期；《效度概念发展与评价范式转变：从库恩和波普尔到图尔敏的科学哲学演进》，发表于《湖北招生考试》2013年第10期。四篇文章都是介绍2006年出版的《教育测量》（第4版）中"效度"一章的内容。《教育测量》（第4版）的封面上写着："此书被公认为教育测量领域的《圣经》。"这本书大致每20年修订一次。各个版本的第一章都是"效度"。第4版的"效度"一章，采用了图尔敏论证模型作为基本的效度论证模型。我是从《教育测量》（第4版），第一次知道了图尔敏这个人。

如果没有看过这4篇文章的人，可以找来看一看。

今天，所有的学术研究都是"论证"。今天，在国际论证研究领域中，影响最大的一个论证模型就是"图尔敏论证模型"。图尔敏最重要的一本书《论证的使用》是1958年出版的。出版后，遭到全世界逻辑学界和哲学界的强烈批评，他的博士导师与他断绝了来往，至死没有与他恢复联系。

图尔敏在剑桥读了本科、硕士和博士，他读的专业是数学和物理。图尔敏深受维特根斯坦的影响，在剑桥读书期间，曾两度听维特根斯坦的课。1973年，图尔敏和雅尼克出版了一本书，标题是《维特根斯坦的维也纳》。注意，是"维特根斯坦的维也纳"，而不是"维也纳的维特根斯坦"。维特根斯坦和波普尔都出生在维也纳，但他们二人的维也纳是不一样的。喻家山、珞珈山和桂子山的武汉，与汉正街的武汉，也是不一样的。因此，图尔敏写的是"维特根斯坦的维也纳"，而不是"维也纳的维特根斯坦"。

这本书不是维特根斯坦的传记，既不是关于其个人生活经历的传记，也不是思想传记，而是一篇学术研究论文，是在此书的第一作者雅尼克的博士学位论文基础之上写成的。在这项研究中，图尔敏与雅尼克一道，论证了他们的看法（主张，claim）：维氏的《逻辑哲学论》主要不是一部逻辑学著作，而是一部伦理学著作；他所关注的主要问题不是认识论问题，而是伦理学问题，或道德问题。

这本书谈到，维特根斯坦在 1929 年 12 月的一次谈话中说："对于伦理是不是一门科学、价值是否存在、善可否被定义等等这些蠢话，都该就此打住了。对于伦理，人们永远在力图想办法说出些什么，然而就其本性而言，却什么也表达不出，也永远不可能表达出来。我们不用想就知道：能被定义成善的不管是什么东西——它除了误解还是误解……"① 实际上，这也是康德的看法。

在书中，图尔敏说："世界的意义在事实性的东西之外。在价值和意义的领域里，不存在命题，不存在事实……必须摒弃一切把伦理学置于'智识基础'上的企图，这是维特根斯坦坚定的信念。"② 图尔敏还说："在生命问题面前，事实并不重要。在生命中，重要的是能够对他人的苦难做出回应。这与恰当的情感有关。"③

著名的心理学家马斯洛在 1958 年出了一本书《人类价值新论》。这是马斯洛组织编写的一本论文集，是当时国际上研究道德价值问题方面的权威学者合作写出的一本书。1986 年，当时我还在武汉华中师范大学教书，我和武汉大学的胡万福博士等合作将此书翻译成中文，由河北人民出版社出版。1993 年，我在《中国图书评论》发表了一篇关于此书的书评，题目是《一个不能自圆其说的梦——从两部译著谈马斯洛的价值理想》。

我在这篇文章的开头处说："人类怎样在互相竞争的价值观念之间作出

---

① 〔美〕阿兰·雅尼克、〔英〕斯蒂芬·图尔敏：《维特根斯坦的维也纳》，殷亚迪译，漓江出版社，2016，第 227 页。

② 〔美〕阿兰·雅尼克、〔英〕斯蒂芬·图尔敏：《维特根斯坦的维也纳》，殷亚迪译，漓江出版社，2016，第 225~226 页。

③ 〔美〕阿兰·雅尼克、〔英〕斯蒂芬·图尔敏：《维特根斯坦的维也纳》，殷亚迪译，漓江出版社，2016，第 228 页。

选择？怎样建立一个终极的价值标准？美国著名心理学家马斯洛一生追求这一问题的解答，力图‘建立一种自然主义的和心理学的价值体系，一种不依赖人的自身存在之外的权威而基于人自己的自然本性之上的价值体系’。"①他力图找到一个"最终决定好与坏、正确与错误的最高上诉法院"。②

马斯洛毕生致力于建立一种终极的价值标准，试图通过对那些"自我实现的、健康的人"的客观的、科学的观察得出人类应该具有的品质，从而建立起"描述性的、自然主义的人的价值科学"。围绕这一问题，马斯洛形成了自己独特的价值理论。在关于这一理论的述评里我指出，作为一位杰出的学者，马斯洛意识到自己的这种困境，为了摆脱这种困境，他的策略是扩大科学概念，"扩大科学的方法和权限"，从而将"热爱、创造、价值、美、想象、道德、快乐"等均包括在科学领域之中。他"要使科学开始考虑迄今为止一直不是科学家所处理的问题——宗教、诗歌、价值观、哲学和译注"。其实，这种对科学的扩展不仅无助于价值问题的解决，反而会导致事实问题的混乱。这种扩展不能扩大科学领域，只能造成科学的贬值。只能使科学与非科学之间的界限更加混乱。

我在这篇书评中说，马斯洛的价值理想是一个不能自圆其说的梦。

美国《独立宣言》写道："我们秉持不证自明的真理：所有的男人平等。"（We hold these truths to be self-evident, that all men are created equal.）"人人生而平等"的信念，是不证自明的，是不需要论证的，是不容置疑的，也是不需要置疑的，就像几何学中的欧几里得公理，并不需要证明。

只有发展审辩式思维，才能理解"事实"（fact）与"看法"（opinion）之间的区别，才能理解事实判断与价值判断之间的区别，才能理解科学命题与价值信念之间的区别。只有发展审辩式思维，才能理解，社会主义核心价值观和共产主义信仰，是不需要论证的，是不容置疑的，也是无须置疑的。

不忘初心，牢记使命。只有发展审辩式思维，才能理解，初心和使命是

---

① 谢小庆：《一个不能自圆其说的梦——从两部译著谈马斯洛的价值理想》，《中国图书评论》1993年第3期。

② 〔美〕A. H. 马斯洛：《存在心理学探索》，李文湉译，云南人民出版社，1987，第3页。

不需要论证的，是不容置疑的，也是无须置疑的。这就是说，审辩式思维发展不仅与思想政治教育不冲突，而且会大大促进学生社会主义核心价值观的建立，坚定学生的共产主义信仰。

（二）重要的不是"讲道理"而是"讲故事"

习近平总书记2018年8月21日在北京召开的全国宣传思想工作会议上强调："主动讲好中国共产党治国理政的故事，中国人民奋斗圆梦的故事，中国坚持和平发展合作共赢的故事，让世界更好了解中国。"①

只有通过审辩式思维方式，才能讲好故事，才能实现立德树人的目标。具有审辩式思维者的突出特点是，理解语言的局限性，理解理性的局限性，理解形式逻辑（包括演绎和归纳）的局限性。

维特根斯坦《逻辑哲学论》第四章中有一句话："可以'秀'的东西，不可以'说'。"（What can be shown，cannot be said.）

卢梭在其教育经典《爱弥儿》一书中指出，向男孩子和女孩子讲解道德，那等于是在消灭他们所受的一切良好教育的效果。像那样冷冰冰地教训一阵，其结果必然会使他们对说教的人和他们所讲的话产生反感。

"立德树人"，不仅要讲出高明的道理，而且要讲出动人的故事。只有那些具备审辩式思维的人，才可能讲出好故事。只有具有审辩式思维的人，才可能听懂好故事。这是我们重视发展审辩式思维的重要原因。

2016年12月31日，我在"审辩式思维"微信公众号上贴出了《敬告网友》一文，说明我将告别审辩式思维，从2017年开始，兴奋点转向立德树人。

这几年，我在中国地质大学、河北农业大学、东莞理工学院等学校做了一些题为"青春和价值观"的讲座。我主要是讲故事，主要是讲史来贺和吕玉兰两位劳动模范的故事。

以下是我的一系列留言。

2014年10月15日在吕玉兰纪念馆的留言："对吕玉兰这样实干苦干的

---

① 《习近平出席全国宣传思想工作会议并发表重要讲话》，中国政府网，https://www.gov.cn/xinwen/2018-08/22/content_5315723.htm。

劳动者，我永远顶礼膜拜。在这个备受屈辱民族的繁荣中，凝聚着吕玉兰等英雄的汗水和血水。"

2012 年 4 月 11 日在河南新乡向劳动模范史来贺同志致敬。

2014 年 10 月 15 日在河北临西向劳动模范吕玉兰同志致敬。

2014 年 10 月 30 日在大庆向劳动模范王进喜同志致敬。

2012 年 4 月 12 日在大寨向劳动模范陈永贵同志致敬。

2013 年 10 月 26 日在河北晋州向劳动模范雷金河同志致敬。

2017 年 10 月 27 日在辽宁凤城向劳动模范毛丰美同志致敬。

（三）重要的不是"说教"而是"行为感召"

雨果的名著《悲惨世界》为我们提供了一个关于行为感召和个别示范的典型例子。小说中所塑造的冉阿让这样一个震撼人心的形象，曾经是一个偷恩人东西、抢小孩钱的冷酷的人。米里哀主教改变和造就了他。主教没有一句说教，只有善良心地和执着信念的感召。这种感召恰似一道闪电击穿了冉阿让在多年苦役生活中形成的沉重的自卫铠甲，照亮了他那蒙满尘垢的心灵。

今天，我们立德树人需要的正是米里哀主教这样的身教。

维特根斯坦的一个重要贡献是，他指出，脱离使用语言本身没有意义。他在《哲学研究》第 432 节中写道："一个词的意义就是它在语言中的用法。"（The meaning of a word is its use in the language.）他还说："每个符号自身仿佛是僵死的。什么东西赋予符号生命？——符号在使用中才是活的。"（Every sign by itself seems dead. What gives it life? ——In use it is alive.）

例如："足球队，谁都赢不了；乒乓球队，谁都赢不了。"

脱离使用，"谁都赢不了"这句话的含义无法确定。

又如："冬天，能穿多少穿多少；夏天，能穿多少穿多少。"

脱离使用，"能穿多少穿多少"这句话的含义无法确定。

最重要的不是一个人说了什么，而是谁在说。同样的话，出自不同的人，效果迥异。

因此，立德树人，最重要的不是言语的说教，而是行为的感召，不是一般的倡导，而是个别的示范。

同样的一些话，出自不同人的口，有时会产生截然不同的效果。在大学的课堂上，同一句话，有的教师讲出会赢得一片掌声，有的教师讲出则会招致一片嘘声。原因主要在于，前者已经用自己的行为为自己赢得了讲话的资格，而后者却没有。"不忘初心，牢记使命。"这是我经常跟自己的学生们讲的一句话。每次讲的时候，我都能看到学生不由自主、情不自禁地点头。我知道，有些人讲这句话时，听者在心里嗤之以鼻。对于立德树人重要的不是讲出什么话，而是这些话是由谁讲的。

今天，需要有人去针砭时弊，去愤世嫉俗，但是，更重要的是需要有人用自己的行为去树立道德形象。知识分子也生活在现实之中，经常会面临种种非常具体的价值判断。准备致力于立德树人的助学者需要首先自问，需要舍生取义的时候，自己能否挺身而出？面对种种诸如职称、待遇、住房、养老、医疗、子女升学就业等非常现实、非常具体的诱惑时，自己能否坦率地说出自己的良心判断？只有当这些问题都能够得到肯定的回答之后，你才真正具有了不同于"经师"的"人师"的资格。

一位致力于立德树人的助学者，首先需要抱持"诚实"的生活态度。"诚实"是合格助学者最基本的特征。在相对比较宽松的气氛之中，在不必以自己的个人利益来承担风险时，许多人可以真诚地说出自己的良心判断。但是，当压力来临的时候，当可能要为自己的真诚付出代价时，许多人失去了足够的勇气。对于这类问题，并不需要去论证"一个人应该诚实地生活"，仅仅需要以自己的行为来为人们提供示范，树立楷模。凭借什么立德树人？我认为，重要的不是凭借对某一主张合理性的论述来坚守价值立场，而是凭借树立"富贵不能淫、威武不能屈"的自身形象来坚守价值立场。

2018 年，在欢迎我的新一届研究生入学的时候，我精心准备了一篇欢迎词。这篇欢迎词，收在了我的书中，也刊载在我的微信公众号上，很容易在网上搜到。我在欢迎词中说："为了不给自己留下遗憾，我希望你们尽量避免讲违心的话，避免讲言不由衷的话。我并不奢望你们具有讲出自己良心判断的勇气，但我希望你们具有在特定情境下保持沉默的勇气，尤其是在大是大非的原则问题上。20 年来，我为中国汉语水平考试（HSK）、中国少数民族汉语水平等级考试（MHK）、国家公务员考试、国家职业汉语能力测试（ZHC）、汉字应用水平测试（HZC）等的发展做出了自己的一份贡献。与这些相比，更让我感到聊以自慰的是，在大的原则问题上，我从未讲过违心的话。在多数情况下，我都可以坦率地讲出自己的良心判断。"

湖北曾经有过一个英雄模范朱伯儒。20 世纪 80 年代，我曾看到他的一句话："不要只是抱怨社会的冷漠。要想一想，自己怎样去为它增加一些温暖。"朱伯儒的这句话影响了我几十年，我在这里与大家分享。

国家的未来发展，有信念的"新人"，比"新制度""新法律""新政府"更重要。没有法律是万万不能的，但是法律不是万能的。《道德经》讲："失仁而后义，失义而后礼。夫礼者，忠信之薄，而乱之首。"① "法令滋彰，盗贼多有。"② "其政察察，其民缺缺。"③ 董仲舒也讲道："法出而奸生，令下而诈起，如以汤止沸，抱薪救火。"④ 这是极其深刻的洞见！

中国的长治久安，持续发展，固然需要"能人"，但首先需要心理健康发展的人。为了保护青少年的心理健康，需要帮助青少年建立对共产主义的坚定信仰。发展审辩式思维，是信仰建立的一个重要环节。

谈话至此，我带给大家的几乎没有什么答案，而是一系列的问题。

"审辩式思维"与"逻辑思维"的区别是什么？

面对 AI 的挑战，怎样发展学生的审辩式思维？

面对 AI 的挑战，怎样测量和评价学生的审辩式思维？

为什么说老子、董仲舒那些貌似低估"法治"重要性的话是"深刻的洞见"？

关于这些问题，在我 2024 年出版的《审辩式思维》⑤ 和 2020 年出版的

---

① 参见《道德经》第 38 章，北京联合出版公司，2015。
② 参见《道德经》第 57 章，北京联合出版公司，2015。
③ 参见《道德经》第 58 章，北京联合出版公司，2015。
④ 参见《汉书·董仲舒传》，三晋出版社，2008。
⑤ 谢小庆：《审辩式思维》，中国纺织出版社，2024。

《终身成长：创新教育新思维》① 两本书中，有深入的讨论。感兴趣的朋友，可以找来读一读。

（本文为作者在 2024 年 6 月 30 日在"第 11 届中部心理学学术大会"上的发言。由四川师范大学唐盈根据会议录像视频和发言 PPT 整理。作者在发言内容的基础上有补充。）

---

① 谢小庆：《终身成长：创新教育新思维》，清华大学出版社，2020。

从"逻辑导论"到"逻辑与批判性思维导论" *

*武宏志***

摘　要: 全球批判性思维研究与教学的新浪潮,不仅与逻辑学的新发展,特别是脱颖而出的非形式逻辑相伴而行,而且这两股思维新势力相互促动,既使批判性思维在大学传统课程体系中找到了安身之地,又让大学(通识)逻辑教学的面貌焕然一新。大学逻辑教学改革的成果之一便是"逻辑与批判性思维"课程的兴起。此类课程教科书以不同方式处理逻辑与批判性思维的关系,试图将逻辑知识、方法和精神作为批判性思维的有力工具,并与之融为一体。逻辑知识、方法和精神服务于批判性思维技能和倾向的培养,不仅能充分发挥逻辑提升理性思维水平的传统功能,而且利用逻辑自身的模式化、规则化的优势,能够让批判性思维具体化、可操作,取得实效。逻辑与批判性思维的融合——创造一种逻辑教学的新形态,不仅可能而且可行。

关 键 词: 批判性思维;逻辑;非形式逻辑;论证;谬误

---

* 本文为 2020 年度教育部人文社会科学研究青年基金项目"佩雷尔曼新修辞学论证理论研究"(20YJC72040001)阶段性成果。

** 武宏志,延安大学 21 世纪新逻辑研究院教授,主要研究方向为批判性思维和非形式逻辑。

放眼全球，批判性思维运动已持续 40 多年。在自动化和人工智能时代，随着以 ChatGPT 为代表的生成式大语言模型快速发展，对批判性思维的社会需求更大、更突出了。所以，国际社会普遍承认批判性思维的重要性，并敦促各级教育将批判性思维培养置于教学的中心地位。虽说人们不停地抱怨批判性思维定义繁多，尚无完全统一的理解，但仔细考察就会发现，无论给出怎样的定义，任何批判性思维概念都内蕴六大要素：怀疑（或悬置判断）、核查信息、考虑多元替代意见（或思想开放）、权衡正反论证、揭示谬误和依证据做出判断（提出最佳问题解决办法）。而且，一些机构也在努力统一对批判性思维的理解。例如，欧盟的一项计划基于"德尔菲报告"，尝试统一该组织内各国高等教育中的批判性思维定义。① 按照几乎所有对批判性思维的说明，演绎能力、语言敏感性、归纳能力和察觉谬误的能力，构成批判性思维最低限度的要件。② 这些能力的形成与逻辑知识、能力和精神有关。这种关系最典型地体现在一门迎合批判性思维的逻辑课程——"逻辑与批判性思维"之上。

一 "逻辑与批判性思维"课程的兴起

现代大学的逻辑课程及其教学经历了两次大变革。第一次是数学逻辑向

---

① 由欧盟委员会/EEAEA 通过 ERASMUS⁺计划资助的"跨欧洲高等教育课程的批判性思维"（CRITHINKEDU——Critical Thinking Across the European Higher Education Curricula）项目成果提出了"21 世纪欧洲批判性思维技能和倾向清单"的建议，采用了 Facione（1990）技能和倾向的理论框架，但做了不尽相同的解释，而且揭示了不同专业领域（生物医学、STEM、社会科学和人文）中六大技能和七大倾向的不同特点。参见 Danieila Dumitru et al., A European Collection of The Critical Thinking Skills and Dispositions Needed in Different Professional Fields for The 21st Century/coord. CRITHINKEDU proj. Caroline Dominguez. Vila Real: UTAD, 2018: 57-58。日本学者则对批判性思维倾向测试（CCTDI）作了简化，将 7 类 75 个倾向压缩为 4 类（"对逻辑思考的自觉""探究心""客观性""重视证据"）33 个。参见平山るみ，楠見孝，《批判的思考態度が結論導出プロセスに及ぼす影響——証拠評価と結論生成課題を用いての検討》，《教育心理学研究》，Vol. 52（2004）：186-198。

② Trudy Govier, "Problems in Argument Analysis and Evaluation," *Windsor Studies in Argumentation Vol.* 6(Windsor, Ontario: Centre for Research in Reasoning, Argumentation and Rhetoric, University of Windsor, 2018), pp. 388-389.

大学逻辑课程的渗透。哲学专业的（传统）逻辑课被数学逻辑取而代之。通识类（传统）逻辑课转变为吸收数学逻辑基础知识的"逻辑导论"或"导论逻辑"（introductory logic）。第二次是大学逻辑课程呼应社会需求，恢复逻辑作为公民参与民主社会生活的技艺的功能，典型现象是非形式逻辑的兴起。从文化起源来看，这种新逻辑是一种让逻辑适应 20 世纪 60 年代变化了的北美高等教育环境的努力。在吸引学生注册的竞争过程中，美国大学哲学系的竞争手段之一便是支持"应用的"或"实践的"新逻辑课程的设计和教材编写。非形式逻辑创始人约翰逊和布莱尔的逻辑教科书——《合乎逻辑的自卫》（*Logical Self-Defense*）最初的名称就是"应用逻辑"。在一次访谈中，约翰逊这样介绍该书的主旨：各种各样的说服性诉求敲打着人们的意识之门。要做一个睿智而又负责任的人就必须学习逻辑技巧，面对花言巧语的攻击能进行自我防卫。在"应用逻辑"手稿评论的备忘录中（题为"为应用逻辑课本组织的会议备注，1974 年 10 月 1 日"），约翰逊和布莱尔为支持自己教科书的最终名称"合乎逻辑的自卫"提供了说明：我们的角度是处理批判性思维的一部分，或许可称之为"防御性思维"（defensive thinking）。这个角度提供一种（概略的）统一原则：课本中的一切（多多少少）可以归入"要能良好地防御性思考你需要知道的"题目之下。讨论用举反例的方法将我们带入自己曾经刻意回避的领域——逻辑攻击的策略。我们曾围绕所谓的"防御逻辑"（defensive logic）——如何避免被他人的坏逻辑所欺骗，设计整个课本，这要求全新的内容，无论从目录看还是从教授逻辑攻击的方法看，它其实是一种不同的方向，是一种不同的书。①

卡哈尼（Howard Kahane）《逻辑与当代修辞学：日常生活中推理的使用》（1971）被公认为第一本非形式逻辑教科书。它试图摆脱逻辑的严格数学内涵，让其成为评估事物（包括政治主张、广告和教科书）的真正的工具。卡哈尼选取政治家的演说、报纸社论和漫画以及广告和教科书作为分析

---

① Takuzo Konishi, "Toward a History of Argumentation: Canadian Informal Logic", in J. Ritola ed., *Argument Cultures: Proceedings of OSSA* 09, Windsor, ON: OSSA, 2009: 9, 12.

材料，以揭露有缺陷的逻辑和偏见。它向学生展示了如何分析一个论证或文本并评估其逻辑价值，教他们如何在形形色色的当代政治和社会辩论中使用逻辑原则去发现正确或错误的推理，帮助其提高对日常政治议题和社会议题的推理能力（从而帮助提高社会的政治讨论水平）。① 由于它鼓励学生分析和质疑有权势者的决定，学生们也喜欢这种逻辑方法。这种逻辑教学方法，也被一些哲学老师当作批判性思维或非形式逻辑而接受，他们希望挣脱罗素等思想家对逻辑所持的数学逻辑观的束缚，让逻辑成为分析日常生活问题的实用工具。这本书推动了美国大学哲学系和英语文学系批判性思维课程的快速发展。② 之后，"批判性思维"或"批判性推理"课程和教科书呈井喷之势。批判性思维运动，尤其是第一波浪潮——"基于非形式逻辑的批判性思维"运动，为非形式逻辑的进一步快速发展提供了沃土，而非形式逻辑课程给批判性思维教学在大学课堂落地提供了良好载体。

为了加强逻辑的应用性，越来越多的高校开始开设所谓的"逻辑与……"（Logic and……）课程。这些课程的正式名称通常以"逻辑与"开头，并在"与"后面加上其他内容。通常，"与"之后包括"批判性思维"。无论如何，开设这些课程目的是让学生在学习逻辑同时也学习其他内容。当然，学生从不同的学校或不同教师那里学到的"其他内容"似乎有很大差异。③ 所以，"逻辑与批判性思维"这类课程及其教科书的出现，可以看作思维的传统学科——逻辑为响应社会需求而做出的一种努力。

自 1946 年以来，以"逻辑""批判性思维"（或"批判性推理"）这两个词的组合命名的教科书或训练教材不在少数（见表1）。

---

① Howard Kahane, *Logic and Contemporary Rhetoric: The Use of Reason in Everyday Life* (Belmont: Wadsworth, Inc. , 1984), p. xi.

② Paul Lewis, Howard Kahane, "Philosopher Who Advanced A School of Logic," *New York Times*, 2001, May 22, Section C, p. 18. https: //www. nytimes. com/2001/05/22/nyregion/howard-kahane-73-philosopher-who-advanced-a-school-of-logic. html.

③ T. Ryan Byerly, *Introducing Logic and Critical Thinking* (Grand Rapids, MI: Baker Academic, 2017), p. ix.

表 1　以"逻辑""批判性思维"命名的教科书和训练教材

作者	书名	出版机构	版次
Max Black	*Critical Thinking: An Introduction to Logic and Scientific Method*	Prentice-Hall	1946, 1952, 1960
William Henry Werkmeister	*An Introduction to Critical Thinking: A Beginner's Text in Logic*	Johnsen Publishing Company	1948, 1952, 1957, 1969, 2008, 2013
Ellie Weiler	*Critical Thinking Skills: Using Logic*	Remedia Publications	1983
GarthL. Hallett	*Logic for the Labyrinth: A Guide to Critical Thinking*	University Press of America	1984
Merrilee H. Salmon	*Introduction to Logic and Critical Thinking*	Wadsworth	1984, 1989, 1995, 2002, 2007, 2013
David Kelley	*The Art of Reasoning: An Introduction to Logic and Critical Thinking*	W. W. Norton & Company	1988, 1994, 1998, 2014, 2021
John Woods, Andrew Irvine and Douglas N. Walton	*Argument: Critical Thinking, Logic and the Fallacies*	Pearson/ Prentice Hall	200, 2004, 2015
Leslie Armour and Richard Feist	*Inference and Persuasion: An Introduction to Logic and Critical Reasoning*	Fernwood	2004
Milos Jenicek and David Hitchcock	*Evidence-based Practice: Logic and Critical Thinking in Medicine*	AMA Press	2005
Rod Jenks	*Logic and Critical Thinking: A Text for Community College Students*	University Press of America	2006
Elsa M. Glover, Diana Dorai-Raj, and Wallace A. Lassiter	*Learning Critical Thinking From Logical Principles: A Workbook*	Lulu Press, Inc.	2007, 2009, 2018
Timothy A. Crews-Anderson	*Critical Thinking and Informal Logic*	Humanities-Ebooks	2007
Stan Baronett	*Logic: An Emphasis on Critical Thinking and Informal Logic*	Oxford University Press	2008, 2012, 2015, 2018, 2021
Eric Dayton	*Critical Thinking, Logic, and Argument*	Pearson Education Canada	2009

续表

作者	书名	出版机构	版次
Busby C. Robert and Robert H. Oxley	*Logic: Using a Critical Thinking Path*	Pearson Learning Solutions	2010
Anand Vaidya and Andrew Erickson	*Logic and Critical Reasoning*	Kendall Hunt Publishing	2011
Todd Michael Furman	*Critical Thinking and Logic: A Philosophical Workbook*	Gegensatz Press	2011, 2016, 2023
Eric Hedman	*That's Not Logic! Critical Thinking in Catroon Form*	e-book	2011
Ranga Raghuram	*Critical Thinking and Logical Reasoning Primer*	CreateSpace Independent Publishing Platform	2014
Stephen Plowright	*Learning Logic: Critical Thinking with Intuitive Notation*	Lulu Press, Inc.	2015
Marianne Talbot	*Critical Reasoning: A Romp Through the Foothills of Logic for the Complete Beginner*	CreateSpace Independent Publishing Platform	2015
Edward Ryan Moad	*Logic and Critical Thinking: An Introduction for Muslim Students*	Kazi Publications, Inc.	2017
Adam Grant	*Doing Logic: Critical Thinking in Action*	Onzieme Edition	2017
T. Ryan Byerly	*Introducing Logic and Critical Thinking*	Baker Academic	2017
Simone Russell and William Smith	*Learning Logic: A Practical Guide to Critical Thinking (with Worksheets)*	Onzieme Edition	2017
Elsa M. Glover, Diana Dorai-Raj and Wallace A. Lassiter	*Learning Critical Thinking From Logical Principles: A Workbook*	Lulu Press, Inc.	2007, 2009, 2018
Layla Barnaby	*Logic and Critical Thinking*	Larsen & Keller Education	2019
Philip Turetzky	*The Elements of Arguments: An Introduction to Critical Thinking and Logic*	Broadview Press	2019
Judith A. Boss	*Think: Critical Thinking and Logic Skills for Everyday Life*	McGraw-Hill Education	2014, 2020

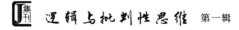

续表

作者	书名	出版机构	版次
Jules J. Berman	*Logic and Critical Thinking in the Biomedical Sciences Volume I: Deductions Based Upon Simple Observations*	Elsevier Science	2020
Jules J. Berman	*Logic and Critical Thinking in the Biomedical Sciences Volume Volume 2: Deductions Based Upon Elsevier Science Quantitative Data*	Elsevier Science	2020
Zach Lee	*Logic for Christians: Critical Thinking for the People of God*	Lucid Books	2021
	Essential Logic for Thinking Skills: For Opportunity Class Tests and Selective School Test. Critical Thinking, Propositions Logic	Pre-Uni New College Press	2021
Donald L. Hatcher	*Logic for Critical Thinkers*	American Press	2021
	Critical Thinking & Logic Mastery[1]	Thinknetic	2022
Bonnie Risby and Robert K. Risby	*Lollipop Logic: Critical Thinking Activities*	Routledge, Chapman & Hall, Inc.	2023[2]
Joel Gruun	*Critical Thinking, Logic & Problem-Solving: The Ultimate Guide to Better Thinking, Systematic Problem Solving and Making Impeccable Decisions with Secret Tips to Detect Logical Fallacies*	e-book	2023

①此书是 *Critical Thinking in A Nutshell: How to Become An Independent Thinker And Make Intelligent Decisions*、*Conquer Logical Fallacies: 28 Nuggets of Knowledge to Nurture Your Reasoning Skills*、*The Habit of Critical Thinking: Powerful Routines to Change Your Mind And Sharpen Your Thinking* 的合集。

②这是为不同年级的少儿设计的全彩色插图套书，训练 7 种不同的思维技能——序列、关系、类比、演绎、模式解码、推理和批判性分析。

浏览这些五花八门的"逻辑与批判性思维"教科书和训练材料的主旨说明，立刻会得出一个鲜明的分类印象：大部分是导论逻辑的翻版，少部分试图另辟蹊径解决逻辑与批判性思维如何融合的问题。

二 "逻辑与批判性思维"教科书的四种写法

继续仔细考察上述教科书或训练材料，进一步发现它们大致以 4 种不同方式处理逻辑与批判性思维的关系。（1）直接将以往的逻辑导论或导论逻辑更名为"逻辑与批判性思维";（2）在逻辑框架中填补对批判性思维的少量论述；（3）在批判性思维框架中涵盖少量逻辑知识；（4）将逻辑知识、方法和精神作为批判性思维的有力工具，并与之融为一体。第4种可以看作逻辑教学的一种新形态——逻辑知识、方法和精神服务于批判性思维技能和倾向的培养，这不仅能够充分发挥逻辑提升理性思维的传统功能，而且能利用逻辑自身的模式化、规则化的优势，让批判性思维具体化、可操作，取得实效。遗憾的是，自布兰克《批判性思维：逻辑与科学方法导论》（1946）以后冠以"逻辑与批判性思维"之名的教科书，并没有处理好逻辑这个工具与批判性思维这个目标的关系，人们在其中其实看不到逻辑的知识、方法和精神是如何被用来培养批判性思维技能和倾向的。一言以蔽之，尽管逻辑与批判性思维被统一于一个共同的名称之下，逻辑的内容与批判性思维的内容多多少少堆叠在一处，但逻辑与批判性思维的"两张皮"现象非常严重，这给保罗等专家批评逻辑取向的批判性思维教学提供了口实。

布兰克《批判性思维：逻辑与科学方法导论》虽然冠以批判性思维之名，但实际上是导论逻辑形态的教科书。① 此书除了标题以外，正文提及批判性思维仅3次，全篇只讲逻辑。最典型的是凯利（David Kelley）的《推理艺术：逻辑与批判性思维导论》（2021年第5版），属于地地道道的导论逻辑。② 著名批判性思维专家哈彻（Donald L. Hatcher）的《批判性思维者的逻辑学》（2021），③ 虽然以"批判性思维概述"开篇，但接下来的全部内容是一套"论证逻辑"（没有数学逻辑基础部分）。

著名逻辑学家萨尔蒙（Merrilee H. Salmon）《逻辑与批判性思维导论》（2013年第6版）有所进步，它"给先前并无逻辑训练的学生提供发展批判性思维技能的工具。它通过归纳逻辑和演绎逻辑的基本原则引导学生，向他们展示如何利用这些原则在日常信息洪流中区分有价值的信息和无价值的信息，从而实现上述目标"。该书的教学辅助材料，包括每章许多相关的例子

① 台湾东方书店将该书第二版（1952）中译本名之为《逻辑导论》。
② David Kelley, *The Art of Reasoning: An Introduction to Logic and Critical Thinking* (New York: W. W. Norton & Company, 2021).
③ Donald L. Hatcher, *Logic for Critical Thinkers* (Boston: American Press, 2021).

和练习,"阐明了逻辑和批判性思维的一般原则如何应用于日常生活"①。此书前言与正文提及批判性思维 41 次,在不少地方将逻辑知识和技能与批判性思维联系起来。

在第一章"论证导论"里,萨尔蒙指出,逻辑和批判性思维派上用场的地方就在于:帮助我们理解信息、分析信息的含义、按相关性对其分类、检查它的准确性和完整性、平衡相互竞争的信息、筛选出好信息和坏信息、将看似不相关的信息整合起来,找出模式,如果计划根据信息采取行动,还需要考虑我们的行动将如何影响他人。萨尔蒙认为,批判性思维涉及许多不同的活动和能力,其中重要的能力包括:(1)分析信息的意义;(2)核查信息的准确性和完整性;(3)将各种信息以融贯的方式整合在一起;(4)理解指示和建议;(5)遵循指示;(6)解决问题;(7)评估哪些信息与特定议题相关,以及这些信息是否为某断言的真提供证据;(8)质疑没有意义的事情;(9)设法避免思维中的错误(谬误);(10)在需要支持某个陈述(构建论证)时,调度相关信息(证据);(11)判断所谓证据是否支持一个结论(识别和评估论证);(12)按照最佳可用信息或证据做出决策和计划。萨尔蒙特别关注逻辑和批判性思维两者的"重叠部分":(1)分析意义,对语言不同使用方式的敏感性;(2)能够识别何时需要证据来支持某种说法,辨识论证,确定其组成部分,提供隐含前提,并根据语境对所述论证的前提和结论进行归类,并评估一个论证的前提支持其结论;(3)辨识并避免谬误,意识到陈述本身的真与这些真陈述为其他陈述提供支持之间的区别;(4)根据可用信息或证据做出决策。②

在萨尔蒙看来,"论证"(argument)是逻辑与批判性思维的纽带。逻辑研究领域关注分析论证并评估其正确性或不正确性。因此,它在批判性思维中起着重要作用。然而,逻辑比批判性思维更宽泛,因为它并不限于检查特定的论证,而是对有效推论和正确推理原则的一种形式的、系统的研究。可

---

① Merrilee H. Salmon, *Introduction to Logic and Critical Thinking* (Boston: Wadsworth, 2013), pp. vii, ix.

② Merrilee H. Salmon, *Introduction to Logic and Critical Thinking* (Boston: Wadsworth, 2013), pp. 2-4, 38.

见，逻辑和批判性思维是独立的但有重叠的学科。这种"重叠的领域"正是萨尔蒙"特别关注"的。对于论证这个共同对象，逻辑与批判性思维的关注点有所不同：前提的实际真与批判性思维是相关的，但逻辑特别关注前提与结论之间的关系。前提之真与真前提对结论的支持是两个独立的问题。为了确定论证的逻辑强度，可以暂时搁置前提是否为真的问题。①

为讨论逻辑和批判性思维方面的议题，人们发展了一套特殊的用语：论证、结论、陈述句、证据、谬误、乞题谬误、非黑即白思维谬误、指示词、逻辑、前提、统计概括、全称概括、推断和蕴含（imply）。最后两个经常被误用。②

萨尔蒙在论述谬误、归纳论证、诉诸权威（特殊的统计三段论）、归纳概括、因果论证、概率和归纳逻辑，甚至直言三段论的部分，都有关于批判性思维的论述："批判性思维要求我们将心理上想要相信或否认某个主张的欲望与该主张得到多大支持的考虑区分开。尽管有时发表陈述的某个人的权威性是接受其观点的合理理由，但批判性思维要求我们不应让发表陈述者的情感误导我们。""批判性思维的规则不允许我们构建那些仅选择支持我们结论的证据而忽略可能会削弱结论的那些可用作证据的论证。""批判性思维的成功……要求我们意识到必须提出某些疑问，并了解对这些疑问的回答如何影响对论证的构建或评估。""批判性思维更关注对因果性陈述的证明而不是如何发现原因。""当利害关系如此重大，根据如此低劣的信息源做出决策……违背了批判性思维的原则。""对于批判性思维来说，矛盾句和对立句之间的区分是重要的。"③

然而，令人遗憾的是，萨尔蒙并没有将自己所列举的 12 项批判性思维技能与所阐述的逻辑知识和方法融为一体。总体来看，"两张皮"现象依然

---

① Merrilee H. Salmon, *Introduction to Logic and Critical Thinking* (Boston: Wadsworth, 2013), pp. 12-13, 28.

② Merrilee H. Salmon, *Introduction to Logic and Critical Thinking* (Boston: Wadsworth, 2013), pp. 38-40.

③ Merrilee H. Salmon, *Introduction to Logic and Critical Thinking* (Boston: Wadsworth, 2013), pp. 99, 117, 149, 168, 247, 355.

存在。

电子书《批判性思维、逻辑与问题解决》① 包括四大部分：（1）批判性思维（谬误、演绎和归纳推理、因果与相关性在这一部分）；（2）逻辑、结构化与框架（含各种分析问题的方法、逻辑树、逻辑流程图）；（3）问题解决；（4）实现清晰、有效的交流。此书的特殊性在于：在批判性思维框架中论述了少量逻辑知识，而其"逻辑"部分讲的是广义逻辑方法（逻辑教科书中没有）而非标准逻辑知识。

从总体结构看，英国谢菲尔德大学宗教哲学讲师拜尔利博士的《逻辑与批判性思维导论：推理技能与探究的德性》（2017），似乎要以批判性思维为框架，将逻辑知识融入其中。拜尔利发现，没有一本将形式逻辑的推理技巧与探究的德性这两个主题结合起来的单本教科书，这是他撰写此书的动因。换言之，批判性思维的技能和理智德性应该成为逻辑与批判性思维的基本架构。此书分为两大部分：第一部分"推理技能"（论证导论、演绎逻辑和归纳逻辑）发展学生的演绎和归纳推理的分析技能，向他们展示如何识别和评估论证，相当于导论逻辑；第二部分"探究的德性"（virtues of inquiry）帮助学生养成聪明探询者的理智德性（intellectual virtues）。看起来，第一部分相当于批判性思维技能，第二部分是批判性思维倾向。不过，与通常将谬误（非正式谬误）分析置于技能部分且单独论述不同，作者在探讨理智德性部分论述了最常见的非形式谬误。例如，人身攻击谬误属于相信他人之德性部分；稻草人谬误在解释的慈善性的德性部分；以先后为因果（post hoc）、滑坡谬误在内省警觉（introspective vigilance）之德性部分；语词歧义、句法歧义和乞题谬误在交际清晰性和观众敏感性德性部分。作者不是孤立地讨论这些非形式谬误，而是将其置于更广泛的理智德性讨论的语境中，这样可以更加生动地阐明为什么这些谬误是有问题的。② 虽然拜尔利教科书的大框架独

---

① Joel Gruun, *Critical Thinking, Logic & Problem-Solving: The Ultimate Guide to Better Thinking, Systematic Problem Solving and Making Impeccable Decisions with Secret Tips to Detect Logical Fallacies*, e-book, 2023.

② T. Ryan Byerly, *Introducing Logic and Critical Thinking* (Grand Rapids, MI: Baker Academic, 2017), pp. ix–xi.

辟蹊径，但他没有继续沿这个方向走下去，将逻辑知识、方法和精神作为批判性思维的有力工具融汇到对批判性思维的各种技能和倾向的阐述中。

格洛弗（Elsa M. Glover）等的《从逻辑原则学批判性思维：练习本》（2018）旨在教一些对解决数学问题、科学课程问题以及生活问题有用的逻辑和批判性思维技能。此书极具特色：讲得少，问得多，练得多；从做出观察开始，经过描述观察、总结观察（观察模式）、得出归纳结论（归纳概括、发现因果关系、扩展图形）、得出演绎结论（使用概括、图形和类比）、逻辑论证，最后是不同视角和解决逻辑问题。作者认为，逻辑是培养批判性思维能力的手段。逻辑思维包括理解各种信息含义的能力。逻辑学研究统御知识延伸到直接观察之外的原则。得出正确的逻辑结论，需要从准确的观察开始。而且，要得出正确的结论，观察还必须充分，因为有时缺乏足够的知识会导致人们得出错误的结论。人们需要彼此分享他们的观察结果，这就需要能够描述他们的观察。一旦观察被聚集起来，逻辑就帮助我们扩展知识。通过逻辑，我们在个体观察中发现模式，如果这些模式在我们的观察之外继续存在，我们就可以对我们没有直接看到的东西做出推断。当一系列逻辑步骤被放在一起而得出某个结论时，我们就得到了逻辑论证。不过，即使都运用逻辑，不同的人也有不同的视角。世界是复杂的，不同的人看到了世界的不同事物。此外，有些人更关注某些观察，而另一些人可能更关注其他观察。在论证观点时，一些人可能会收集所有支持某一观点的信息，而另一些人可能会收集所有反对该观点的信息。[①] 可以看出，作者通过考察论证前提的获取和推论，展现了逻辑原则——从获得的前提推出结论的知识和方法——作为批判性思维工具所发挥的作用。观察既与批判性思维通常涉及的信息源和信息评估有关，也与逻辑推理借以出发的前提有关。同时，批判性思维强调事实与意见（观点）的区分，根子在于观察到的事物与我们对其意义或含义的解释，个体观察与一组观察之总结的区别。该书还重视模式（pattern）的发现，这一点对于逻辑和批判性思维极为重要。事实上，这些

---

① Elsa M. Glover, Diana Dorai-Raj and Wallace A. Lassiter, *Learning Critical Thinking from Logical Principles: A Workbook* (Morrisville, NC: Lulu Press, Inc. , 2018), p. 1.

模式中很多可以升华为分析的模式或论证模式。因此，该书要我们检查一项观察是不是准确的观察，进行这种检查时可以发出相关的疑问，而这些疑问恰恰是与根据观察的论证相匹配的批判性问题（critical questions）。而且，批判性思维更进一步，追问不准确观察及其报告的缘由。[①] 显然，此书很大程度上将逻辑原则融会于批判性思维教学之中，但涉及的批判性思维主题不够丰富，对逻辑题材的处理也只涉及少量的演绎推理和传统归纳。

三 融合型"逻辑与批判性思维"

逻辑理论、方法和精神与批判性思维充分融合的教学要抓住两个关键。一是将逻辑知识、方法和精神融进批判性思维框架的各个构成要件中；二是利用逻辑自身的模式化、规则化的优势，使批判性思维具体化和易操作。这里的核心是把逻辑的丰富理论和方法与批判性思维技能勾连起来，使逻辑精神与批判性思维倾向相适配。从广义上理解，逻辑的模式包括论证形式（argument form）、论证型式（argument scheme）和思维惯例（thinking routines）。逻辑精神的核心是遵循充足理由律的态度与倾向。其实，认真盘点一下批判性思维技能和倾向与逻辑知识、方法和精神的构成元素，会发现二者的契合程度很高。以非形式逻辑为主体的逻辑知识、方法和精神，能很好地融入"德尔菲报告"框架的批判性思维技能与倾向中。[②] 这里，以批判性思维技能为例，试做阐释。

（一）理解和解释

理解和解释的子技能包括：（1）理解他人的视角（观点），也被他人以有效的方式理解（要清晰，不被误解，也不误解他人）；（2）过滤和分析事

---

① Elsa M. Glover, Diana Dorai-Raj and Wallace A. Lassiter, *Learning Critical Thinking from Logical Principles: A Workbook* (Morrisville, NC: Lulu Press, Inc. , 2018), p. 5, 7.

② 子技能的定义参见 Danieila Dumitru et al. , *A European Collection of the Critical Thinking Skills and Dispositions Needed in Different Professional Fields for The 21st Century* / coord. CRITHINKEDU proj. Caroline Dominguez. Vila Real: UTAD, 2018: 57-58。

实材料的能力；（3）依据语境，采取一种整体视角看待各种情形；（4）理解需求、预期和以结果为基础的要求。适配的逻辑知识和方法有：自然语言语词和话语意义的多重性，歧义和含混，概念分析（基于不同概念的主张，说服性定义和诱导性概念），定义的理论与方法，释义（字面释义，意图或目的释义，系统释义），论证语言的基本规范，语言谬误。在这里，有一些新的理论可以引入，如恩尼斯和希契柯克对定义尤其是"范围定义"（range definitions）问题的论述。[1]

沃尔顿等关于法律解释的论证模式的理论也有重大借鉴意义。[2] 当一个解释出现争议或存在疑点且需要说明时，就有必要揭示和分析该解释背后的推理。此时，解释就变成了一个以最佳解释推理（最佳说明论证型式的特例）为基础的论辩过程的结论。选中的解释使用了这样的论证。前提1：U（一个话语）是一种被观察到的交际行为。前提2：I（解释1）是对U之含义的令人满意的描述。前提3：迄今为止，给出的替代意义描述I'（如解释2）没有像I一样令人满意。结论：基于目前所知，I是一个合情理的假说（plausible hypothesis）。由于在前提2中，话语可能同时存在两种令人满意的解释，因而歧义就出现了。而歧义的消除需要在前提3中来完成。在提出两种解释时，需要考虑所有可能的语境证据来分析推翻某个解释的条件。不太可推翻（less defeasible）的解释应被优先选择。[3]

（二）分析

分析的子技能包括：（1）核查和区分思想（ideas）与事实；（2）辨识

---

[1] Robert H. Ennis, "Definition, "in J. Anthony Blair ed. , *Studies in Critical Thinking*(Windsor: Windsor Studies in Argumentation, 2021), pp. 299-326. David Hitchcock, *Definition: A Practical Guide to Constructing and Evaluating Definitions of Terms*(Windsor: Windsor Studies in Argumentation, 2021), pp. 137-143.

[2] Douglas Walton, Fabrizio Macagno, and Giovanni Sartor, *Statutory Interpretation. Pragmatics and Argumentation*(New York: Cambridge University Press, 2021).

[3] Fabrizio Macagno and Douglas Walton, *Interpreting Straw Man Argumentation: The Pragmatics of Quotation and Reporting*(Cham: Springer, 2017), p. 85, 90, 103. Douglas Walton, Fabrizio Macagno and Giovanni Sartor, *Statutory Interpretation. Pragmatics and Argumentation* (New York: Cambridge University Press, 2021), pp. 174-175.

理由、主张和论证，走向对情景的更好理解；（3）做出基于论证的判断；（4）整理和分析不同来源的信息。适配的逻辑知识和方法有：论证概论，论证的辨识方法（尤其论证和说明的区别），论证的结构（基本结构，扩展的结构），假设分析，论证重构，论证结构的类型，图尔敏模型，论证结构剖析方法——论证图解。在这里，逻辑理论和方法对于（1）和（4）有更深入的理解和处置。思想（意见、观点）与事实的区分常被视为批判性思维基本技能。然而，逻辑学家为此进行了深入分析。他们发现，这个问题涉及7个方面的关系：事实与虚假（falsehood）、事实与理由充分的判断、事实与纯属猜测、观察与推断、可证实之物（the verifiable）与不可证实之物（the not verifiable）、被解决的问题（settled matters）与被解决的争议（settled controversial）、报告（reporting）与倡导（advocating）。理解了这些复杂关系，意见与事实的核查和区分最终归结为一个证据质量的问题：完备证据的存在使一项主张成为事实或虚假，尽管它也可能是意见；不完备的证据或没有证据存在使一项主张成为意见，尽管它也可能是事实。因此，重要的不是意见与事实的区分，而是证据的质量。① 批判性思维也极为重视对不同信息源的评估。信息源也是论证之前提的来源。按照拉吉罗（Vincent Ryan Rug-giero）《思维术》（2015 年第 11 版），除非人们知道所有相关的事实，包括涉及的各种论点与人们遵循的不同推理路线，否则不可能做出健全的判断并制定切实可行的解决方案。解决问题或议题所必需的信息，包括事实和知情的意见（informed opinions）。最常见的信息源包括：目击者证言、未发表的报告、已发表的报告、专家意见、实验、统计、问卷调查、观察性研究、研究综述、个人经验（自己的和别人的）。② 批判性思维专家关于核查这些信息源所提供的建议，实际上与非形式逻辑中论证型式理论或"型式逻辑"

---

① Perry Weddle, "Fact from Opinion, "*Informal Logic* 11(1985): 19-26. 哈钦斯和凯利最近也指出，事实陈述与意见陈述的区别在于证据的程度而不在于证据的来源。区分事实陈述与意见的基本维度是它们各自的验证方法，尤其是证明任一类型主张所需的证据和论证的复杂性。参见 Debby Hutchins and David Kelley, "Fact and Opinion, "*Informal Logic* 43 (2023): 352-368.

② Vincent Ryan Ruggiero, *The Art of Thinking: A Guide to Critical and Creative Thought*(Boston: Pearson Education, Inc. , 2015), pp. 126-132.

（scheme logic）① 相一致。以上所列信息源几乎全都对应于某一种论证模式或论证型式（根据证言的论证或诉诸权威的论证），匹配这些模式的批判性问题（critical questions）恰恰是批判性思维专家提出的警示，只不过对论证型式及其批判性问题的核查，要比那些警示更加深入、全面和系统。论辩理论家还提出用理由核查（reason-checking）或"论证核查"（argument-checking）来补充"事实核查"（fact-checking），评估整体的论辩性推理（argumentative reasoning）是否可接受、相关和充分。这种核查需要以论证分析和评价为核心的批判性思维技能：论证识别、论证映射（画出论证图解）、论证类型辨识、论证评估（使用批判性问题）。② 这就使对信息及其来源的核查与逻辑方法更紧密联系起来。另外，除了个人经验而外，其余获取信息的渠道都涉及"引用"，因而沃尔顿等关于引用的最新研究可资借鉴。③

（三）推论

推论的子技能包括：（1）通过分析一个问题或情景的不同原因和理由探询证据；（2）评估可能的情节、情景和后果；（3）开发替代，得出正当合理的结论，基于对可能优势和劣势的分析与评估，获得更好的决定、解决办法或点子。逻辑很擅长处理这些事项。在形式逻辑之外，逻辑学家发现并开发了大量非演绎推理模式，心理学家揭示了众多启发法推理，它们都是处理不确定情境下问题的推论手段。

（四）评估

评估的子技能包括：（1）基于之前的分析做出理由充分的决定；（2）评

---

① Hans V. Hansen, "Argument Scheme Theory,"in Catarina Dutilh Novaes, Henrike Jansen, Jan Albert Van Laar & Bart Verheij eds. , *Reason to Dissent. Proceedings of the 3rd European Conference on Argumentation, Vol. II* . (London: College Publications, 2020), pp. 341–356.

② Ruben Brave, et al. , "Can an AI Analyze Arguments? Argument Checking and the Challenges of Assessing the Quality of Online Information,"in Christo El Morr ed. , *AI and Society: Tensions and Opportunities*(London: CRC Press, 2023), pp. 267–282.

③ Fabrizio Macagno and Douglas Walton, *Interpreting Straw Man Argumentation: The Pragmatics of Quotation and Reporting*(Cham: Springer, 2017).

价不同的建议、观点和可能的场景；（3）评估组织内部和外部更广的语境；（4）用主观信息整理客观信息；（5）评价主张和论证的可信性。最后一个子技能完全是逻辑评估技能。最近数十年，逻辑将前提之真的要求扩大到前提可接受的要求，因而前提评估（涉及与合情论证模式相关联的信息源评估）也涵盖在逻辑评估之下。如今，人们日益关注视觉图像信息的批判性思维。由于论证的前提可能采取图像的形式，因而多模态论证（multimodal argument）的评估成为批判性思维和逻辑评估的重要任务。总体来看，评估使用非形式逻辑方法。① 非演绎的论证模式是启发法，便捷的思维（推理）模式，其效用极为依赖语境条件。在不适宜的条件下，它容易成为认知偏差。而将认知偏差当作随便使用的推论规则时，非形式谬误就滋生了。从批判性思维角度分类认知偏差，可以形成影响"信什么"推论的 29 种错误倾向，影响"做什么"推论的 24 种错误倾向，其中大量认知偏差明显是谬误。② 谬误理论对评估技能十分重要，而且现在对谬误研究的理解更加深入和广泛。然而，希契柯克通过考察 6 本③最成功（发行到第 10 个版本以上）的逻辑/批判性思维教科书发现，它们对谬误的处理方式处于 50 多年前的水准。对于个别谬误的分析在很多方面仍然表面化。最重要的是，谬误分析并没有在良好的推理理论框架内进行。④ 布莱尔甚至认为，鉴于需要通过辩证法和修辞学的洞察以及多学科的视角对谬误进行更深入和更广泛的理解，对谬误的有益研究需要"超出大多数本科生能力范围的知识和理解能力"，而且只有那些熟悉大量谬误研究文献的人才有资格教授相关内容，而这样的教师寥寥无几，因而建议不要将其置于低年级本科课程中。⑤

① Leo Groarke, "Depicting Visual Arguments: An 'ART' Approach, "in Federico Puppo eds., *Informal Logic: A 'Canadian' Approach to Argument* (Windsor: Windsor Studies in Argumentation, 2019), pp. 332-374.

② Paul Thagard, "Critical Thinking and Informal Logic: Neuropsychological Perspectives, " *Informal Logic* 31(2011): 152-170.

③ Frank Boardman, Nancy M. Cavender, and Howard Kahane, *Logic and Contemporary Rhetoric: The use of Reason in Everyday Life* (Boston: Cengage, 2018). M. Neil Browne and Stuart M. Keeley, *Asking The Right Questions: A Guide to Critical Thinking* (Hoboken, NJ: Pearson, 2018).

④ David Hitchcock, "Textbook Treatments of Fallacies, "*Argumentation* 37 (2023): 233-245.

⑤ J. Anthony Blair, "Teaching the Fallacies, "*Argumentation* 37 (2023): 247-251.

（五）说明

说明的子技能包括：（1）用一种清晰且可理解的方式交流和呈现基于证据的论证；（2）从专业的语言到个体的语言解释信息；（3）有效表达正确讯息，注意不同的听众。这里是论证的建构，尤其是图尔敏模型的用武之地。在这里，要求同时发挥修辞学（注重听众和说服效果）与逻辑学（注重论证结构和理性力量）的作用。在选定要使用的论据和证据之后，接下来是构建论说的一个关键步骤——配置这些材料，即修辞学的"安排"或谋篇布局。从论证逻辑看，这一步的核心是利用论证的不同结构形式将论据及其证据构成支持核心主张或主论点的论证复合体，最终在篇章层次上形成由若干部分构成的论辩性语篇（比如，引言、核心主张、证明、反驳、结语）。

（六）自校准

子技能包括：（1）通过倾听和理解他人的意见，对一个人的表现保持了解和批判；（2）通过寻求真或对的决定，监督和校正一个人的个体思维和行为；（3）在别人调节他们自己思维和行为时予以帮助。这里涉及自我批判与批判，非形式逻辑的论证批判理论和方法能发挥至关重要的作用。

围绕反论证所构想的论证批判和反批判学说的要点包括：（1）甘于接受批判的态度即是合理性；（2）论证批判有 3 个基本面，即完整、准确地理解原论证，精准认识原论证的力量和弱点，提出改善论证的可行途径；（3）批判的标靶，即针对论证或针对不表达论证的言语行为；（4）批判的规范；（5）批判力道，即强否定由于包括对立论点，要在遇到挑战时承担证明责任，弱否定是一种纯批评，可能是提出反例、指出歧义、指出证据的不可接受性等；（6）论证批判的基本原则；（7）批判的可能影响力；（8）论证批判的方式；（9）对批判的可能反应；（10）妨害论证批判的谬误。

不难想象，逻辑精神与批判性思维倾向也极为神合。此不赘述。此外，逻辑理论和方法还有助于澄清和矫正对批判性思维的一些似是而非的观念。比如，一些倡导批判性思维的人既要求区分事实与观点，又否定真理的客观性，陷入自相矛盾；而将怀疑、假设和证明责任联系起来考虑，既可以消除怀疑主义，防止堕入无穷后退式证明，而且能划清怀疑主义与健康怀疑论的界限；基于对话框架和论证型式的谬误理论，更能助力批判性思维的论证评价，将对谬误的分析和判断从贴标签方法的泥淖中解救出来。总之，逻辑尤其非形式逻辑的知识、方法和精神，能够有力支持批判性思维技能和倾向的培养，逻辑课程的改进大有可为。一种能发挥逻辑模式化和可操作优势的"逻辑与批判性思维"课程指日可待。

新文科建设背景下的逻辑教学数字化改革

黄华新　　洪峥怡　　徐慈华*

摘　　要： 随着智能时代的到来、知识流动的加速和学习形态的变革，培养学生深度学习的能力已成为当前教育改革与发展的重要课题。逻辑以"求真、明理、守则"为基本价值追求，旨在提高人们的思维能力和思维品质，与现代教育的宗旨高度吻合。如何根据新文科建设的要求，在"国际化、数字化、特色化、品质化"的导向下，围绕特定的教学目标，精心选择逻辑教学的内容和方式，充分利用互联网时代的新技术和新方法促进逻辑教学改革，在文理交融的大趋势下，引导学生熟练掌握理性思考和科学探索的基本方法，是值得我们深入思考的问题。

关 键 词： 逻辑教学；课程建设；新文科；数字化

智能时代和百年变局，使人与自然、人与人、人与社会、人与内心世界的"四重关系"正以不同方式重塑或重构。大家开始更多地将审视的目光投向人本身，思考人们的事实判断、价值判断、规范判断何以合理，不同国家与民族、不同群体与个体之间的文化认知与文化包容何以可能。所有这些，都为人文学科以自身的学科视角"解释"和"改造"精神世界提供了巨大

---

* 黄华新，哲学博士，浙江大学哲学学院教授，主要研究方向为语言逻辑、认知语用学；洪峥怡，哲学博士，浙江大学哲学学院博士后，主要研究方向为语言逻辑；徐慈华，哲学博士，浙江大学哲学学院副教授，主要研究方向为认知语用学、非形式逻辑。

的想象空间。① 时任教育部高等教育司司长吴岩指出，高等文科教育作为培养青年人自信心、自豪感、自主性的主战场、主阵地、主渠道，应精准把握高等教育新形势，积势、蓄势、谋势，识变、应变、求变。新文科建设要以培养知中国、爱中国、堪当民族复兴大任的新时代文科人才，培养优秀的新时代社会科学家，构建哲学社会科学中国学派，创造光耀时代、光耀世界的中华文化为使命，构建以育人育才为中心的哲学社会科学发展新格局，全面提升国家文化软实力。②

新文科建设基于新的时代背景，回应新的社会需求。如今数字技术突破了时空边界，能够促进优质教育资源的大规模生成和大范围共享，极大增加了学习的机会、资源与方式。它为人类创造了新的生活场景和沟通场景，也带来了新问题和新挑战。如何更好地应对不同的沟通场景，就需要追问其底层的思维规律和准则。③ 逻辑学作为一门普适性很强而非功利导向的工具性学科，以"求真、明理、守则"为基本价值追求，旨在提高人们的思维能力，升华人们的思维品质。④ 思维能力是"人脑对输入的信息加工整合，从而制作出思想产品的能力"⑤，信息场域发生的重大变化，对思维能力的提升提出了更高的期望。如何更好利用先进技术，跨时空、多形式整合资源是当今教育的重要命题。今天的逻辑学也处于许多学科的交汇点：既有哲学和数学这样的经典学科，也有计算机科学、语言学，甚至在某种程度上还有行为科学和认知科学。⑥ 因此，根据新文科建设的要求，通过国际化和数字化，推进逻辑教学改革，以"有用、有味、有理、有效"的新思路着力构建一套真正体现智能、开放、共享精神的逻辑教学体系，也成为逻辑学科发展的重要任务。

---

① 黄华新：《互联时代人文学术话语的生成与传播》，《中国社会科学报》2023 年 8 月 16 日。
② 吴岩：《积势蓄势谋势 识变应变求变》，《中国高等教育》2021 年第 1 期，第 4~7 页。
③ 黄华新、陈宗明、洪峥怡：《沟通的窍门——语用逻辑的应用》，东方出版中心，2023。
④ 黄华新、徐慈华、张则幸：《逻辑学导论》（第 4 版），浙江大学出版社，2023。
⑤ 朱智贤主编《心理学大词典》，北京师范大学出版社，1989。
⑥ 〔克罗地亚〕尤里·佐夫科：《逻辑是心智的免疫系统：与约翰·范本特姆的对话》，李莉译，《江淮论坛》2023 年第 5 期，第 20~26 页。

一　逻辑教学改革原则与思路

我们认为，作为导论性的逻辑教学体系，其构成可以不必只有某一逻辑门类的内容；贯穿教学体系的主线应该是特定的教学目标，通过讲授传统与现代相结合的某些基础逻辑知识，并配以必要的逻辑思维训练，多角度、多层次、多途径地培养学生思维，提升表达的准确性、严谨性、敏捷性和合理性水平，进而提高学生的逻辑思维能力和品质。[①] 我们有必要坚持线上与线下结合、现实与虚拟结合、国内与国际结合，通过不同学校、不同学科的联动互动，以新文科建设思路引领逻辑教学改革，着力修改某些不适应新时代要求的教学内容与形式，合力编写新形态教材，应用与时俱进的新颖教学方法，并增加面向生活世界的实践教学环节。

（一）改革逻辑教学内容，面向国际前沿和时代需求

随着认知科学、信息科学的快速发展，逻辑与语言、逻辑与计算、逻辑与认知等学科交叉领域越来越受到人们的关注，认知逻辑、人工智能逻辑、自然语言逻辑等作为新兴的逻辑分支，其基本观念和方法是否可以通过恰当适量的方式纳入逻辑的通识教育体系，大数据时代对传统的归纳逻辑提出了挑战，能否在研究大数据时代思维变革的基础上，用相关的研究成果充实归纳逻辑的教学内容，进而培养学生与时俱进的科学思维方式，这些都是值得关注和摸索的问题。另外，身处智能社会，技术进步与生活变迁导致人与人、人与社会之间的关系发生了重大变化，"有效沟通"成了现今时代的关键词。与生活世界高度黏合的相关主题备受关注，如何把它们纳入语用逻辑或认知逻辑的理论框架，把它们的基本知识传播给学生并辅以实际的演练，提高他们的表达和理解能力，这也是值得我们探究的问题。

在逻辑学的教学实践中，基于新文科理念和数字化的时代需求，强化"问题导向"和"系统观念"，引导学生把知识学习与方法把握、能力提升

① 黄华新：《浅谈面向通识教育的逻辑课程建设》，《逻辑学研究》2018 年第 4A 期，第 1~7 页。

有机结合起来，用逻辑的整体观和系统观去发现问题、分析问题和解决问题。基于逻辑学的基础性、工具性、广泛应用性等特征，围绕"逻辑学+"构建知识图谱，成立不同学科、不同学校会聚的创新型教学团队，定期举行教学教研活动。把握人工智能时代的研究热点难点，推动逻辑学、伦理学与人工智能的交叉学科建设，将前沿的科研成果转化为丰富的教学资源，提高逻辑教学的深度和广度。

在与国际接轨的过程中，除了继续大力引进具有交叉学科背景的国际专家，让国际专家实际参与本科教学和学生培养，还要转变观念，认识到"让世界了解我们"与"让我们了解世界"是一个"一体两面"的双向促进过程。正如刘奋荣教授所说，"我们首先需要熟悉国外的框架，要先会使用他们的框架来讲自己的思想。然后，要跳出那个框架，建立框架，让别人知道你的框架，去学习你的思想"。①

（二）数字赋能学习方法，丰富逻辑教学形式

信息技术和认知科学正飞速改变着人们的生产方式和生活方式，也改变着人文学科领域知识生成与传播的形式。数与智成为高等学校教学教育改革的重要趋势，人工智能和人类智慧的有机衔接也成为逻辑学科学术体系、教学体系、话语体系建设的一项刻不容缓的任务。

Vision Pro 和 Google Daydream 等移动虚仿（MVR）技术，催生了新的中介过程和空间混杂形态，进而刺激了框架分析方法的创新。不同的框架概念与方法预设不同的空间形态。对环境体验的解释规则唯有与具体空间同时在场、相互协作，方能发挥组织经验、生产意义作用。② 受此启发，我们尝试把这种在场的、互动的数字化、智能化技术应用到逻辑教学中，探索通过虚拟现实技术（VR 和 AR）实现沉浸式学习途径，丰富逻辑教学的内容与方式，提升教学的科学性，增强教学的实际效果。我们也尝试建设包括学习空

---

① 刘奋荣：《从逻辑学领域的国际交流看中国话语建构》，《中国社会科学报》2023 年 8 月 16 日。
② 潘霁：《媒介、空间与框架分析方法重构》，《南京社会科学》2023 年第 8 期，第 97~104 页。

间入口界面、知识空间建构模块、知识热点编辑模块、在线导图绘制模块、在线画布绘制模块、知识空间漫游模块、知识空间管理模块和 SaaS 模块等在内的三维超媒体平台，作为实体教材的扩展和逻辑教学的辅助。

充分利用网络平台和信息技术，编写图文并茂、音频视频结合的新形态教材，将教材里的所有知识要点做成思维导图，建构系统全面的知识体系。注重人工智能与逻辑智慧的双向赋能以及课堂授课和自主学习的互促互进，改革课堂教学模式，探讨线上线下相互结合的新模式，开发用于演算、论辩练习的小程序。基于"智谱清言"GLM 大模型，利用生成式 AI 技术结合逻辑学知识库开发能够实时回答学生问题的系统，解答逻辑学专业知识问题，着力训练多个智能体，辅助学生进行推理和决策。尝试利用 AI 系统，根据知识图谱提供论点支持和反驳策略，创建包含跨学科论辩应用和逻辑应用案例的资料库，拓宽学生的知识视野，供学生学习和讨论；同时设计互动模块，鼓励学生提出问题同时进行辩论，开发"一盒故事""亿场辩论"等多款 AI 应用小程序和智能体。正在建设的"逻辑教学专题知识库"和"逻辑教学经典数据库"，作为课外学习的新材料和线上线下训练的统一平台，力求资源共享，并持续升级。

（三）调整逻辑教学重心，强化实践教学环节

在当下的社会环境中，如果人们能更多地遵循逻辑强调的准确性、规范性、严谨性和合理性要求，养成"言之有理，持之有故"的理性思维习惯，在日常思维和语言交流过程中，注重处处明理，时时守则，那对"学以成人"和社会文明无疑都是至关重要的。[①] 因此，逻辑学的学习不仅需要掌握理论知识，还要将其转化运用于实践，发挥逻辑对社会理性化和生活秩序建构的重要作用。

在日新月异的生活世界，通过数字化以及其他相关的教学改革，不断创新逻辑实践教学形式，丰富逻辑实践教学内容，刻不容缓。我们吸收了"对

---

① 黄华新：《浅谈面向通识教育的逻辑课程建设》，《逻辑学研究》2018 年第 4A 期，第 1~7 页。

分课堂"[①] 的实践经验，给每个学生充分展示和锻炼的空间，促使学生主动参与到探究性学习中，在掌握逻辑知识和思维技能的同时，得到更多综合型创新能力的培养。我们在组织传统的推理、辩论赛的基础上，拟依托浙江大学—卢森堡大学高等智能系统与推理联合实验室，以及国内外其他高校逻辑、语言与计算领域的自动推理实验室、论辩与认知实验室等平台，开展借助传统逻辑文恩图推理、三段论推理、现代逻辑命题逻辑推理以及一阶逻辑推理的计算机软件辅助教学与实践活动，论辩语料的计算机分析、抽取和自动论辩系统的演示学习，人机互动的论证分析实践，从而推广和落实面向本科生的逻辑与批判性思维教育。

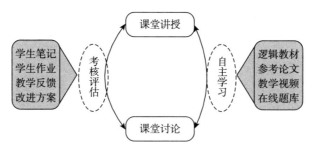

图1 基于"对分课堂"的逻辑学实践体系

二 彰显逻辑教学改革特色

为体现国际化和数字化的改革理念，我们尝试探索适应新形势新变化的课堂模式和授课方式，以期取得更好的逻辑教学效果。

（一）"多团队"优质教学资源：外籍专家团队+教师团队+助教团队

"大不自多，海纳江河。"在面向未来的人文学科学术体系建设中，我们不仅要"不忘本来"，还要"吸收外来"，秉持"中外互动，文明互鉴"理念，开展"君子和而不同"的跨文化对话和平等互信的学术交往，通过问题

---

① 张学新：《对分课堂：中国教育的新智慧》，科学出版社，2017。

导向、资源整合和关系重构，让世界更多地认知"中国的人文""中国的学术"。在国家"高端外国专家引进计划"支持下，引进国际知名专家，搭建深度合作的国际交流平台，共同开展专题性科研与教学，让学生不出国门也能参与国际一流学者的课堂教学活动。

在本校逻辑教学团队建设的基础上，依托教育部正在推进的虚拟教研室等平台，共享国内其他院校的优质教学资源。通过校内外教师线上线下的互动合作、共建共享，开展实质性的跨学校、跨学科教研工作。依托优秀的科研团队和由研究生组成的助教团队，将"逻辑-认知""逻辑-论证""逻辑-计算"等前沿研究成果转化为高质量的教学资源，全面深化逻辑教学的深度和广度，并在新形态课程建设中充分彰显自身的特色亮点。

（二）"双导"课程机制：导学+导图

在知识驱动发展的社会背景下，我们的课堂教学改革首先要思考的是什么是好的学习，什么是未来知识工作者所需要的核心能力。围绕这个问题，教育学家和教育实践者们提出了"深度学习"的概念。与传统的浅层学习不同，深度学习强调学习者在新旧知识、概念和经验间建立联系；要求学习者将他们的知识整合到相关的概念体系中；要在学习中不断寻找模式和基本原理；要学会评价新的想法，并且能将这些想法与结论联系起来；要了解知识生产型对话过程，并能批判性地对论证进行逻辑分析；要对自己理解及学习的过程进行反思。[①]

我们认为，当前的课堂教学改革是落实深度学习理念最好的机会和切入点。"获得深度学习的能力"是逻辑教育教学改革的重要目标之一，在分析梳理学生团队学习法、小组调查法、共同学习法、结构法、同伴辅导法、同伴教学法等国内外诸多教学法的基础上，我们尝试建立能够适合深度学习过程、体现深度学习特点，推动学生开展深度学习活动的教学模式。基于上述考虑，我们以对分课堂的导学设计为主体架构，深入分析慕课、翻转课堂、自主课堂等教学模式的优缺点，建构能够全面推进深度学习的"双导课堂"

---

① 基思·索耶：《剑桥学习科学手册》，教育科学出版社，2017。

教学模式。① 其整体结构如图 2 所示。

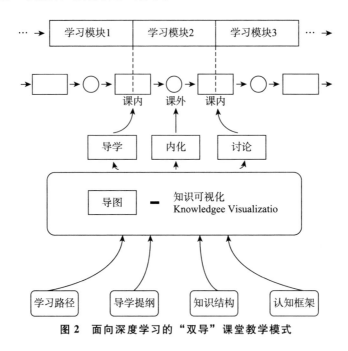

图 2 面向深度学习的"双导"课堂教学模式

在逻辑学的"导学"模块中，我们注重以学生为中心、以导图为抓手，讲解学习模块中的知识图谱、要点和重点，逐步建构完整的逻辑知识体系，学生通过对逻辑知识图谱的理解，实现对知识要素的充分吸收和有效内化。

在"导图"模块中，我们尝试系统引入知识可视化技术，将学习路径、导学提纲、知识结构、认知框架等内容以导图形式呈现，利用人脑的空间和视觉处理能力来提升教学效能。

（三）"三式"新型课堂：沉浸式+互动式+体验式

践行现代教学理论，运用包括多媒体在内的现代化教学手段，实现线上线下一体化的逻辑教学，这也是我们重点探索的一项内容。我们在 WebVR 和云计算的基础上开发了三维超媒体技术平台，通过引入三维模型和 360 度

---

① 徐慈华、周军、杨勇：《面向深度学习的双导课堂实践》，《教育现代化》2020 年第 7 期，第 118~125 页。

全景图，搭建三维超媒体平台。该平台有效集成了虚拟记忆宫殿、涂鸦笔记、思维导图、思考地图、视觉笔记等多种三维知识可视化和二维知识可视化技术，同时又兼容视频、声音、动图、PDF、PPT、H5 网页、网页链接、数字人等多种类型媒介。以此打造以虚拟逻辑学博物馆为代表的教学研究三维超媒体知识空间，构建一种高度可视化的逻辑知识集成表征模式，激发广大学生获取逻辑知识、加工逻辑知识和分享逻辑知识的兴趣和热情。

注重典型案例教学和交互式讨论教学，以提高学生的"思想力、判断力、领悟力、表达力"为导向，强化"启发、互动、参与、探究"为主要特征的逻辑教学活动。抽取生活实际中的鲜活案例，编制多种类型的推理论证题和情景模拟题，形成"线下课堂为重点、线上课程为补充、交流讨论为特色、实践训练为拓展"的课程模式，打造沉浸式、互动式、体验式的新型课堂。

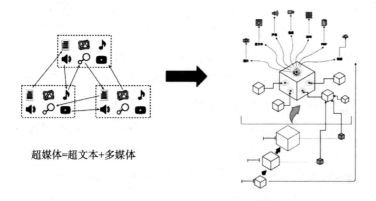

超媒体=超文本+多媒体

三维超媒体=超文本+多媒体+三维空间

图 3　超媒体与三维超媒体

三　结语

哲学社会科学蕴含了思想的光辉、理论的光彩和方法论的光芒，其发展水平反映了一个民族的思维能力、精神品质和文明素质，关系社会的繁荣与和谐。社会大变革的时代，呼唤哲学社会科学的创新与发展。① 根据新文科建设的理念与思路，我们的逻辑教学内容与方式的改革任重道远。我们期望在宏观上，实现课程体系从知识模式到知识—态度—实践模式的转换。正如逻辑学家 Johan van Benthem 所说，当今更大的智力威胁来自矛盾和处理矛盾的艺术，对逻辑的追求需要一个批判性自由思考的保护区，保证质疑和反驳的自由。② 逻辑学课程讲授的不仅仅是逻辑知识点，更是逻辑分析、推理与论证的基本原理和一般方法。通过培养学生的逻辑理性精神，引导学生养成"言之有理，持之有故、思之有序"的良好习惯，提高他们的判断能力、推理能力、领悟能力、沟通能力、合作能力，帮助他们更好地面对观念多元、信息爆炸、知识叠加、思想纷争的当今社会。

在实现路径上，首先，我们希望形成国际化教学常态化机制。以相对系统、明晰、有序的方式开展国际知名专家的专题教学，持续开展"心灵、逻辑和 AI"等系列讲座，力求以国际化为导向，有效推进日常教学、专家讲座和实践教学，开阔学生的国际视野，把握前沿学术动态。邀请国内外相关领域专家组织"逻辑+数智"系列学术沙龙，举办相应的专题研讨会、读书会，由国际国内知名专家领读，接受基于"国际化、数字化"的严格逻辑训练。其次，让数字化技术不仅服务于形式表层，更成为提高逻辑课程建设质量、提升学生思维品质的重要工具。建成"亿间教室"三维超媒体网络学习空间，将其投入日常教学，帮助学生构建具有个性化的知识体系和学习空间。结合"逻辑+数智"的教学资源，与兄弟高校、相关专业一起开发"虚拟逻辑学博物馆"、"逻辑教学专题知识库"和"逻辑教学经典数据库"。建成后的"博物馆"将作为重要的数字场域资源，面向所有学习和喜爱逻辑的教师学生开放。最后，编写出版一本知识体系相对完整、知识图谱清晰，文字与音频视频有机结合、知识传播与思维训练有机结合的逻辑学新形态教材，回应人工智能时代人们对逻辑教学的现实需求。

---

① 吴岩：《积势蓄势谋势 识变应变求变》，《中国高等教育》2021 年第 1 期，第 4~7 页。
② 黄华新、陈宗明、洪峥怡：《沟通的窍门——语用逻辑的应用》，东方出版中心，2023。

中国高等教育领域批判性思维研究现状与发展趋势

——基于 CNKI 的文献计量分析（1996—2023 年）

文　竞[*]

摘　　要： 我国在批判性思维领域的研究始于 1996 年，主要集中在高等教育、外国语言文字、教育理论与管理等学科。本文通过可视化分析，对我国高等教育领域批判性思维的研究学者、涉及学科、前沿热点和发展趋势进行总结。现有研究机构、研究者尚未形成核心作者群，学生的创新能力培养与教学模式、高等教育发展与学生综合能力的提升、批判性思维及评价是本领域的研究重点，批判性思维和创造性思维能力始终是关注的热点，未来将在更多学科教学中受到关注。

关 键 词： 批判性思维；高等教育；文献计量分析；可视化分析

　　习近平总书记于 2021 年在中国科学院第二十次院士大会、中国工程院第十五次院士大会、中国科协第十次全国代表大会上的讲话中指出："要更加重视人才自主培养，更加重视科学精神、创新能力、批判性思维的培养培

---

　　* 文竞，女，电子科技大学格拉斯哥学院讲师。

育。"① 批判性思维是一种能够分析、评估和解决问题的思维方式，是一种基于恰当标准和逻辑推理的高级思维过程。它为人才高阶创新思维的发展打下了基础，为知识经济型社会的发展提供了动力②。近年来，中国高等教育界将目光投向了批判性思维的培养，部分学校陆续开设了相关课程，并涌现出一系列研究成果。任学柱等学者从课程类型、教学方法、评估方式、教学效果等方面全面总结了近十年国内外高等教育机构在批判性思维教学领域的实践与研究情况，并对未来批判性思维的教学改革提出建议③。而韩红梅等学者立足于外语教育研究，从教学策略和评估方法等方面梳理了外语教育领域中的批判性思维研究④。目前已有的综述着重于介绍批判性思维的课程建设情况和研究情况，鲜有研究分析批判性思维研究在国内的现状、热点以及发展趋势。因此，本文采用文献计量法，对国内批判性思维的研究学者、学科、前沿热点和发展趋势进行可视化分析，为批判性思维研究的未来发展提供参考和借鉴。

一　研究方法

（一）研究工具

　　研究采用了陈超美博士开发的可视化分析工具 CiteSpace（5.7. R1）。通过制作知识图谱，能准确对某一学科的信息全景、前沿热点以及发展历程进行分析和预测⑤。与常规的文献综述方法相比，文献计量分析法具有数据客

---

① 习近平：《在中国科学院第二十次院士大会、中国工程院第十五次院士大会、中国科协第十次全国代表大会上的讲话》，人民出版社，2021，第15页。
② 俞树煜、王国华、黄慧芳等：《数字化学习环境中批判性思维研究综述》，《现代远距离教育》2014年第6期，第40~47页。
③ 任学柱、刘欣悦、王腾飞：《高等学校批判性思维教学研究：方法、评估和效果》，《高等工程教育研究》2023年第5期，第158~165页。
④ 韩红梅、马琴、李娜：《外语学习者批判性思维能力研究综述》，《河北大学学报》（哲学社会科学版）2011年第5期，第154~156页。
⑤ 侯剑华、胡志刚：《CiteSpace软件应用研究的回顾与展望》，《现代情报》2013年第4期，第99~103页。

观与全面的特点①。

（二）数据来源

所分析文献均来自中国期刊全文数据库 CNKI。通过使用高级检索，在主题搜索栏中输入"（高等教育+大学+高职）＊批判性思维"，搜索在主题中同时包含括号中任意一个关键词且与批判性思维相关的文章。同时，为了解批判性思维研究在国内的发展全貌，搜索时不限定文献发表日期。为确保所选文章的质量，将文献来源限定为中文社会科学引文索引（CSSCI）或中文核心期刊总览（北大核心）所收录的期刊文献。2023 年 12 月 17 日进行初次筛选，得到 257 篇文献。通过阅读文章的标题、摘要与关键词，排除与话题不相关的文章，最终得到 226 篇相关文章。

二　国内高等教育领域批判性思维研究现状

（一）年度发文数量及学科分布

1. 年度发表文献数量

年度发表文章的数量变化可以直接反映出研究领域的发展情况与趋势，如图 1 所示。在我国，高等教育领域的批判性思维研究始于 1996 年，到目前为止经历了两个阶段。从 1996 年至 2006 年这十年间，该领域的发文数量较少，年度发文数量未超过 5 篇，且部分年份（如 1998、1999、2000 年）发文数量为零，表明此阶段的研究正处于探索起步阶段。然而从 2007 年至今，高等教育领域的批判性思维研究经历了迅速发展阶段，年度发文量于 2015 年达到最高峰。虽然受到某些不确定因素的影响，发文量在 2019 年和 2020 年经历了较大幅度的下跌，但在 2021 年又再次迅速增长，接近最高值（见图 1）。因此，2007 年至今，该领域的研究进入了第二个发展阶段：曲折

---

① Kim, MC, Chen, CM. , "A Scientific Review of Emerging Trends and New Developments in Recommendation Systems," *Scientometrics* 104(2015): pp. 239-263.

发展期。

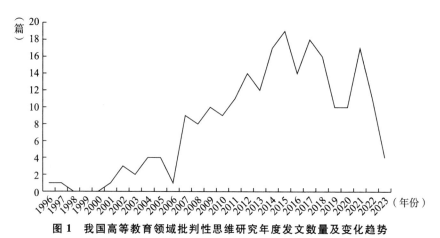

图 1　我国高等教育领域批判性思维研究年度发文数量及变化趋势

2. 学科分布

通过 CNKI 自带的计量可视化分析功能对文献所属学科进行分类，发现高等教育领域的批判性思维研究文章主要来自三个学科：高等教育类；外国语言文字类；教育理论与教育管理类。其中高等教育类的文章为 135 篇，约占文章总数的 60%。此外，外国语言文字类的文章为 35 篇，约占文章总数的 15%。与此同时，有大约 6% 的文章属于教育理论与教育管理类，共有 13 篇。

3. 研究作者与机构分析

（1）核心作者及合作关系分析

通过 CiteSpace 软件对 226 篇文章的作者进行分析，发现共有 325 位作者对高等教育领域的批判性思维研究做出了贡献。根据普莱斯定律计算得知，本领域核心作者最低发文数量为 3 篇。使用 Citespace 软件生成了核心作者及合作关系图（见图 2）。

其中，节点的大小与作者的发文数量成正比，连线代表作者之间的合作关系，合作紧密程度与连线的粗细成正比。发文时间越早，颜色越深。由图可知，沈红是该领域最高产的作者，共发表了 12 篇文章。其次是张青根（6篇）、李迎新（5 篇），以及李剑锋（4 篇）。发文数量为 3 篇的核心作者包括

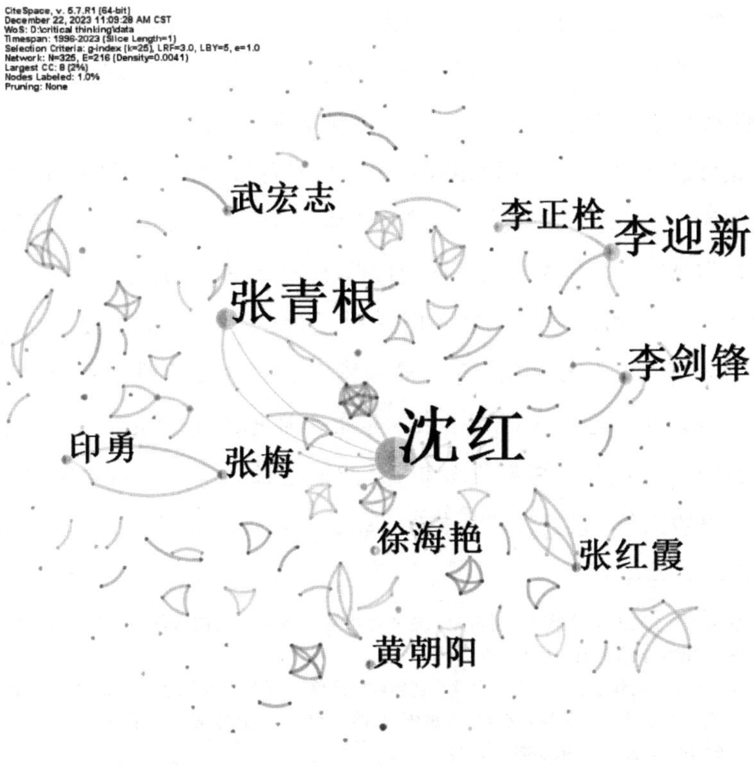

CiteSpace, v. 5.7.R1 (64-bit)
December 22, 2023 11:09:28 AM CST
WoS: D:\critical thinking\data
Timespan: 1996-2023 (Slice Length=1)
Selection Criteria: g-index (k=25), LRF=3.0, LBY=5, e=1.0
Network: N=325, E=216 (Density=0.0041)
Largest CC: 8 (2%)
Nodes Labeled: 1.0%
Pruning: None

武宏志

李正栓　李迎新

张青根

李剑锋

沈红

印勇　张梅

徐海艳　张红霞

黄朝阳

图2　高等教育领域的批判性思维核心作者及合作关系

武宏志、张红霞、黄朝阳、印勇、张梅、李正栓、徐海艳。核心作者一共贡献了48篇文章，占该领域全部文章的21.2%，低于50%，表明该领域尚未形成普莱斯定律所定义的核心作者群。在核心作者中，武宏志、李剑锋较早地在本领域进行了研究。武宏志介绍并分析了批判性思维运动在美国的发展情况①，呼吁我国高等教育重视对学生批判性思维的培养②，并以大学逻辑课程为例，探讨了通过扩展教学内容或者逻辑系统边界的方式来实现批判性思维培养的

---

① 武宏志：《论美国的批判性思维运动及其教益》，《华中科技大学学报》（社会科学版）2014年第4期，第112~120页；刘春杰、武宏志：《简论批判性思维与高等教育》，《中国成人教育》2004年第12期，第8~9页。
② 刘春杰、武宏志：《简论批判性思维与高等教育》，《中国成人教育》2004年第12期，第8~9页。

目标①。李剑锋分析了批判性思维与大学生创新素质之间的关系并提出训练批判性思维的途径②，探索了建立以培养批判性思维为导向的大学教学模式③，研究了将批判性思维培养融入法律思维训练体系的途径④。

本领域最大的合作关系网络围绕沈红与张青根构成。这两位学者的初始发文时间为 2017 年，是本领域研究的新生力量。张青根所发六篇文章均为与沈红合作撰写，两位学者所在研究团队于 2016 年 12 月开展了全国本科生能力测评。基于测评结果，学者们分析了学生个体特征（是否为独生子女）⑤、学科类型、院校层次⑥等多项因素对大学生批判性思维能力水平及发展情况的影响。他们还研究了大学生批判性思维能力的自评增值的大学生自评数据，并进行了可靠性分析⑦。除此之外，沈红还与其他学者合作，探索了家庭收入⑧、家庭资本结构⑨、基于学习投入和成果的本科生群体类

---

① 武宏志：《论大学逻辑课程适应批判性思维教育的问题》，《湖南科技大学学报》（社会科学版）2020 年第 3 期，第 50~61 页。

② 李剑锋：《批判性思维训练与大学生创新素质培养》，《教育与职业》2005 年第 8 期，第 43~45 页；李桂凤、李剑锋：《批判性思维训练：大学生创新素质培养的有效途径》，《黑龙江高教研究》2009 年第 5 期，第 124~126 页。

③ 张晶、李剑锋：《以批判性思维培养为导向的高校教学模式研究》，《河南社会科学》2020 年第 5 期，第 101~109 页。

④ 李剑锋、张晶：《批判性思维教学与法律思维训练》，《湖南科技大学学报》（社会科学版）2015 年第 4 期，第 27~31 页。

⑤ 张青根、沈红：《独生子女与非独生子女大学生批判性思维能力的差异性分析》，《复旦教育论坛》2018 年第 4 期，第 58~64 页。

⑥ 沈红、张青根：《我国大学生的能力水平与高等教育增值——基于"2016 全国本科生能力测评"的分析》，《高等教育研究》2017 年第 11 期，第 70~78 页；张青根、沈红：《一流大学本科生批判性思维能力水平及其增值——基于对全国 83 所高校本科生能力测评的实证分析》，《教育研究》2018 年第 12 期，第 109~117 页；张青根、沈红：《中国本科生批判性思维能力增值再检验——兼议高等教育增值评价的实践困境》，《中国高教研究》2022 年第 1 期，第 69~75 页；张青根、沈红：《中国大学教育能提高本科生批判性思维能力吗——基于"2016 全国本科生能力测评"的实证研究》，《中国高教研究》2018 年第 6 期，第 69~76 页。

⑦ 卢瑶、张青根、沈红：《基于学生自评数据的能力增值可靠吗？——来自归因理论的解释》，《国家教育行政学院学报》2021 年第 11 期，第 78~88 页。

⑧ 俞光祥、沈红：《家庭收入对本科生批判性思维能力的影响——基于院校层次中介效应的实证研究》，《中国高教研究》2019 年第 2 期，第 41~48 页。

⑨ 吴永源、沈红：《家庭资本结构会影响本科生批判性思维能力吗——基于全国本科生能力测评的实证分析》，《重庆高教研究》2021 年第 6 期，第 56~66 页。

型①、本科生性别②、学习投入③等因素对本科生批判性思维能力的影响。沈红与吴永源还共同关注并探索了批判性思维能力对大学生毕业意向的影响④。其他核心作者也互相建立了合作关系。例如，张梅与印勇建立了合作关系，李迎新与李正栓建立了合作关系。核心作者初次发文数量如表1所示。

表1　高等教育领域的批判性思维核心作者发文数量及初次发文时间

核心作者姓名	发文数量	初次发文时间
沈　红	12	2017
张青根	6	2017
李迎新	5	2011
李剑锋	4	2005
徐海艳	3	2015
黄朝阳	3	2010
张红霞	3	2007
李正栓	3	2014
印　勇	3	2011
张　梅	3	2011
武宏志	3	2004

资料来源：作者自制。

（2）研究机构及合作关系分析

根据 CiteSpace 的分析，得知共有161家机构对高等教育领域的批判性思维研究做出了贡献，连线数共有55条（见图3）。其中，发文数量最多的机构为华中科技大学，共发表18篇文章，表明华中科技大学是高等教育范围内批判性思维研究领域最重要的机构。其次为南京大学（14篇）、清华大学

---

① 胡仲勋、沈红：《本科生群体类型：基于学习成果的判别与特征》，《教育研究》2021年第8期，第116~131页。

② 汪洋、沈红：《我国本科生批判性思维能力增值的性别差异研究》，《重庆高教研究》2022年第2期，第60~74页。

③ 李文平、沈红：《学习性投入能带来批判性思维能力增值吗？——来自"2016 全国本科生能力测评"的证据》，《复旦教育论坛》2020年第4期，第64~71页。

④ 吴永源、沈红：《什么在影响大学生的毕业意向：家庭、学科还是能力？——基于"2016全国本科生能力测评"的实证分析》，《江苏高教》2020年第4期，第83~90页。

（10 篇）、北京师范大学（8 篇）、南方科技大学（6 篇）、北京大学（6 篇）、厦门大学（6 篇）、河北师范大学（5 篇）、南京师范大学（4 篇）、西安交通大学（4 篇）、湖南大学（4 篇）、唐山学院（4 篇）。发文数量排前十二名的机构全部为高等教育机构，其中双一流高校占比 91.6%，体现了高等教育机构在该领域所起到的重要作用。在这些高校中，华中科技大学与南方科技大学建立了合作关系，北京大学与北京师范大学建立了合作关系，北京师范大学与河北师范大学建立了合作关系，清华大学与南京师范大学建立了合作关系，表明该领域的跨机构合作研究初步形成。然而仍然有大量的机构尚未与其他机构建立合作，或者合作并不紧密，表明机构间的合作仍然需要进一步深化。在发文数量排前十二名的机构中，最早开展研究的是湖南大学（初次发文时间为 1997 年），最近开展研究的是南方科技大学（初次发文时间为 2020 年）。华中科技大学的最早发文时间为 2010 年。

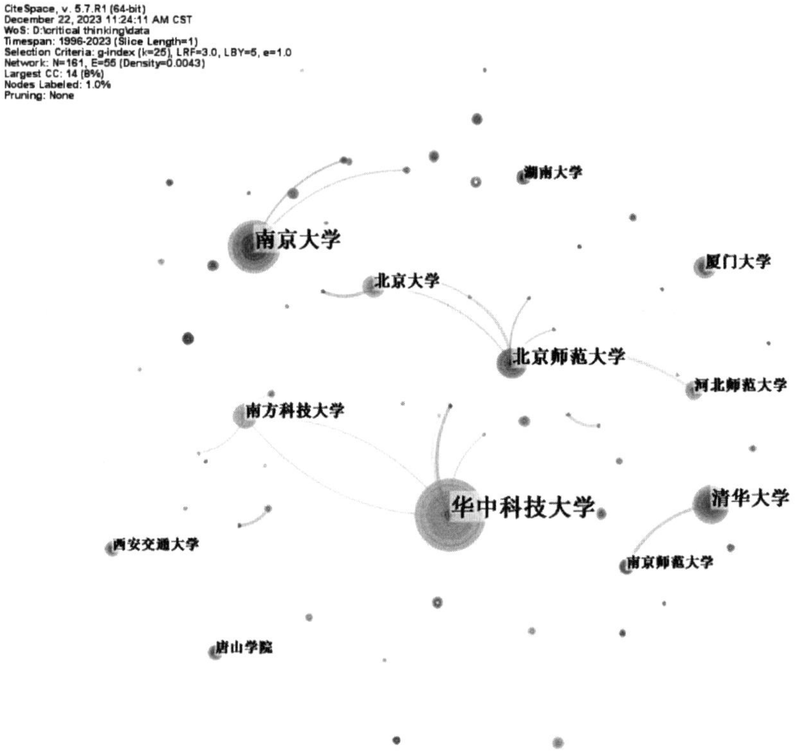

图 3　发文数量排名前十二的机构及合作关系

4. 研究热点与前沿分析

通过使用 CiteSpace 合并文献的关键词并进行分析之后，得到关键词共现知识图谱，如图 4 所示。时间跨度设置为 1996~2023 年，时间切片设置为 2，g-index（K=25），由此产生节点 280 个，连线 402 条，密度为 0.0103。关键词"批判性思维"出现次数最多，为 117 次，"高等教育"出现了 9 次，"大学"出现了 4 次。笔者在检索时使用"高等教育/大学/职高+批判性思维"作为检索词，因此本文将不再对上述四个关键词进行讨论。表 2 对余下的高频关键词按照出现频次进行排列。出现次数为 5 次及以上的高频关键词包括"批判性思维能力""大学生""本科生""人才培养""大学英语教学""通识教育""信息素养"。然而，并不是所有的高频词都具有较高的中心度。中心度体现了关键词连接其他关键词的能力。关键词的中心度越高，在网络中的重要性便越大[1]。而中心度大于 0.1 的关键词在一定程度上能被看作本领域的研究热点[2]。关键词"批判性思维能力"的中心度为 0.22，是除"批判性思维"之外唯一的中心度高于 0.1 的关键词，这表明"批判性思维能力"是该领域最主要的研究热点。

表 2　高等教育领域的批判性思维研究关键词（频次为 5 次及以上）

热点词	频次	中心度	初次出现时间
批判性思维能力	21	0.22	2010
大学生	10	0.04	2002
本科生	9	0.04	2015
人才培养	7	0.06	2012
大学英语教学	6	0.05	2005
信息素养	5	0.00	2013
通识教育	5	0.03	2007

资料来源：作者自制。

① Liu D., Che S., Zhu W., "Visualizing the Knowledge Domain of Academic Mobility Research from 2010 to 2020: A Bibliometric Analysis Using CiteSpace," https://journals.sagepub.com/doi/full/10.1177/21582440211068510.

② 李杰、赵旭东、王玉霞等：《我国电子商务物流配送研究热点与趋势分析》，《商业经济研究》2017 年第 17 期，第 90~92 页。

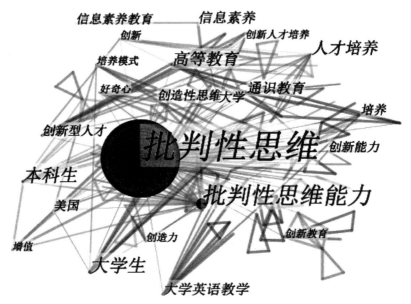

CiteSpace, v. 5.7.R1 (64-bit)
December 22, 2023 9:39:33 PM CST
WoS: D:\critical thinking\data
Timespan: 1996-2023 (Slice Length=2)
Selection Criteria: g-index (k=25), LRF=3.0, LBY=8, e=2.0
Network: N=280, E=402 (Density=0.0103)
Largest CC: 182 (65%)
Nodes Labeled: 1.0%
Pruning: Pathfinder

图 4 高等教育领域批判性思维研究关键词共现情况

5. 发展趋势分析

（1）前沿分析

CiteSpace 运用算法通过总结关键词节点的相似性，将共词关系明显的节点聚成一类，从而凸显研究前沿的重点①。高等教育领域的批判性思维研究关键词聚类情况见图 5。其中包含 9 项，Silhouette = 0.6788，Modularity Q = 0.8824。本领域的研究主要包括以下九类主题：#0 创新能力、#1 pbl 教学

---

① 龚伯韬：《儿童社会学研究的热点与前沿——基于 CNKI 数据库文献的可视化分析》，《当代教育与文化》2019 年第 11 期，第 6~13 页。

模式、#2 创新型人才、#3 浅层学习方式、#4 高等教育、#5 培养模式、#6
批判性思维能力增值、#7 批判性思维技能、#8 创新型体育人才。聚类信息
情况见表 3。

表 3　高等教育领域的批判性思维研究聚类信息

Cluster ID	Size	Silhouette	Mean（Year）	Cluster Label
0	39	1.000	2014	创新能力
1	22	1.000	2015	pbl 教学模式
2	14	0.974	2014	创新型人才
3	14	0.975	2013	浅层学习方式
4	14	0.985	2014	高等教育
5	13	0.970	2015	培养模式
6	12	0.953	2018	批判性思维能力增值
7	11	1.000	2006	批判性思维技能
8	10	0.999	2010	创新型体育人才

资料来源：作者自制。

每一类主题所包含的关键词如下。

第一，#0 创新能力，包括的关键词有批判性思维、问题导向、中庸思
维、情绪动力、师生互动、交互控制、兰迪加里森、培养路径、价值观整
合、媒介信息素养、探究社区。

第二，#1 pbl 教学模式，包括的关键词有大学英语、增值效应、全国本
科生能力测评、以学生为中心、中国大学教育、大学英语口语教学、协助能
力、批判性思维能力。

第三，#2 创新型人才，包括的关键词有人才培养观念、大学、变革、创
新教学、自由思考、实践教学环节、跨国化、当代高等教育、全球现代性、
批判性思维、本科生、创新能力。

第四，#3 浅层学习方式，包括的关键词有元认知、大学教学、信息茧
房、多元读写能力、批判性思维倾向、大学生、关系、国际化人才、人才培
养、深度学习方式。

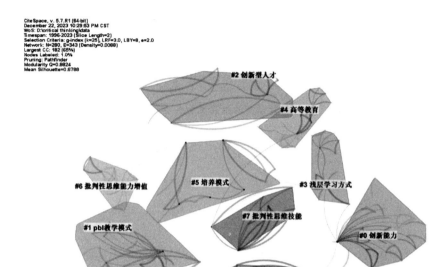

图5 高等教育领域批判性思维研究关键词聚类情况

第五，#4 高等教育，包括的关键词有思维课程、教学评估、教学效果、思维方式、批判性思维教学、创新能力培养、通识教育、国际化、批判力、学生培养、人工智能。

第六，#5 培养模式，包括的关键词有实验班、美国、高等教育评估、学业表现评估、增值评估、人文素养、学习成果、大学生学习评价、外语专业。

第七，#6 批判性思维能力增值，包括的关键词有大学教育、性别差异、学科特征、增值评价、家庭收入、学术自由、德里克·博克、家庭资本结构。

第八，#7 批判性思维技能，包括的关键词有多元价值观、自主学习、高等学校教育理念、培养方法、创新意识、多元文化、价值观引导、教学模式。

第九，#8 创新型体育人才，包括的关键词有思维型教学文化、创新思维、体育强国、新生研讨课、体育院校、任务型教学、外语教材、主体批判性。

通过对这九类主题的进一步分析和总结，可得出我国高等教育领域批判性思维研究所重点关注的三大领域：学生的创新能力培养与教学模式、高等教育发展与学生综合能力的提升、批判性思维及评价。创新能力培养与教学模式这一主题涵盖了创新能力的培养，包括批判性思维、问题导向、情绪动力等方面，同时也探讨了与创新能力相关的教学模式，如 pbl 教学模式、以学生为中心的教学方法。高等教育发展与学生综合能力提升这一主题包括高等教育的发展方向，涉及通识教育、国际化、人工智能等方面，旨在培养具有创新能力和批判思维的人才。与此同时，该主题也探讨了如何评价和提升学生的综合能力，包括批判性思维能力等。批判性思维能力及评价这一主题聚焦于批判性思维能力的培养和评价，涉及增值评价、性别差异、学科特征等方面。研究者探讨了如何有效地提升学生的批判性思维能力，并研究了不同背景下的影响因素。

（2）发展趋势分析

为梳理高等教育领域批判性思维研究热点及演化过程，本文使用CiteSpace 制作了关键词时区图谱（见图6），将研究热点按时间段呈现出来。关键词"批判性思维"首次出现于 2001 年，并贯穿整个时空区域。较早出现的关键词还有"哲学""高等教育""大学生"，表明哲学研究和高等教育研究是本研究领域早期出现的热点。随着研究的开展，高等教育领域的批判性思维研究范围日益扩大，所涉及的课程日益增多。2006 年出现关键词"英语教学"，表明学者们开始关注英语教育范围内的批判性思维研究。此后，研究范围进一步拓展至通识教育（2007 年）、医学教育（2008 年）、信息素养（2013 年）以及大学物理（2015 年）。由此推测，在未来，批判性思维的研究范围还将进一步扩大至更多学科。

从学生素养与能力培养的角度出发，批判性思维能力和创新思维能力贯穿了整个研究时段，是本领域最核心的研究对象。近年来，学者们还开始关注高等教育领域的教学模式以及培养模式对批判性思维能力培养的影响。其中，重点关注的教学模式包括 CBI 教学法和 pbl 教学模式。CBI 全称为 Content-based Instruction（基于内容的教学）。此种教学方法将语言教学与学科内容的教学有机结合，使学生在获得学科知识的同时也提高语言能力。徐海艳研究了 CBI 理念指导下的英语课堂对高职学生批判性思维能力的影响。她发现此种教学模式能有效提高学生的语言水平和批判性思维能力①。pbl 全称为 project/problem-based learning（基于项目/问题的教学）。此教学模式围绕特定项目或者问题展开，要求学习者通过合作来应对开放式的项目或者问题，通过多种方式解决问题，完成项目。李迎新和侍禹廷通过在大学英语课堂进行 pbl 教学实验，发现此种教学模式对学生增强批判性思维能力起到了促进作用②。马纳克将 pbl 教学模式应用于大学英语的口语教学，发现此模式下的教学可以全面提高学生的批判性思维能力③。预计不同学科的教师和学者们还将进一步探索不同的教学模式和教育技术对学生批判性思维能力的提高所起到的作用。

三　总结与展望

通过分析文献，发现我国在高等教育领域的批判性思维研究始于 1996年，且已经历了两个阶段。1996 年至 2006 年为该研究的起步探索阶段，具体特征为发文数量少，出现的高频关键词及连线也相应较少。在 2006 年之后，该领域的年度发文数量曲折增长，研究范围逐步扩大，涉及学科逐渐增多。文献类型主要为高等教育类、外国语言文字类、教育理论与管理类。本领域发文数量排前十二位的机构全部为高等教育机构，体现出大学在该领域的研究中发挥着举足轻重的作用。其中发文数量最多的机构是华中科技大学，发文最多的作者是沈红。该领域共有 11 位核心作者，然而依据普莱斯

---

① 徐海艳：《翻转课堂模式下学生批判性思维能力培养研究》，《外语电化教学》2017 年第 1 期，第 29~34 页；徐海艳：《基于内容的培养和提高学生批判性思维能力的教学模式》，《外国语文》2015 年第 4 期，第 151~156 页。

② 李迎新、侍禹廷：《大学英语 PBL 模式教学对培养本科生批判性思维能力的有效性实验研究》，《高教探索》2020 年第 7 期，第 73~79 页。

③ 马纳克：《PBL 教学模式下的大学英语口语教学实践》，《教育理论与实践》2016 年第 27 期，第 49~50 页。

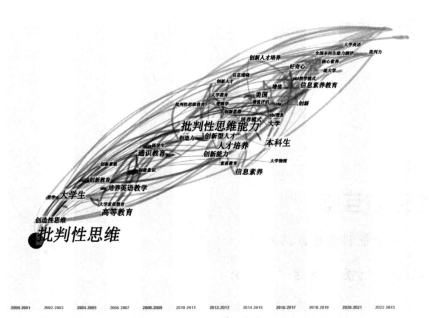

图 6　高等教育领域批判性思维研究关键词时区图谱

定律，核心作者尚未形成真正的核心作者群，表明学者们在该领域的研究还需进一步深入。作者之间已建立了一系列合作，其中，以沈红与张青根为代表的作者建立了本领域最大的作者合作关系网络。机构之间的合作还较为分散，还需要进一步加强。就研究热点而言，批判性思维能力与创造性思维能力是本领域最核心的研究热点，贯穿了整个研究历程。除此之外，哲学是本领域最早涉及的高等教育学科，此后，相关学科依次延伸至英语教育、通识教育、医学教育、素质教育、信息素养教育、物理教育。预测涉及的学科范围还将进一步扩大。近年来部分学者开始关注特定的英语课教学模式对大学生批判性思维能力的影响。其中重点关注的教学模式有基于内容的教学（CBI）和基于项目/问题的教学（pbl）。在未来的研究中，建议学者们将多种教学模式运用于不同的高等教育学科教学中，以观察其对学生的批判性思维能力及创造型思维能力所产生的影响。本研究仅检索了 CNKI 所收录的被CSSCI 或中文核心期刊总览所收录的文章，并未分析被国外知名数据库收录的相关文章，因此后续可进一步扩大文献筛选的范围，涵盖国外知名数据库所收纳的文章。

沟通与互鉴

—— 关于批判性思维的对话

林胜强　　〔美〕琳达·埃尔德*

摘　要： 对话围绕《批判性思维》一书展开。通过讨论，对中国和美国批判性思维教育和研究的历史、现状及未来发展状况进行了广泛沟通和有益探讨；特别在批判性思维在教育和社会文化生活中的地位和作用、批判性思维与创造性思维的关系、批判性思维与逻辑学的关系、中国古代批判性思维的成就，以及在推进批判性思维研究的交流与合作等方面达成了共识。

关 键 词： 中国和美国；批判性思维；对话

　　林胜强： 琳达博士，您好！非常高兴地告诉您，通过中信出版集团和中国逻辑学会批判性思维专业委员会的共同努力，由保罗和您合著的《批判性思维》（第 4 版）中译本很快就要重磅推出了。这是继《批判性思维》（第 3

---

* 林胜强，四川师范大学哲学学院教授、博士研究生导师，中国逻辑学会批判性思维专业委员会主任委员，四川大学逻辑、科学与文化研究所研究员，中国逻辑学会副会长；琳达·埃尔德，教育心理学家，美国批判性思维基金会主席和批判性思维中心执行主任，国际公认的批判性思维权威。

版）出版十年以后，该书的最新版中译本再一次在中国出版发行。请问您最想对中国读者说点什么？

琳达·埃尔德：这本书的重要性不言而喻，正如我对每一版的评价一样，本书详尽地阐述了批判性思维的核心概念，构建了坚实而可辩护的批判性思维概念中的所有基本概念。这些基础概念以及由此衍生出的原则，构成了保罗-埃尔德批判性思维框架或保罗式批判性思维方法的核心，也是我们学派所有工作的基石。

这个框架通过详细阐述批判性思维的核心概念，并从这些概念出发向外扩展，彻底改变了批判性思维本身的理念。书中的观点对于人类来说至关重要，它们帮助我们学会如何最有效地、迅速地解决我们共同面临的紧迫、重大甚至威胁生命的问题和关切。在我们争分夺秒地拯救地球的过程中，批判性思维是我们必需的工具。

在人类生活的各个阶段，各个社会，我们都需要以批判性思维来共同关注对公共利益和其他物种的保护。面对生活的种种复杂性，现在我们需要的是一个明确、公正的批判性思维概念，并为所有人提供工具。这正是我们多年来致力于发展的理念。在该书中，我们发展和阐述了这个理念，为教师和学生提供了系统化的过程，以便他们内化批判性思维，并将其应用于所有学术领域和生活的各个方面，通过终身的实践来不断提升。

我们提到了人类推理的八大核心要素，这些要素确实是理解和评估任何推理过程的基础。每个推理过程，无论其质量如何，都离不开这些要素：所提出的问题、所追求的目的、信息、所做的假设、所推导出的推论、推理中的蕴含和后果，以及指导推理的概念、看问题的角度。

同时，我们也强调了批判性思维的重要性，它需要对推理过程进行严格的审视，避免各种谬误、欺骗、偏见和主观倾向。而批判性思维的培养，又离不开一些重要的理智的美德，如理智的同理心、理智的谦逊、公正、理智的完整性、理智的自主、理智的勇气和对理智的笃信等。

此外，我也赞同您的观点，那就是人们通常对这些推理要素缺乏认识，因此难以直接评估其质量。然而，所有推理都需要适当的标准来评估其在各个学科、专业和认知领域的应用。

总的来说，您的描述为我们提供了理解人类推理和批判性思维的深刻视角，这对我们提高思维水平，避免错误和偏见，都有着非常重要的指导意义。

的确，批判性思维能够帮助我们理解和削弱理智的傲慢、狭隘、自私，增加对公共利益的关心的力量。要实现这一点，我们每个人都需要认识到并主动克服我们天生的自我中心和社群中心思维。人类有时是理性（理智）的，但有时又是自我中心和社群中心的。在我们的方法中，自我中心的概念侧重于其常见用法，这涉及自私和狭隘（因此忽略了重要的相关信息或歪曲它以适应不合理的议程和观点）。社群中心有时与种族中心或群体思维的行为同义。我们关于社群中心的想法与我们对自我中心的想法相平行，因此广义上意味着群体主义（或"群体自私"），换句话说，就是只关注群体想要的东西，而不考虑群体之外的人的权利和需求。或者它可能涉及群体狭隘（群体被困在特定系统中，同时忽略了重要的相关信息，因此在某些方面是不合逻辑的）。

因此，我们需要通过培养批判性思维来克服这些局限性，并努力以更开放、包容和理性的态度来看待世界。这需要我们始终保持警觉，不断反思并修正我们的思维方式和行为模式，以更好地适应不断变化的世界。

简而言之，我们的书籍以及我们在批判性思维领域的所有工作，都是基于理查德·保罗从20世纪60年代中期开始探索的这些基本理念，并且保罗学派的学者们多年来一直为此做出贡献，并继续推动其发展。得益于我们认真的学术研究、数十年致力于推进这些概念的努力以及我们思想学派的国际影响力，我们的思想学派在很大程度上塑造了批判性思维的概念，尤其是在重视批判性思维的领域。我们最终定义并详细阐述了（并将继续详述）一个明确、全面、整体、公正的批判性思维概念，这个概念基于我们人类每天使用的自然语言（从而使批判性思维为所有理性人类所能理解和应用，且适用于社会各个层面）。目前尚缺乏可以囊括基于无可辩驳的基本批判性思维概念的第一原则的概念。没有其他方法能为各种环境下的批判性思维研究方法提供广泛适用的工具。

林胜强：与第 3 版相比，第 4 版有哪些新的内容或变化？这些新的内容或变化对于应对批判性思维领域的最新发展和挑战有什么积极意义？对中国读者有什么特别的意义或价值？

琳达·埃尔德：听起来这本新版书籍的内容真的非常丰富和有趣！新增的章节着重帮助学生更深入体会互联网和其他技术是如何渗透到他们的生活中的，并如何影响他们的成长，这一点特别有意义。同时，几个章节加了一些图表和现实案例，使内容更加生动和具体。而且，整本书的语言都做了简化，让学生更好地阅读和理解。新增的批判性思维章节也非常有价值，它可以帮助教师和学生学会使用批判性思维工具来评估任何领域或职业中的思考，无论是书籍、期刊、论文还是推理产物或推理成果等。这些章节通过展示传统学科中的一些最佳和最差的思考方式，为学生提供了更为深入的学习机会。对于用此书来进行第二或第三学期学习的学生来说，这些是进阶章节。

对于那些更喜欢将论证作为批判性思维的一部分的教师来说，我们新章节将对他们大有裨益。新章节旨在帮助学生学会运用核心批判性思维概念来构建合理的论证，而非仅依赖于传统的论证理论。我在这些章节中强调，当您理解和内化批判性思维的基础，并理解其广泛应用的领域时，您自然就能提高合理论证的能力。这在批判性思维发展中是自然而然的，随着我们不断实践和深入理解批判性思维，这种能力也会得到提升。然而，您也需要意识到，在任何特定的情境下，您可能会在论证中自我欺骗，或者拒绝考虑其他合理的观点。这些自我反思的过程对于以诚信进行的熟练论证至关重要。这些章节的内容将有助于学生培养这种自我反思的能力，从而使其在论证中更加审慎和明智。

林胜强：1983 年，在加拿大温莎大学成立的"非形式逻辑与批判性思维协会（AILACT）"，标志着批判性思维作为一门科学或学科正式诞生。40 年后的 2023 年，在中国成都正式成立了"中国逻辑学会批判性思维专业委员会"，从此结束了中国一直没有正式的、专业的批判性思维学术组织的历史。请问您对 40 年来批判性思维在发达国家如美国以及发展中国家如中国的推广和发展情况如何评价？批判性思维分别为他们带来了怎样的影响？

琳达·埃尔德：事实上，在现今这个拥有数十亿人口的地球上，真正拥抱或体现明确批判性思维特质的人只是少数，不论他们生活的国家发达与否，也不论那个国家批判性思维的历史如何。虽然"批判性思维"这个词的使用已经得到了大大的扩展，但真正能够合理、全面地阐述批判性思维核心概念的人却寥寥无几，这包括教师和讲师在内，不论是在世界的哪个角落。这确实是一个令人遗憾的现实，因为一个丰富而公平的批判性思维概念有可能深远地影响人类社会。因此，我们有必要加强对批判性思维的教育和普及，让更多的人能够理解和运用它，从而推动社会的进步和发展。

在思考批判性思维的历史时，我们确实需要追溯到 19 世纪前，然后再追溯到更近的时代。这是因为，从 2400 年前的苏格拉底时代起，理解推理的内涵并正确地评估这种推理，或者说批判性思维，就至少在小部分人类群体中得到了发展。从现存的文献中可以清楚地看出，苏格拉底感兴趣于开发明确且广泛可用的概念性、理智和道德工具，这些工具用于发现思维中的问题，改善他自己的思维，帮助他人改善思维，并为公共利益做出最佳决策。通过分析苏格拉底（由柏拉图和色诺芬描述）的对话，我们发现他致力于发展明确的批判性的方法。例如，他通过有条理的诘问帮助人们探索他们推理中的问题。他试图帮助人们识别他们的错误信念，以建立更清晰、更具逻辑性、更合理、更准确和可证明的推理的新信念。苏格拉底从根本上专注于使用和发展推理来实现善——做出更好的决策，但更重要的是，做符合道德的事情，让世界变得更好。后来，斯多葛学派的哲学家要么在苏格拉底的思想基础上发展自己的思想，要么将自己的思想融入其中，历史上许多重要的思想家都在各个学科中记载了大量反映批判性思维的案例。

从苏格拉底的故事里，我们确实可以看到批判性思维并不是 20 世纪才出现的。也不是在美国、加拿大或任何其他新兴的国家诞生的。苏格拉底的思想使道德伦理推理首次成为关注焦点。但事实是，人类思维中的批判性自有人类开始有批判性思考以来就存在，这可能源自我们进化开始以后甚至更早的时候。我们知道这一点，部分原因是随时间的推移而发展起来的普通语言中的无数批判性思维术语。不过，尽管批判性思维一直存在，但我们真正需要的是运用系统、明确的思维工具来帮助我们提升推理能力。苏格拉底在这方面做出了初步的尝试，但直到 20 世纪末，理查德·保罗等人才为我们带来了更加完整、易懂的批判性思维体系。这个体系如今在我们的书中得到了详细的阐述，并由保罗学派的学者们继续发展。所以，批判性思维并不是一蹴而就的，它是经过长时间的积累和沉淀才逐渐变得完善和系统的。

批判性思维这一术语的历史确实始于 20 世纪中后期，并包含了几个重要的阶段。在 20 世纪 70 年代之前，批判性思维的概念几乎没有被研究和详细阐述。后来，由于美国、加拿大和英国等国家出现更广泛的社会和教育改革运动，批判性思维的潜在定义才逐渐在 70 年代末出现，并在 80 年代和 90 年代蓬勃发展。在这一时期，主要是哲学家，但也有其他学者，越来越多地撰写关于批判性思维或批判性推理的文章，并提出定义，其中许多定义在重要方面相互吻合。这些早期学者包括理查德·保罗、杰拉尔德·诺西奇、罗伯特·恩尼斯、迈克尔·斯克里文、哈维·西格尔、拉尔夫·约翰逊等，以及其他主要思想家。理查德·保罗于 1980 年在加利福尼亚州索诺马州立大学创立了批判性思维与伦理批评中心，并于 1981 年组织了全球首次批判性思维会议。因此，可以说 20 世纪 80 年代初，批判性思维作为独立的学术学科才正式诞生。然而，批判性思维在学术界尚未有一席之地。批判性思维课程往往由哲学家或其他非批判性思维的学者控制。此外，由于"批判性思维"这个词被广泛使用（但没有自己的学术归属），许多类型的商业顾问都可以声称自己在批判性思维方面拥有专业知识，但实际上并非如此。这种情况极易误导公众，阻碍人类的发展。我们需要更重视批判性思维的培养和研究，造福更多的人。

确实，尽管大多数美国的教师在各个层次上可能认为他们在课堂上正在培养学生的批判性思维，但很少有人能够通过他们的教学证明这一点，也很少有人能够给出合理的批判性思维定义。尽管这个术语在美国已经存在了将近半个世纪，大多数学校也会声称他们正在培养学生的这种思维。

还要记住，某些所谓的批判性思维形式并不总是会有助于形成更好的社会。当批判性思维被以自私、狭隘的方式，或者是群体主义以及以群体为中心的方式应用时，它将无法为人类、地球或其他有感情的生物服务。这种弱意义的批判性思维以牺牲整体为代价来服务于狭隘的利益。强意义的批判性思维是指以最充分和最具道德意义的方式进行的批判性思维：开放心态、富有同情心、自我意识和自我发展。如果我们要茁壮成长，甚至在某些情况下要生存下去，作为人类我们必须接受这种理念。这正是读者在我们的书中会找到的理念。

据我们所知，世界上没有一个国家在全社会和教育系统中都有意地拥抱一个丰富、有力的批判性思维概念。保罗式的方法无疑是最全面、最普遍适用的方法。

林胜强：下面，我们着重来讨论批判性思维在教育和社会文化生活中的地位和作用问题。《批判性思维》花了大量篇幅讨论批判性思维的教育教学。请问您如何看待批判性思维在教育中的地位和作用？

琳达·埃尔德：批判性思维对于教育过程和终身学习的重要性不言而喻。它不仅是解决社会、文化、经济、科技、医疗等问题的关键，也是应对所有需要人类推理的问题的基石。但遗憾的是，我们在学校、职业和社会中往往忽视了明确且公正的批判性思维。尽管在生活的许多领域里，我们也能看到零星的批判性思维，但总体来说，在应对共同面临的大问题时，我们仍需努力。我们需要保持持续的高水平的批判性来应对这些复杂问题，而这正是大多数人所缺乏的。因此，为了构建公正、批判性的社会，我们必须将批判性思维置于教育和社会文化生活的核心位置。这样，我们才能更好地应对挑战，共同创造一个更美好的未来。

林胜强：在中国现有的教育体系语境下，批判性思维应该如何更好地融入？您有哪些建议或策略可以帮助中国的教育者更好地培养青年学生的批判性思维能力？

琳达·埃尔德：确实，我们想要构建一个公平且具备批判精神的社会，就必须将批判性思维贯穿教育的始终，从孩子们最初接触学习的那一刻开始，一直延续到高等教育阶段。

我们的书涵盖高年级和大学阶段的批判性思维内容，高年级和大学阶段是一个非常关键的时期。在这个时期，学生们开始接触更广泛的知识领域，同时他们的思维方式也逐渐成熟。因此，为他们提供深入了解和运用批判性思维的机会，无疑会对他们的成长产生深远的影响。

教师们培养批判性思维的方法有很多，确实让人深感欣慰。但每种方法都需要对批判性思维的基础有深刻的理解，这也是确保教学效果的关键。同时，一个充满互动和活力的课堂环境也是必不可少的。在这样的环境中，学生们可以通过阅读、写作、讨论、倾听、提问和被提问，来提升他们的推理能力，强化他们的性格特质。

我相信，只要我们共同努力，不断探索和实践，就一定能够在教育的各个阶段有效地培养学生的批判性思维，为构建更美好的社会奠定坚实的基础。

我们认为，对于高等教育教师来说，与学生一同学习新书的内容，通过布置练习来研究每个章节，无疑是一个极好的方法。如果教师们能够完成书中的练习，自己完成写作任务，再布置给学生，那么他们就不怎么需要花费太多心思在课程设计上了。

我们提到的"独立思考"（Think for Yourself）活动，为学生提供了实践批判性思维的机会，这是非常关键的。通过预先完成每堂课的写作任务，并在课堂上互相反馈，学生们能够更深入地理解并应用批判性思维。他们会在评估彼此的作品时，对准确性、清晰性、相关性、深度、广度、逻辑性、充分性、公正性等方面有更深刻的认识。

此外，我们推荐的国际批判性思维社区在线平台（www. criticalthinkingcommunity. org）是一个宝贵的资源，它能够为教师们提供更多的教学设计和批判性思维培养方面的指导。我相信，通过参与这个社区，教师们能够进一步提升自己的教学水平，为学生们提供更好的教育。

林胜强：批判性思维与创造性思维关系密切，中国学界甚至有人将两种思维合称"批创思维"（CCT）。请问您对二者的关系有何高见？

琳达·埃尔德：您说得很有道理。批判性思维和创造性思维之间的关系确实常被误解，但它们的紧密联系是不容忽视的。简而言之，如果批判性思维不结合创造性思维，就只会停留在指出推理和推理产物的缺陷上，而无法提供解决方案或予以有价值的贡献。这样的批判性思维是不完整的，甚至可能导向一种过于消极和怀疑的态度。

如果创造性思维缺少了批判性思维的指导，那么它可能只会产生一些新奇但并无实际价值或质量的想法。因此，真正的创造性思维需要建立在批判性思维的基础上，以确保其产出不仅新颖，而且具有深度和实用性。

两者相辅相成，共同构成了我们全面、深入的思考过程。无论是在学习、工作还是生活中，我们都需要运用批判性思维和创造性思维，更全面、更深入地理解和解决问题。

在批判性思维中，我们的一个主要目标就是识别思维中的问题，并创造解决方案来应对这些问题，无论是我们自己的思维还是他人的思维。这确实需要创造性思维的参与。

在创造性方面，历史上许多人都致力于发展自己独特的才能，以创造出有用、有价值、美观或者具有开创性的产品。而在这个过程中，批判性思维是推动他们创造卓越的关键。倘若没有批判性思维，他们就可能无法看出自己的创造性工作哪些地方需要改进，也无法判断何时达到了项目的适当标准。

简而言之，如果我们想要开发一个富有创造性或富有灵感的产品或过程，那么批判性思维是必不可少的。只有当我们能够以批判性的眼光审视自己的创造性工作时，我们才能确保其质量和价值。所以，批判性思维和创造性思维是相辅相成的，它们共同构成了我们实现创新目标的重要工具。

您提到的那些为人类社会、公共利益以及地球资源保护做出重要贡献的人们，确实很好地展示了批判性与创造性之间的关系。他们在积极发挥创造性能力的同时，也体现了知识上的毅力和其他理智上的美德和能力。简而言之，没有批判性，我们就不可能有创造性；同样，缺乏创造性的批判性思维概念也是没有意义的。

林胜强：批判性思维（非形式逻辑）与逻辑学（形式逻辑）的关系问题是一个十分重要且敏感的话题。您对此有何评论？逻辑学对批判性思维而言有怎样的地位和作用？

琳达·埃尔德：您提到的确实是个深奥的主题，短短几句话难以详尽阐述。简单来说，批判性思维与形式逻辑有着本质的不同。形式逻辑具有公式化、规定性、机械性和数学性的特点，对于数学及其应用领域，其益处非常突出，在数学及其应用领域之外更广泛的人类思考中，却有所不同。因此，我们不能将批判性思维简单地等同于形式逻辑。

同样地，批判性思维也远非非形式逻辑所能涵盖的。批判性思维超越了谬误和论证理论的范畴，它要求我们全面审视和提升人类推理的各个方面。尽管传统的谬误理论有其价值，但在我们的框架下，它更多地与自我中心和社群中心的理论相关联，因为每一种谬误都源于一种或两种形式的非理性。

当然，人们需要掌握提出合理论证的技巧，但批判性思维远不止于此。它涉及对信息、观点和价值的深入分析和评估，要求我们在面对问题时保持开放和审慎的态度，从而做出明智的决策。

所以，批判性思维是一种更广泛、更深刻的思考方式，它不仅仅关注逻辑推理，更强调对问题的全面审视和深入分析。

确实，谬误和论证理论在批判性思维的核心概念中处于边缘地位。二者的使用范围相对狭窄，往往没有全面揭示所有推理中的核心概念和原则。

同时，二者也确实没有足够强调自我提升的重要性，而这一点在批判性思维中是至关重要的。批判性思维并不仅仅是找出别人的错误或问题，或者是为自己辩护，更重要的是通过反思和改进自己的思考方式，实现个人成长和进步。

此外，谬误和论证理论也缺乏对公正心和其他智力美德的强调，而这些是批判性思维的重要组成部分。批判性思维要求我们公正无私地看待问题，避免偏见和主观臆断，同时也需要我们具备开放、好奇、坚韧等智力美德。

最后，您提到的对公共福祉和公正批判社会的贡献，也是批判性思维中不可或缺的一部分。我们不仅需要关注个人的思维提升，也需要关注如何通过批判性思维为社会进步和公平做出贡献。

因此，要全面培养和发展批判性思维，我们需要超越谬误和论证理论的局限性，关注更广泛的概念和原则，强调自我提升、公正心和社会贡献等方面的重要性。这样，我们才能更好地发挥批判性思维的作用，促进个人和社会的共同进步。

林胜强：在美国，批判性思维的研究和推广也存在不同的学派（如恩尼斯等）。请问你们之间有哪些一致和不同之处？你们如何看待和处理相互之间的不同之处？

琳达·埃尔德：学术界及更广泛领域内对批判性思维的理解确实参差不齐。很多定义只涵盖了批判性思维的一部分，这导致学生们接触到的概念经常存在问题。然而，最优秀的批判性思维定义和概念都在某些重要方面相互融合或衔接。

您提到了罗伯特·恩尼斯，他的工作确实令人钦佩。他和一些其他学者为丰富批判性思维的概念奠定了基础。恩尼斯给出了批判性思维的简短定义，并列出了一些重要的批判性思维技能、能力和特质，做出了很大贡献。

但理查德·保罗和保罗学派的工作超越了这些，他们继续发展一种动态的人类思维方式，旨在实现所有人类都能理解的批判性思维。他们的理论涵盖了批判性思维的所有方面，并非只是简单地列举技能、能力和特质。相反，它更全面、广泛、综合和深入。

这种动态、全面的批判性思维方法对于培养学生的综合能力、推动他们形成健全的人格，以及使他们能够在复杂多变的社会环境中做出明智的决策至关重要。

林胜强："博学之，审问之，慎思之，明辨之，笃行之"出自《中庸》。博学，就是广泛地学习；审问，就是仔细地询问，有针对性地提问请教；慎思，就是努力地、谨慎地思考；明辨，就是清楚地分辨；笃行，就是用学习得来的知识和形成的思想指导实践。这代表了中国古代批判性思维的最高境界（尽管那时还没有"批判性思维"这个词语）。请问您如何看待这一历史成就。从今天的批判性思维视角来看，您有何评论？

琳达·埃尔德： 这句话真的很有力量，它明显与批判性思维的概念相契合。如果我们广泛阅读历史上各国的文学经典，我们会发现许多这样的智慧箴言。

批判性思维的一大优点就是，它能指引我们广泛地学习，指导我们细心探究，判断我们的思考是否深入，洞察力是否清晰，以及我们的坚定行动是否与我们的最佳推理相一致。在文学中发现智慧的瑰宝，并运用这些思想来改变自己，需要批判性思维技能。

这些工具对于正确评估书面文件、区分文字作品的优劣，以及内化任何思维或观点中最有力、最有意义的部分，都是必不可少的。批判性思维不仅帮助我们理解世界，还让我们能够更有效地与他人交流，解决复杂问题，并做出明智的决策。

林胜强：《批判性思维》（第4版）（中译本）即将与中国读者见面，您对中国读者有什么寄语或建议？您认为它能为中国读者带来哪些收获或改变？

琳达·埃尔德： 学习我们的书籍的确能帮人们深入理解和内化批判性思维的核心概念和原则。正如您所说的，我也强烈建议教师们将书中的练习布置给学生，并与学生一起完成这些练习，以此共同推进学习过程。对于独自学习的人来说，自己完成这些练习也是非常有益的。

确实，有些人可能想要跳过练习，只读自己喜欢所读的内容，认为"真的很好"。但是，如果我们想要共同推动公平、批判性的社会进步，这样的做法是不够的。

您的另一个建议也非常有价值，即教师们（或任何感兴趣的人）可以长期在小型学习小组中合作，内化书中的概念，并提升他们在实际工作和个人生活中应用这些思想的能力。通过与他人分享、讨论和实践，我们可以更深入地理解批判性思维，并将其融入我们的生活方式。

这样的学习方式不仅有助于个人成长，还有助于构建一个更加开放、包容和理性的社会。因此，我非常鼓励大家采纳这些建议，并在实践中不断探索和发展批判性思维。

林胜强：作为刚刚成立的批判性思维学术组织，中国逻辑学会批判性思维专业委员会，在批判性思维的研究和推广方面可以发挥哪些作用？您有什么建设性意见？

琳达·埃尔德：我们的书确实以丰富、深刻的方式详细地阐述了批判性思维的概念。为了避免将这一概念局限于狭隘的定义或一系列定义中，我们确实需要拓宽视野。在委员会的名称中提到的"逻辑"一词，也不应仅被理解为传统形式逻辑或非形式逻辑中的概念。相反，我们应该从它的日常用途出发，与更广泛的保罗式批判性思维概念相联系，这一概念详细阐述了批判性思维的基本原则。

对于将批判性思维作为独立学术部门建立的重要性，我深表认同。这不仅能够推动批判性思维领域的深入研究，还有助于培养具备批判性思维能力的人才，为社会的进步和发展做出贡献。

我推荐一篇文章《理查德·保罗对批判性思维领域的贡献及批判性思维基本原则的建立》，该文值得一读。我相信这篇文章会为我们更深入地理解批判性思维提供宝贵的启示和指导。通过不断学习和实践，我们可以逐步将批判性思维融入日常生活和工作，成为更加明智、理性和有判断力的人。

确实，一旦我们深入理解和接纳了批判性思维这一内涵丰富的概念，接下来就需要与各个层次的教师合作，共同培养他们的批判性思维能力，并学习如何在教学中培养学生的批判性思维。目前，学校在培养批判性思维方面做得还不够，大多数教育工作者对批判性思维的认识并不深刻。

因此，我们非常愿意与您合作，加深人们对批判性思维的认识。您可以通过邮件与我们联系，我们期待与您共同探索批判性思维在教育中的实际应用，为培养更多具备批判性思维能力的学生而努力。

当然，除了邮件联系，我们也欢迎您通过其他方式与我们取得联系，比如电话或者社交媒体，我们会尽快回复您的咨询。

林胜强：我们认为，在批判性思维研究和推进等方面，我们可以加强交流与合作。下一步您有什么具体的考虑与设想？

琳达·埃尔德：世界各地的人们正在以多种方式在不同的背景下在某种

程度上推动了批判性思维的发展。我们确实需要更多真正掌握批判性思维技能的人，他们能够助力他人的学习。同时，我们也需要教育机构对批判性思维提供资金支持，以便长期向教师传授这一技能。

我们非常希望您能和所有阅读这篇对话的读者一道，加入我们的在线订阅社区——批判性思维社区在线（www. criticalthinkingcommunity. org）。在那里，您将找到世界上最大的批判性思维数字图书馆——一个包括许多内化批判性思维核心概念和原则的活动在内的自主学习平台，以及其他丰富的学习资源和机会。

我相信，通过我们的共同努力，我们可以推动批判性思维在全球范围内的普及和提高，培养出更多具有批判性思维能力的人才，为社会的发展和进步做出贡献。

林胜强： 感谢您真诚的沟通与交流，受益匪浅。祝您工作顺利，好运！

琳达·埃尔德： 非常感谢您提出这些深刻且重要的问题，也感谢您翻译这本书并主持这次对话。可以看出您对批判性思维造诣颇深，也深知我们在向大众普及批判性思维时面临的一些障碍。

我们非常高兴新版书上市，它可以帮助中国的教育工作者更深入地了解批判性思维，并将其视为公正、批判性社会的核心要素。我们相信，通过我们的共同努力，批判性思维将在更广泛的人群中得到普及和应用，为社会的进步和发展贡献力量。

批判性思维与反事实推理

胡嘉伟　　顿新国[*]

摘　　要： 批判性思维要求思考者面对具体情境、具体问题合理地反思并解决问题，这种合理性依赖于一定的逻辑基础。本文通过分析批判性思维的定义与要义、倾向与能力，发现这种认知活动与反事实推理存在密切关系。反事实推理也是针对具体情境、具体问题进行的合理提问与思考，它是探寻实际事件之间因果关系的主要途径。由于反事实推理的思考模式较为简单，从该角度入手培养批判性思维是一个值得尝试的新方案。

关 键 词： 批判性思维；逻辑；倾向与能力；反事实推理；因果模型

自杜威（John Dewey）[①] 以来，批判性思维（critical thinking）一直都是教育工作者开展教学的重要目标。想要实现该目标，我们必须深入理解"批判性思维"这一概念，并且探索相关的理论问题。学界常见的讨论包括批判性思维的定义、价值、过程、倾向、能力等多个方面。在本文中，笔者尝试从一种新颖的角度来看批判性思维，即反事实推理（counterfacutal reasoning）。反事实推理是人类最常使用的思考方式之一，它与批判性思维的关系

---

* 胡嘉伟，南京大学哲学学院博士研究生，主要研究方向为现代逻辑。顿新国，南京大学哲学学院教授、博士生导师，南京大学当代智能哲学与人类未来研究中心主任，中国逻辑学会副会长，主要研究方向为现代逻辑、人工智能哲学。

① Dewey, J. *How We Think* (Boston: D. C. Heath, 1910).

密切，通过对反事实推理的深入学习，能够提高批判性思维的能力。另外，用于反事实推理的形式因果模型也是开展批判性思维的一大利器。

一　批判性思维的要义

何为批判性思维？我们先来考察其定义。根据不同的定义形式，批判性思维至少可分为实质性定义、程序性定义以及操作性定义这三种。[①] 首先是实质性定义，它指出了批判性思维是一种需要特定能力的认知活动，斯特拉·科特雷尔（Stella Cottrell）认为：“批判性思维是一种认知活动，和运用思维相联系，以一种批判、分析、评价的方式思考，需要运用多种思维活动，比如关注、分类、选择和判断。批判性思维主要包括：（1）带着怀疑进行思考的能力；（2）有理有据地进行思考的能力。”[②] 更为简明地，罗伯特·恩尼斯（Robert H. Ennis）认为：“（批判性思维是）为了决定信念和行动而进行的合理的、反思性的思维。”[③] 从这两种实质性定义来看，批判性思维作为一种认知活动的关键包括了“合理思考”这一因素。一方面，这种合理思考包括了科特雷尔所提到的“带着怀疑”且“有理有据”地进行思考，即“合理怀疑”；另一方面，它也包括了恩尼斯所提到的为了“信念和行动”而进行的“合理”思考，即“合理置信”。因此，正如张建军教授所倡导的，批判性思维的要义就在于“合理怀疑、合理置信”。[④]

其次是程序性定义，它表述为：“批判性思维就是指审慎地运用推理去断定一个断言是否为真。”[⑤] 在此，批判性思维要强调的并不是断言本身的真

---

① 杜国平：《批判性思维辨析》，《重庆理工大学学报》（社会科学版）2014 年第 28 期，第 1~5 页。

② 〔英〕斯特拉·科特雷尔：《批判性思维训练手册》，李天竹译，北京大学出版社，2012。

③ Ennis R. H., "A Taxonomy of Critical Thinking Dispositions and Abilities,"in Joan Boykoff Baron and Robert J. Sternberg, eds., *Teaching Thinking Skills: Theory and Practice*(New York: W. H. Freeman, 1987), p10.

④ 参见张建军《高阶认知视域下的批判性思维教学与研究》，《河南社会科学》2015 年第 23 期，第 59~63 页。

⑤ 〔美〕布鲁克·诺埃尔·摩尔、〔美〕理查德·帕克：《批判性思维》，朱素梅译，机械工业出版社，2013。

假，而是我们面临断言所进行的评估方式。也就是说，批判性思维者在思考程序上要总是谨慎、合理地去开展判断，这种定义也认为："当我们在考量某个主意好不好的时候，我们就在进行批判性思维。"①

最后是操作性定义，它给出了展开批判性思维所需要的具体步骤或阶段，如："（1）三思而后行；（2）辨别假设；（3）评估信息；（4）得出结论（归纳、演绎）；（5）制订行动计划。"② 另外，杜威也提出过批判性思维的五个阶段："（1）提案（suggestion），心中构想一个可能的方案；（2）将所面对的困难转换成一个有待解决、必须寻求答案的问题；（3）利用提案作为主导的想法或假设，在收集事实材料时指导观察等操作；（4）再将想法或假设在思维中仔细推敲确定（推理）；（5）通过实际或想象的行动来检验假设。"③

可见，无论是批判性思维的哪一种定义，"合理性"这一关键因素都有所体现，从"合理思考（怀疑、置信）"到"合理决策"，再到"合理行动"。那么很显然地，许多通过"不合理思考"得出的决策或结论都可被归结为"非批判性思维"，例如受教条式的宗教或政治意识形态所驱动的思维，由固定算法从给定数据中得出结论，对某可能的解决方案产生怀疑却不继续寻找理由等。④ 但是，究竟怎样的思考属于"合理"，我们该怎样评估"怀疑"和"置信"的合理性呢？

合理性的判别需要动用理性的天平，也就离不开逻辑。在程序性与操作性定义中，都提到"推理""归纳""演绎"等逻辑学术语，可见批判性思维与逻辑密切相关。首先，以"演绎有效性"和"归纳可靠性"为追求的

---

① 〔美〕布鲁克·诺埃尔·摩尔、〔美〕理查德·帕克：《批判性思维》，朱素梅译，机械工业出版社，2013。

② 〔美〕朱蒂·查坦德、〔美〕斯图尔特·埃默里、〔美〕拉斯·霍尔等：《最佳思考者：如何培养批判性思维》，王蕙译，人民邮电出版社，2013，第69~136页。

③ Dewey, J., *How We Think: A Restatement of the Relation of Reflective Thinking to the Educative Process* (Lexington, MA: D. C. Heath, 1933), pp. 106~107.

④ Hitchcock, D., "Critical Thinking," *The Stanford Encyclopedia of Philosophy* (Summer 2024 Edition), Edward N. Zalta & Uri Nodelman (eds.) https://plato. stanford. edu/archivts/Sum2024/entrits/crvitca/~thinking/.

形式逻辑是判断思考合理性的逻辑基础，也可以说，演绎逻辑和归纳逻辑属于批判性思维的基础杠杆。对于演绎逻辑，其有效性不仅在于从前提到结论的"（形式）保真性"，也在于由结论到前提的"（形式）保假性"。换句话说，在前提为真的情况下，演绎推理的有效性可以保证得到的结论为真；而当结论为假时，演绎推理的有效性也可以保证其所出发的前提是假的。归纳逻辑虽然无法必然地得出，但好的归纳推理具有很高的可靠性，人们在认知活动中的许多信念正是由基于经验出发的归纳推理所得到的，例如太阳每天从东边升起。我们在进行思考时要遵循形式逻辑所要求的思维规范，如果犯了"否定前件""肯定后件"这样的形式谬误，那么肯定就不属于合理思考的范畴了。

其次，合理思考不仅需要以上形式逻辑因素，还需要非形式逻辑的参与。正如董毓教授所强调的，批判性思维的逻辑性在于杜威意义上的实际的反思性思维所具有的谨慎、仔细、全面、合理、有序等特性。[1] 批判性思维应该属于人们实际的思维过程，而实际的思维必然涉及各种具体的情境，光靠形式逻辑无法捕捉到合理的情境推理。因此，非形式逻辑所研究的实际论辩也是合理思考所需的重要部分。非形式逻辑会强调对于前提可接受程度的检验、前提是否与结论相关，以及前提是否充分支持结论等，这与演绎逻辑所追求的那种有效性不同。进一步说，形式逻辑重在把握"思想行动"之"产品"（信念、命题）之间的结构关联，而非形式逻辑则重在把握"做推理"的"思想行动"的模式，即"推理模式"。[2] 杜威所说的具有谨慎、仔细、全面、合理、有序特性的实际的反思性思维，其实就符合后者这种非形式逻辑意义上的具有程序性的推理模式。

概言之，批判性思维之要义在于"合理怀疑、合理置信"，而对这种合理反思的"合理性"判别基于形式逻辑对信念、命题之间结构关联的把握，也基于非形式逻辑对"做推理"或"论辩"这种思想行动的模式的把握。要注意的是，这种模式既要刻画"逻辑的东西"在论辩中的作用机理，也要

---

① 董毓：《再谈逻辑和批判性思维的关系》，《高等教育研究》2019 年第 40 期，第 14～21 页。
② 张建军：《在逻辑与哲学之间》，中国社会科学出版社，2013。

刻画"逻辑的东西"与"非逻辑的东西"（如情感、价值偏好等）在论辩中的相互作用机理。①

二 批判性思维的倾向与能力

如何成为一个批判性思维者？我们通常会从两方面考虑，即批判性思维的倾向（disposition）与能力（ability），二者缺一不可。批判性思维的"倾向"一词是指对成为批判性思维者有影响的思维习惯和态度，而"能力"便是指开展批判性思维所需的技能。举一个通俗的例子，一个人正常地坐在椅子上，假如他站起来了，他肯定需要具有站起来的倾向或意愿，同时也要有站起来的能力。如果他倾向于继续坐着或是他下身瘫痪，其都不会完成站起来的动作。类似的道理也在批判性思维之中，如果缺乏批判性思维的倾向性，即使他具有相应的能力也不会进行批判性思考。反之也是，如果思考者具备较好的批判性倾向，但缺乏批判性思维当中的某种能力（比如上文说的合理推理能力），那么也很遗憾。

首先从倾向性说起。从操作性定义中杜威提出的五个阶段可以看出，批判性思维往往是问题导向的，它旨在发现问题、分析问题和解决问题。围绕问题，批判性思维的倾向性可分为初始倾向（initiating disposition）和内部倾向（internal disposition），初始倾向是指影响开始批判性思考某一问题的因素，而内部倾向是指影响做好批判性思考的因素（已开始）。② 初始倾向包括很多，例如专注力、探究的习惯、自信与勇气、开放的思想等。其中专注力能让思考者专注于某事物从而更容易发现要思考的问题；探究的习惯为批判性思维的意愿注入精神能量和主动性；缺乏自信和勇气显然会阻碍批判性思维的开展；开放的思想能让思考者不固守成见不拘泥于教条，对批判性思

---

① 张建军：《高阶认知视域下的批判性思维教学与研究》，《河南社会科学》2015 年第 23 期，第 59~63 页。

② Hitchcock, D., "Critical Thinking," *The Stanford Encyclopedia of Philosophy* (Summer 2024 Edition), Edward N. Zalta & Uri Nodelman (eds.) https://plato.stanford.edu/archivts/Sum2024/entrits/crvitca/-thinking/.

维的开展十分有利。有些外部倾向同样也属于内部倾向，比如开放的思想，它们不仅对促进、开展批判性思维有影响，同时也对进行批判性思考有影响。其他内部倾向包括坚持复杂任务的意愿、确定并保持对结论或问题的关注等。

其次是能力。要做好批判性思维，或者说要成为好的批判性思维者，还需要具有多种不同的能力。由于各类学者所提及的能力十分多，在此只能介绍笔者认为较重要的 6 种能力。第一是观察能力，观察可谓进行科学探究、引发批判性思考的第一步。观察并不只是简单地用眼睛看，更要动用身体的各项感官与世界交互。观察也要讲究观察的技巧，好的观察与不好的观察所产生的观察报告在可信度上是有区别的。第二是提问能力，我们提到过批判性思维是问题导向的，那么提出问题就显得尤为重要。思考者能否将心中的困惑转换成能被清晰表达的问题，而且这是否足以成为"真问题"，这都会直接影响后续的研究进展。第三是想象能力，有关想象力，爱因斯坦有过名言："想象力比知识更重要，因为知识是有限的，而想象力则可以无限拓展人类的智慧。"杜威也曾说过："科学的每一项巨大成就，都是以大胆的想象为出发点的。"想象力在批判性思维当中的作用是巨大的，且它与本文试图探讨的视角——反事实推理有着密切关系，后文将会详细说明，它可以为找到具体现象或特定事件的正确因果解释服务。第四是推理能力，第一节中已经强调，合理的推理是开展批判性思维的理性基础，需要关注形式逻辑与非形式逻辑两大方面，杜绝谬误的产生。第五是实验能力，设计和执行实验的能力不仅在科学研究中很重要，日常生活中也是，而且要注意的是，这里的实验不仅包括实际动手的，也包括在脑海里的思想实验。第六是分析能力，分析能力包括分析论证是否合理的能力及分析问题从而求解的能力。

当然，除去倾向与能力，具备相应知识有时也是必要的，或者说能提高批判性思维能力。比如面对不同领域问题时，如果缺乏相关的领域知识，可能就难以展开批判性思考。再者，对批判性思维的基本理论知识、核心概念、原则等的学习也会对批判性思维的理解大有益处。

三 从反事实推理看批判性思维

在介绍完批判性思维的一些基本理论后，本文将引入一个新的视角来看批判性思维，即反事实推理。何为反事实推理？它是一种以与事实不同的假设为出发点，进而根据相应情境展开的推理。大多数反事实推理都是回顾性的，其假设的可能是不同历史事件的发生会对之后造成怎样的影响，例如"假如没有商鞅变法，秦国有可能就无法统一六国"，"假如我早上没有喝牛奶，现在可能就不会拉肚子"。一部分学者也认同反事实推理具有前瞻性，其假设的是还未发生的事件，例如"假如日本将核污水全部排入海中，人类的健康将受到严重影响"。当然，反事实推理也包括对经验世界中基本事实的不同设想，例如"假如袋鼠没有尾巴，那么它们将会摔倒"。正如所见，我们通常会使用以上条件句的形式来表达反事实，其中的关键就在于条件句的前件是不同于事实的。

反事实推理与批判性思维的关联密切，它是一种针对现实事件因果关系的合理思考方式，对反事实推理的研究与学习很有利于发展批判性思维。首先，反事实推理是人类最常使用的高级思考方式之一，更宽泛地说，它就是一种假设性思考。反事实推理能力不像批判性思维那样较为复杂难培养，相反，很多幼儿就能够具备一定这样的能力，这似乎是人类天赋性获得的东西。反事实推理的重要性在于，它可以为找到具体现象或特定事件的正确因果解释服务，也是探求现实事件之间因果关系的最主要途径。因果关系研究专家、"图灵奖"获得者朱迪亚·珀尔（Judea Pearl）曾在《为什么：关于因果关系的新科学》①中提出过三个不同层级的"因果关系之梯"（见图1）：第一层"关联"（association），第二层"干预"（intervention），第三层"反事实"（counterfactuals）。

---

① 〔美〕朱迪亚·珀尔、〔美〕达纳·麦肯齐：《为什么——关于因果关系的新科学》，江生、于华译，中信出版社，2018。

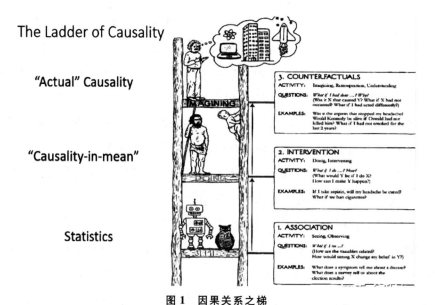

图1　因果关系之梯

　　这三个不同层级是人在认识因果关系时所达到的三个不同层次，动用的是三种不同的能力。第一层的"关联"就是指事物之间的相关性，认识它仅需要动用观察能力（seeing、observing），相关性刻画的只是事物在统计层面的关联程度，比如当我观察到 A 的出现时，与 A 相关的 B 也可能随之出现。要注意的是，观察到事物的这种伴随性出现并不一定意味着它们具有因果关系，如公鸡打鸣往往伴随着日出，所以要确定因果关系还需要继续攀登"因果关系之梯"。第二层的"干预"就是人类为了拨开相关性的"迷雾"进而探寻因果关系的主动措施。珀尔所说的"干预"指通过主动操控原因的发生，观察对应产生的结果，从而确定它们之间的因果关系。这种"干预"并不是简单、随意的操控，而是有特定要求的，干预措施在实证科学中的具体表现就是"随机对照试验"，该种实验被誉为检验因果关系的"黄金标准"。由于是通过实验检测出来的因果关系，这种因果关系属于统计平均意义上的（causality-in-mean），比如"吸烟可能会导致肺癌"。

　　第三层的"反事实"就是本文所重点讨论的，它所关注的并不是统计平均意义上的普型因果，而是现实发生的事件之间的殊型因果。当我们在思考一个事件 A 是否是另一个事件 B 的原因时，我们往往会设想"假如事件 A

没有发生，那么事件 B 还会发生吗?"，比如我扔了个石头砸到小明家的窗户，那么"我扔石头"这个事件显然就是"小明家窗户破碎"的原因，这是因为假设我没有扔，那么小明家窗就不会破碎。在大多数现实事件中，我们人类这样具备因果思维的生物会很自然地用反事实推理去寻求因果解释。在图 1 中所示的因果第三层级中，反事实推理需要动用想象能力，因为反事实的前件假设并不是现实世界所发生的，我们需要先想象出一个与现实世界极其相似的可能世界，在这个可能世界中发生了前件所假设的事件，然后再合理地通过想象来推理接下来所发生的事。

经由以上分析，可以看出反事实推理与批判性思维的一些关系。(1) 反事实推理与批判性思维都是一种认知活动，它们都需要一定的想象能力和推理能力。(2) 反事实推理与批判性思维都是基于现实、实际事件的反思，它们往往都是以问题为导向。(3) 反事实推理与批判性思维都需要实验，只不过前者只能做脑海中的思想实验。(4) 反事实推理对于现实因果关系的寻求也是批判性思维的题中应有之义。因此，如果学生获得较为简单的反事实推理训练，也能够对其批判性思维的发展大有帮助，毕竟这种推理能积极地影响到提问能力、想象能力、推理能力以及实验能力等。

下面分别从历史归因和科学发现的两个批判性思维例子出发说明反事实推理在其中的体现。在历史教育中，让学生思考历史事件之间的因果关系是一种锻炼批判性思维的良好方式。比如我们在学习世界历史时，会提到一个知识点:"第一次世界大战的导火索是萨拉热窝事件。"如果仅仅是把它记住背诵，那并不能锻炼我们的批判性思维能力，我们真正需要反思的是"萨拉热窝事件"是否足以成为"第一次世界大战"的原因，其背后还有多少深层次的原因。因此，我们可以提出反事实问题:"假如没有萨拉热窝事件，第一次世界大战还会爆发吗?"根据这一问题，我们可在脑海中想象一个没有发生萨拉热窝事件的可能世界，在那个世界中塞尔维亚的民族主义者普林西普并没有枪杀斐迪南大公夫妇，而先前其余的事件都保持不变。接下来，我们就需要通过收集史料文献，来帮助反事实推理的进行，无论最后的答案如何，只要论据充足、理由充分、论证严谨合理，都可以说是进行了一次批判性思考。

另外，反事实推理在科学发现中也十分重要。爱因斯坦著名的"追光实验"实际上就始于一个小小的反事实问题："假如我能追上一束光，那我看到的世界会有什么变化吗？"我们永远不可能达到光速，但想象力可以使我们达到，爱因斯坦利用天马行空的想象力提出了这一经典问题，重新思考了时间的本质，并根据反事实推理的结果对经典物理学提出了"合理怀疑"，从而创立了"狭义相对论"。现代物理学的另一大理论——量子力学，其理论奠基人之一的薛定谔也提出过一个著名的反事实思想实验——"薛定谔的猫"。他进行的反事实思考是"假如把猫放进一个装有少量镭和氰化物的密闭容器中，我们如何描述猫的状态"。"薛定谔的猫"揭示了量子力学中关于测量与观察的基本问题，它由一个有趣的反事实思想实验引发了人们对于现实世界本质的批判性思考。

四 反事实推理与因果模型

最后，本文将简单介绍进行反事实推理的一种形式因果模型方法，根据这一方法，我们能够加深对反事实推理的理解，这对分析实际事件之间的因果关系有极大帮助，基于因果模型的反事实推理方法可以成为开展批判性思维的一大利器。

因果模型理论有很多种，其中由朱迪亚·珀尔构建的"结构因果模型"（Structural Causal Model）在如今最为成熟且被广泛应用。结构因果模型是一种对因果关系的形式化、数学化表达，它具体通过两个方面来呈现因果关系——因果图与结构方程。因果图是一种定性、直观的表达方式，它基于数学图论中的有向无环图（directed acyclic graph），如图 2 所示，X（气温）、Y（冰激凌销量）、Z（犯罪率）被称为内生变量，它们是模型中主要关注的对象。图中的每个有向箭头代表了一个变量对另一个变量具有因果影响关系，如气温（X）会对冰激凌的销量有影响，气温也会对犯罪率有影响，同时我们也把 X 称为 Y 和 Z 的父变量（反过来 Y 和 Z 就是 X 的子变量）。由于还会有很多其他因素影响内生变量，我们把这些其他因素称为外生变量

（U_X，U_Y，U_Z），它们是在模型外分别影响 X、Y、Z 的（未知）因素。

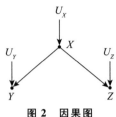

图 2 因果图

结构方程是一种定量、精准的表达方式，它能较为抽象地表达出变量之间的因果关系。结构方程的形式为 "$x_i = f_i$（pa_i，u_i），$i = 1$，…，n"，左边的 x_i 是模型中的某个内生变量，它与其父变量 pa_i 和外生变量 u_i 是函数决定关系，也就是说，它的值完全由后者所决定。模型中的每一个内生变量都有一个结构方程，一起构成了结构方程组 F。

那么如何根据结构因果模型来进行反事实推理呢？我们以一个极其简单的例子来说明。考虑以下"行刑队"的例子[①]，有 A、B、C、D 和 U 这 5 个二值变量，前 4 个为内生变量，U 为外生变量，它们之间的因果关系及含义如图 3 所示：

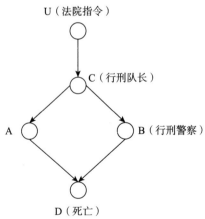

图 3 "行刑队"的因果图

---

① 〔美〕朱迪亚·珀尔：《因果论：模型、推理和推断》（原书第 2 版），刘礼、杨矫云、廖军、李廉译，机械工业出版社，2022，第 224 页。

该因果图描述的是一个犯人行刑所经历的简单流程，首先由法院下达执行死刑的命令（U=1），行刑队长在接收到法院的命令后给 A 和 B 两位行刑警察发出指令（C=1，A=1，B=1），最后犯人被行刑警察击毙（D=1）。为了简单起见，这一例子省略了一些其他的外生变量，也就是忽略行刑队长可能被犯人买通或者两位行刑警察的枪失灵等低概率因素。我们现在已知犯人已经死亡（D=1），那么"假如行刑警察 A 没有开枪（A=0），犯人还会死吗"？显然，这是一个反事实问题，我们需要首先构建出这个例子的结构因果模型。此例可采用最简单的布尔函数来构建变量的结构方程，只需要用到简单的逻辑连接词"析取 ∨"和"否定 ¬"即可，构建出的模型中的结构方程集如下所示：

$$C = U$$
$$A = C$$
$$B = C$$
$$D = A \lor B$$

以上的结构方程十分简单，前三个是直接相等的值传递，第四个析取式表示只要有至少一个警察开枪，犯人就会死亡。珀尔提出了以下反事实推理的三个步骤。

第一步"溯因（abduction）"，利用事实 E=e 来确定模型中的 U 值。根据已有事实，即犯人已死（D=1），结合结构方程可以推出 A、B、C 都是等于 1，因为当 D=1 时，A 和 B 至少有一个为 1，又由于 A 和 B 的值都来自同一个变量 C，所以 A=B=C=1，则得到 U=1。这里的外生变量 U 其实就是充当故事发生的一个背景因素，它不受到模型内的方程或变量的影响，因此求出的 U 值是可以在后续的步骤中使用的，反事实的值也必须遵守原本相同的背景条件。简单来说，我们所要推理的反事实世界与现实世界是不同的，但是推理的出发点正是它们之间相同的部分（不变的）。

第二步"行动（action）/干预（intervention）"，这是反事实推理的核心步骤，即通过珀尔的特殊干预来完成反事实的前件假设。珀尔的干预在形式符号上表达为 do（X=x），其含义为对变量 X 进行干预，使其取值为 x。

这种干预的特殊性在于其会改变模型中的因果结构，也就是把所有指向 X 的箭头给消除，这意味着此项干预操作完全决定了变量 X 的取值，使得原先能够决定 X 的所有变量都失效了，这同时也将 X 的原先的结构方程替换成了 X = x。在这个例子中，因为我们假设行刑警察 A 没有开枪，所以我们需要干预的变量为 A，使 A = 0，即 do（A = 0）。干预后，变量 C 到 A 的因果箭头就被消除了，A = C 的结构方程被替换为了 A = 0，其他变量与方程保持不变。

第三步"预测（prediction）"，根据第一步得到的 U = 1 以及第二步修改过的模型，我们可以通过简单解方程来得到 D 的值。因为 U = 1，所以 C = 1；因为 B = C，所以 B = 1；又因为 $D = A \lor B$，所以 D = 1。最后就得到了在反事实假设 A = 0 的情况下，结果依然是 D = 1，犯人还是会死亡，因此我们要求的反事实问题就得出了答案。

以上只是通过一个简单的例子展现珀尔反事实推理的步骤，它可以应用于许多更加复杂的情境。这一方法在一定程度上体现了人类进行反事实推理的思维程式，同时也为我们提供了优秀的理论工具，有助于更好地发展批判性思维。

结　语

本文首先从批判性思维的几种不同定义出发，分析了其要义在于"合理怀疑、合理置信"下的合理反思。这种合理反思的"合理性"在一定程度上要靠逻辑来衡量，其中包括形式逻辑、非形式逻辑的共同参与。其次介绍了成为批判性思维者所需的倾向与能力，另外也要具备一系列知识。文章的核心内容是从反事实推理看批判性思维，这两者关系密切，反事实推理是一种针对现实事件因果关系的合理思考方式，对反事实推理的研究与学习很有利于发展批判性思维。另外，用于反事实推理的形式因果模型也是开展批判性思维的一大利器。

对于中小学教育来说，尤其是在历史等文科课程中，一种锻炼批判性思维的方式是教师利用反事实形式的提问来引导学生思考，再根据证据、严密的逻辑进行合理推理。这种提问方式不仅简单、易学，还较为有趣，久而久之，学生也能自己习惯性地提出反事实问题，对知识点产生"合理的怀疑或置信"，想必这样的反思更能加深学生对知识的理解。而对于大学本科及以上的教学来说，在中小学教育的基础上，还需要加强基本的逻辑教育，专门开设批判性思维的课程，如果条件满足，适当深入教授反事实推理以及因果模型相关的知识效果会更好。

批判性思维之实质

黄 海 王克喜[*]

摘 要： 批判性思维是指怀疑的、辨析的、推断的、严格的和敏捷的思维方式，具有四项思想特征，七种组成要素和三个步骤。本文详细分析批判性思维的特征和组成要素，揭示了批判性思维的核心理念和应用方法，对历史和现代案例的对比，展示了批判性思维在不同领域中的应用效果。批判性思维不仅是一种思维方法，更是对包罗万象的世界进行认识的所有思维方法的总和，涵盖了创新思维、求异思维、逆反思维等多种思维方式。批判性思维者应具备发现和解决问题的能力，善于利用论据和论证支持思想，并能有条理地讨论和分析问题。建议在教育和实践中加强批判性思维的培养，以应对现代社会的复杂挑战。

关 键 词： 批判性思维；实质；发现问题；分析问题；解决问题

批判性思维（Critical Thinking）在英语中指的是怀疑的、辨析的、推断的、严格的、机智的、敏捷的日常思维。宋代著名学者朱熹曾说："小疑则小进，大疑则大进。疑者，觉悟之基也，一番觉悟，一番长进。"这句话深刻诠释了批判性思维的本质和重要性。

在现实世界和网络时空中，我们面对的并不总是一个"必然推出"的逻

---

* 黄海，男，河南许昌人，博士后，许昌学院马克思主义学院副教授；王克喜，男，江苏东海人，南京大学哲学系教授、博士生导师，中国逻辑学会中国逻辑史专业委员会主任委员。

辑世界。为了拨开迷雾，认清目标，把握信息、时代和世界，我们需要睁开"慧眼"。批判性思维不仅是一种思维方法，更是对包罗万象的世界进行认识的所有思维方法的总和。它包括创新思维、求异思维、逆反思维、反向思维、联想思维、关联思维、顿悟思维和逻辑思维等。

　　作为一种思维活动过程，批判性思维应包含以下要素：一、如何发现问题；二、如何能动地思维；三、如何独立思考；四、如何分析问题；五、如何乐于接受新事物和不同的观点；六、如何用论据和论证来支持我们的思想；七、如何有条理地讨论我们的思想。这些要素共同构成了批判性思维的核心内容，指导我们在思维活动中不断提升自己的思维能力

一　如何发现问题

　　发现问题，是分析问题、解决问题的关键，不能发现问题，就无从谈及分析问题、解决问题，也就无从实现批判性思维。西方哲学史上有一个名例。维特根斯坦在剑桥大学是穆尔的学生，罗素有一次问穆尔："谁是你最好的学生？"穆尔说："维特根斯坦，因为在我的学生中，只有他一个人在听我的课时老是露出茫然的神色，老是有一大堆的问题。"直到他的名气超过了罗素。有人问维特根斯坦："罗素为什么会落伍？"他回答道："因为他没有问题了。"由此可见，发现问题是何等的重要，具有何等伟大的意义。

（一）海绵吸水式思维与淘金式思维

　　面对浩瀚的信息海洋，海绵式思维方式是对所有信息无一例外地吸收。虽然这种方式强调对外界信息的占有，但它具有明显的局限性。首先，海绵式思维像反刍动物一样被动地吸收信息，不需要挖空心思。这种方式看似全面，但缺乏灵活性和批判性。

　　学者丹尼尔·卡内曼（Daniel Kahneman）指出，海绵式思维容易导致信息过载，从而降低决策质量（Kahneman）[1]。相比之下，淘金式思维更注重

---

[1]　Kahneman, D. , *Thinking, Fast and Slow*(New York: Farrar, Straus and Giroux, 2011).

在复杂信息中提炼精华，如古诗所云"千淘万漉虽辛苦，吹尽狂沙始到金"。淘金式思维要求我们在信息的海洋中细心选择，去粗取精，强调积极互动，挑选有用信息。这种思维方式能在复杂材料中抓住事物的本质。

首先，它就像"记忆有助理解"一样，强调的是对外界信息的占有，占有的外界信息越多，也就越有机会消化理解这些信息，也就越有能力理解这个纷纭杂沓的世界。这与反刍动物的反刍极为相似，先不管三七二十一，将可食的东西囫囵吞枣般地先吃到胃中，把胃塞满，待有空闲之时，再慢慢反刍，一口一口地细嚼慢咽。

其次，这种思维具有被动性。它不需要挖空心思和绞尽脑汁的脑力劳动，相对更加简便、容易，特别是当所供给的材料是清晰明确、妙趣横生时更是如此。这种思维只需专心致志、心无旁骛、死记硬背，也一如反刍动物进食：给什么吃什么，遇什么吃什么。

然而，这种海绵式思维不知变通，难以与时俱进，顺时而化，往往会因固守陋习而成为笑柄。发展至极，则可能导致泥古不化，墨守成规，使人成为"经验"的殉道者。

信息就是知识，吸收知识是为了把自己变成一个思想者，这进一步暴露出海绵式思维的不足：无法对信息进行批判性继承，只能是被动吸收，而无法主动汲取。我们要对知识、信息进行甄别、深思，然后才能挑选、慎取，为我所用，而不能像海绵式思维那样，吸收一切。否则除了最后呓吸进的东西以外，还能相信什么呢？倘若说在古代文化不太发达，知识结构相对简单，海绵式思维还有其重要性的话，今天，这种重要性只能退居其次，让位于淘金式的思维方式。

所谓淘金式的思维方式，一如古诗所云，"千淘万漉虽辛苦，吹尽狂沙始到金"。信息、知识的纷繁复杂，人生命运的风云变幻，莫不需要我们瞪大眼睛，放长眼光，不断发现问题，择善而从。要对新掌握的信息有一个加工改造过程，做到去粗取精，去伪存真，真正成为一个清醒的人。去除假象，显出问题的真山真水，找到问题的庐山真面目。因此，淘金式思维要能在复杂的材料中抓住事物的本质，一下子达到思维过程的目的。

沙里淘金，必须在流水的砂砾中尽力搜寻，再小心摇动淘盘，取得金砂。淘金式思维如淘金一样，要在信息、知识的海洋中细心选择，取精去粗，着重强调对新获得的知识采取积极互动的态度。淘金式思维要求自问一些问题，弄清材料的逻辑步骤，还要判断是否存在重大的纰漏。

（二）如何发现描述性假设

描述性假设不同于规范性假设，它是在逻辑上把理由与结论连接起来的隐含观念。描述性假设有两个特征：如果理由正确且该假设正确，则理由将为结论提供支持；假设表现的是事物是什么，而不是事物应该是什么。

理查德·保罗（Richard Paul）和琳达·埃尔德（Linda Elder）在他们的著作中指出，发现和质疑描述性假设是批判性思维的核心步骤之一[①]。描述性假设是指那些没有明确表达但在推理过程中隐含存在的假设。例如，当我们说"这个药物有效，因为测试结果显示患者病情好转"，我们隐含假设的是"测试结果是准确和可靠的"。质疑这些假设有助于揭示潜在的逻辑漏洞和偏见。通过质疑，我们可以更深入地理解我们的推理基础，并发现其中可能存在的问题。例如，我们可以问："测试结果为什么被认为是准确的？测试过程是否存在任何偏差或误差？"发现和质疑描述性假设有助于确保我们的推理过程是符合逻辑的和合理的。保罗和埃尔德强调，通过系统地质疑假设，我们可以检验我们的理由是否足够强大，是否能够真正支持我们的结论。这种对假设的质疑过程是批判性思维的核心训练之一。它不仅帮助我们提高逻辑推理能力，还提高了我们对信息的敏感度和分析能力。质疑假设使我们能够更加全面和深刻地看待问题，避免被表面的逻辑所蒙蔽。

保罗和埃尔德提供了具体的方法和工具，帮助读者识别和质疑描述性假设。他们建议读者在面对复杂问题时，主动识别可能存在的隐含假设，并提出相关问题进行验证。例如，"这个假设的基础是什么"，"如果这个假设不

---

① 〔美〕理查德·保罗、〔美〕琳达·埃尔德：《批判性思维》（原书第4版），林胜强、杜国平等译，中信出版社，2024。

成立，会对结论产生什么影响"。通过系统地识别和质疑这些隐含假设，我们可以提升我们的思维质量，增强我们的逻辑推理能力，从而更有效地解决复杂问题。他们的观点为我们提供了有力的理论支持和实际操作指南，使我们在日常生活和学术研究中能够更好地运用批判性思维。

（三）如何评价抽样

纳特·西尔弗（Nate Silver）详细探讨了评估抽样的重要性，并指出不正确的抽样会导致误导性结论[1]。西尔弗的书主要集中在预测领域，尤其是统计数据在预测中的应用。他通过多个领域的实例（如政治、经济、天气预报等），揭示了如何正确使用和解释数据，从而得出可靠的预测结果。

他认为抽样是统计学的基础方法之一，通过对一个小群体的观察来推断整个群体的特征。西尔弗指出，抽样必须科学和合理，才能准确反映总体的真实情况。如果抽样不当，结果将具有很大的偏差，从而导致错误的结论。

西尔弗详细分析了抽样偏差对结果的影响。抽样偏差指的是由于抽样方法不当导致的系统性误差。比如，政治民调如果只在特定地区进行，而忽略了其他地区的选民，就会导致结果偏向某一特定群体的意见，从而无法准确反映整体情况。

西尔弗引用了多次错误预测的案例，如2010年美国中期选举和2008年金融危机，说明了不正确的抽样如何导致误导性结论。他指出，这些错误预测的一个共同点是数据收集过程中存在抽样偏差，导致模型的预测结果失真。

西尔弗强调了样本的随机性和代表性的重要性。他指出，只有样本足够随机，才能确保每个个体被选中的概率相同，从而避免系统性偏差。同时，样本必须具有代表性，即样本中的个体应能够代表总体的多样性。

为了避免抽样误差，西尔弗建议在进行抽样时应注意以下几点。

---

[1] Silver, N. , *The Signal and the Noise: Why So Many Predictions Fail-but Some Don't* (New York: Penguin Press, 2012).

（1）确定目标群体：明确需要研究的总体，并确保样本能够代表这一总体。

（2）随机抽样：尽量采用随机抽样的方法，避免人为因素的干扰。

（3）样本规模：确保样本规模足够大，以提高结果的准确性。

（4）考虑多种变量：在抽样时考虑多个变量，以确保样本的多样性和全面性。

西尔弗还指出，对数据的解释同样需要谨慎。即使抽样过程科学合理，分析和解释数据时也应保持批判性思维，避免过度依赖单一数据源或简单的统计结果。特别是面对复杂系统时，需要综合考虑各种因素，才能得出更为准确和可靠的结论。

在很多的论述中，抽样问题是一个值得关注的问题，当看到诸如"研究显示""事实上""据调查""据统计""结果是"等词语表明他的论据足以支持其论点时，不妨对其"研究显示""事实上""据调查"等进行批判性思考，以求发现对方在论证过程中的问题。

我们要对抽样的规模、广度和随机性加以分析，从中发现问题，诸如"调查结果是否真实，能否真正反映填表人的真实情况或填表人是否真实填写了应当填写的内容""许多问卷是否会出现设计问题，用词问题""调查中是否会遇到许多固有的偏见""调查的对象是否真正具有典型性"（我们不排除有的吸烟者可以活到九十多岁，但不能因此说吸烟长寿，或吸烟无碍健康。

（四）如何发现竞争性因果假说

所谓竞争性因果假说是指当人们使用证据探求原因时，可使用的经验证据能与有关该证据起因的诸多不同的信念并行不悖，这些不同的信念便叫做竞争性因果假说。说得通俗点，尽管某一假说已对某一事件有了合理合情的解释，但也不排除其他的假说还可以对这一事件有合情合理的解释，这些合情合理的假说就是竞争性因果假说。

托马斯·库恩在其经典著作《科学革命的结构》中提出了范式转变理

论，揭示了科学进步的非线性过程①。他认为，科学发展并非通过积累知识的线性过程实现的，而是通过范式（paradigm）的转换实现的。范式是指在科学共同体中被广泛接受的理论框架和方法论。在这一理论中，不同的科学范式会导致不同的竞争性因果假说。

库恩定义范式为科学共同体所共有的理论、方法和标准，这些共同的基础指导科学研究和实践。在特定时期内，某一范式会主导科学研究的方向和方法。然而，当范式不能解释新的现象或数据时，科学革命就可能发生，旧范式会被新的范式所取代。在不同的范式下，同一现象可能会产生不同的因果假说。例如，地心说和日心说分别是中世纪和文艺复兴时期主导天文学的范式，它们对行星运动的解释有着完全不同的因果假说。地心说认为行星绕地球运动，而日心说则认为行星绕太阳运动。

库恩指出，当科学共同体遇到无法用现有范式解释的异常现象时，科学危机（scientific crisis）就会出现。此时，科学家们会提出不同的因果假说以解释这些异常现象。这些假说之间的竞争可能会导致范式转换。例如，经典物理学中的一些问题无法解释量子现象，这导致了量子力学的诞生和经典力学范式的转换。

库恩强调，不同范式之间存在不可通约性（incommensurability），即它们使用的概念和方法无法直接比较。这意味着在不同范式下提出的因果假说往往无法用相同的标准进行评估。比如，牛顿力学与爱因斯坦相对论在描述时间和空间方面有根本性差异，它们的因果假说基于不同的理论基础，不能简单地通过对比来判断优劣。科学进步并不是一个连续积累的过程，而是通过范式转换实现的非连续过程。在某一个范式占主导地位的时期，科学家们的研究大多在这一范式的框架内进行，被称为常规科学（normal science）。但当累积的异常现象无法解释时，就会出现科学革命，新的范式取代旧范式，科学研究进入新的阶段。

库恩通过历史案例详细说明了范式转换的过程。例如，在天文学中，托勒密的地心说长期居主导地位，但随着观测技术的发展和数据的积累，越来

---

① Kuhn, T. S. , *The Structure of Scientific Revolutions*(Chicago: University of Chicago Press, 1970).

越多的异常现象无法用地心说解释。哥白尼提出了日心说，尽管日心说在当时并未立即被接受，但最终取代了地心说，成为新的范式。

库恩还强调了科学共同体在范式转换中的作用。科学家们的共识和共同努力是范式得以建立和维持的基础。在范式危机时期，科学共同体的分歧和辩论推动了新的范式的形成及对其的接受。

著名的国学大师王观堂（国维）于 1927 年 6 月 20 日自沉昆明湖，终年五十一岁。对这件事件的解释，学者们提出了五花八门的假说。（1）逼债说（郑孝胥、史达、溥仪、郭沫若、王振铎），（2）由于国家没有研究机关而致死说（顾颉刚），（3）《殷墟书契考释》出王代撰说（傅斯年、郭沫若、周传儒、何士骥、黄裳），（4）受罗影响说（殷南即马衡、顾颉刚、谢国桢），（5）不问政治说（周传儒），（6）新旧文化激变中的悲剧人物说（叶嘉莹），（7）因病厌世说（萧艾），（8）衅由"中篝"说（商承祚），（9）死因系致北大为争清室遗产的信引起说（刘雨），（10）受梁启超排挤说（刘雨）。[①]

那么到底是哪一种假说能够合理地解释某种现象，需要我们做很多的工作，从以上的很多情形来看，批判性思维必须从众多的假说中寻找出一个比其他假说更能合情合理的解释；必须使得多种事实都对竞争性假说全面开放，也即要多角度、多学科、多视野、多方面地考虑各种假说的存在；必须对作者或论证者的竞争性因素假说进行批判性思考，以免落入圈套，任人摆布；必须认识到对众多的竞争性假说的归纳是一个创造过程。但一般情况下，这样的假说总是藏而不露。因此，归纳假说的能力也就有高下之判。

在比较各种竞争性假说时，建议依据如下的标准。

（1）逻辑上是否可靠。

（2）与其他知识是否一致。

（3）解释或预测事件是否准确。

所以，一般说来，对事件原因的事实断言，若遇到有关原因的其他断言从中作梗，定会漏洞百出。这些断言，就是我们所说的竞争性假设。而竞争性因果假说必须对竞争性假说进行归纳，而这种归纳一般又包括如下内容。

---

① 罗继祖主编《王国维之死》，广东教育出版社，1999。

（1）观察者期望效应。

（2）被观察者的成熟情况和生活阅历。

（3）偏见性抽样。

（4）参加者的期望及其所具有的迎合心理。

（5）相关因果影响（求同法、求异法应注意是否还有未曾发现的同或异）。

（6）回归效应（赌徒心理；认为某张牌长时间未出，即有可能马上出现，故为此牌而加大注）。

总之，竞争性因果假说能使我们对众多的假说进行梳理，进行筛选，找出最具有合理性的因果假说。所以，我们要以批判性思维，面对各种假说，多想几个为什么，多问几个为什么，自能发现那些看似有理实则未必的竞争性假说的问题。

（五）统计推理有学问

统计如同归纳一样，是论证论据的常见形式。但是，统计所获得的数字总能让你认为它证明了什么，却总是逃不出竞争性假说的阴影。因此，对待统计数字、数据必须运用批判性思维。

达雷尔·哈夫（Darrell Huff）在其著作《统计学的骗术》中，深入浅出地揭示了统计数字在现实应用中的常见误用和误导手法[1]。通过生动的例子和通俗的语言，哈夫向读者展示了如何识别和避免统计陷阱，揭示了统计数据背后的谎言和误导性结论。他通过生动的例子和通俗的解释，揭示了统计数字在现实应用中的常见误用和误导手法。他的著作不仅帮助读者理解统计学的基本概念和方法，还提供了识别和避免统计陷阱的实用指南。哈夫的观点对我们在日常生活、学术研究和专业领域中正确使用和解读统计数据具有重要的启示和指导意义。

首先，要明确统计数据、数字的收集途径。要清楚作为论据的数字、数据的统计路径、方法，统计人员的可靠性等。

---

[1] Huff, D. , *How to Lie with Statistics* (New York: W. W. Norton & Company, 1954).

其次，对待一个统计数字，要多考虑一下，是否还有其他的标准，这个统计数字是否有只顾其一而忽略其他的嫌疑。

要警惕利用统计数字所玩的鬼把戏。

（1）非此即彼式的统计

某位汽车商人极力赞誉一种汽车大受欢迎，因为每100位买主之中，只有5人曾对卖方抱怨汽车的低劣。于是车商说，"只要95%的买主高兴，这车肯定是好极了"。

（2）荒唐的百分比

"实行了教师的岗位津贴，我们的工资一下子增长了30%，而公务员的工资只增长了15%，所以我们一定比公务员收入高，生活好。"

（3）庞大数字和微小数字的奥秘

统计中的数字，有的尽力求大，有的着力求小，有的努力求准，目的都是让人印象深刻。然而这些数字可能不正确，因为统计往往遗漏了某些重要的信息①。

（4）中位数、众数、均数

从数学上看，有三种途径可以界定平均，但在绝大多数情况下，它们给出的平均值往往悬殊，甚至面目全非。其一，是把所有的数值累加起来，再用这个相加后的和去除总体个数，由这种方法得出的平均值，就是均数或平均数（mean）。其二，把所有数值从高到低（或从低到高）排列起来，找到它们的中位数（median），即处于数列中间的那个数值。通常有一半数高于这个中位数，有一半数低于这个中位数。其三，列出所有数值，然后计算每一个不同的数值或值域，最常出现的数值叫作众数（mode）。三种不同的界定平均的方法，很容易使人们相信它们其实是一回事情，这就需要我们利用批判性思维去识别不同的平均，以对所面对的世界做出准确的判断。

---

① 王习胜：《批判性思维技能测试与训练研究》，《中国科技论坛》2006年第6期，第99～102页。

（5）最大、最小的魔术

确定最小值与最大值（或最大值与最小值）之间的差距、范围以及每个数值出现的次数、分布，很容易导致"最大、最小的魔术"。例如教师的工资绝对不能算低，有的教师加上工资以外收入年收入可达六位数，这比国内其他职业的收入都要高。不能以部分教师收入不算低从而推及所有的教师。

（6）统计比较的陷阱

统计比较有两种情形会造成错觉或幻象，其一是无比较对象的比较，其二是反映两种不同概念的统计数据的强行比较。例如，万里虎头牌轿车速度快 50%，节油 50%。

（7）确切数字不可知的游戏

我们能否知道有多少人感染上了艾滋病？有多少人离过婚？有多少人未婚先孕？有多少人有过婚外恋情？有多少人无家可归？有多少人是"妻管严"？有多少人说假话？有多少人丧失了良心？有多少人贪赃枉法？……对于这些问题，我们无法确切知道它的数字。

（8）浮夸数字

这种数字，当然无法让人一眼识破，非知情人难以看穿。

（六）刨根究底长知识

批判性思维要求有两点，一是大胆怀疑，多提问题，二是敢于有所建树。对待那些使你疑虑顿生的问题，不妨刨根究底，不要人云亦云，而要弄个水落石出、清楚明白。例如，马克思曾经说过这样一句话："宗教是被压迫生灵的叹息，是无情世界的情感，正像它是无精神活力的制度的精神一样。宗教是人民的鸦片。"[1] 马克思在这里明明是说"宗教是人们的病苦的镇静剂，是人民精神得以安宁的祛痛良药"，体现马克思对劳动人民的深切同情。然而，有的人却把它理解成马克思对宗教的贬斥态度，甚至干脆说成"宗教是麻醉人民的鸦片"。如此一来，就变成了马克思厌恶宗教，而不是"宗教给劳动人民带来安慰"。二者意思相差巨大，不去追根问底能行吗？

---

[1] 《马克思恩格斯选集》第一卷，人民出版社，2012，第 2 页。

我们这里说的刨根究底，不是打破砂锅问到底。如果是打破砂锅问到底，那就是谬误。刨根究底是我们要本着科学的精神，大胆怀疑，小心求证，还事实以本来面目，实事求是，对就是对的，错就是错的，不能因某种特殊的需要而随意改变。

二　如何分析问题

发现了问题，只是完成了工作中很小的一部分，但良好的开端等于成功的一半，所以发现问题是分析问题、解决问题的前提。那么，发现问题之后，势必要进入分析问题的过程。如果只发现问题而不分析问题，不解决问题，人类社会就不会前进，科学技术就不会进步，也就没有人类艰难而又漫长的进化历程。那么如何分析问题呢？在这里提出一些我们的看法和理解。

（一）能动的思维、主动的思维

当我们发现了问题之后，需要用批判性思维去分析问题。保罗和埃尔德在他们的著作中指出，批判性思维的核心在于能动地和主动地思考问题，避免盲目跟从他人，保持独立思考和理性分析[1]。分析一个新问题，绝不能人云亦云，亦步亦趋，甚至拐进了别人的思维轨道，成了他人思想的俘虏。我们要运用已有的知识、自身的聪明才智、学习到的批判性思维的技巧去面对问题，有效地处理自己同他人、自己同自己以及生活之中遇到的问题。

（1）首先要客观、冷静地面对问题，而不是置身事外，更不能有临阵脱逃、绕开拦路虎等不正确的想法。应笑对人生，笑对社会，笑对问题。

（2）动脑思考而不是坐等别人告诉你如何解决问题。

（3）开动脑筋，活跃思维，寻求有效的解决途径。

（4）所面临的问题的起因是什么？

（5）解决这个问题可能有几种方案？

---

[1] Paul, R., Elder, L., *Critical Thinking: Tools for Taking Charge of Your Learning and Your Life* (Upper Saddle River, NJ: Pearson, 2014).

（6）解决这类问题具备的可能条件有哪些？

（7）解决这类问题可能会遇到哪些困难？解决这些困难的思路和条件是什么？步骤有哪些？

（8）为什么会有那么一种想法？支持这种想法的根据是什么？这些想法是不是有致命的缺陷？

（二）独立思考

运用批判性思维的目的就是要达到自己理想的目标。人们在思考的过程中，必须摒除很多干扰，独立地识别合乎理性的目标，以及为达到这个目标所制定的计划和策略。所谓目标指的是真正反映、传达我们的思想，吸引我们的爱好和兴趣，评估我们的能力的奋斗方向。这个目标如果不能算是标新立异，那么至少不能亦步亦趋。

生活、工作、学习中，我们要用批判性思维帮助我们独立思考，选准目标。要处理好诸多矛盾。

与独立思考相反的做法是不愿开动脑筋，不努力去做与众不同、创新别致的事情，难以深思熟虑而全盘照搬别人。

我们说的独立思考就是要从自己的实际情况出发，能够从现实出发，能够从现时出发，对形势有一个科学而准确的判断，开动脑筋，细致地分析自己与他人，现实与既往，现时与过去、未来的不同和相同之处，从而走出一条适合自己的路子来。

（三）仔细研究情况和问题

《孙子兵法》说道："知己知彼，百战不殆。"批判性思维与此有异曲同工之处。我们在运用批判性思维时，必须仔细研究问题的性质是什么，也即我们所思考的对象的主题是什么，要能够区分出主要矛盾和次要矛盾，矛盾主要方面和次要方面。分析问题必须做到在纷繁芜杂的诸多矛盾中找出主要的矛盾，要能区分矛盾主要方面和矛盾次要方面，同时还要认识到主要矛盾和次要矛盾，主要矛盾和次要矛盾的相互转化。在分析过程中应仔细研究情况和问题。

进行研究也是这样，要针对不同的问题，设想各方面的情况。一般说来，首要考虑的有以下几点：（1）意义（解决这个问题的重要性）；（2）本人所具备的条件（解决这个问题所需的依据A），诸如学识、经历、思想、人际关系（威望）、所处地位、经济条件、占有的资料（正、反），受他人的影响程度、品质等方面的因素；（3）社会所能给予的条件（解决这个问题所需的依据B），包括科学技术发展的水平，社会伦理道德的趋势，人们的信仰与理念，社会的认同感，所能提供的经济、精神支持以及该情况或问题所进展的态势和状况等客观条件；（4）技术技巧和路径（解决这个问题所需的依据C），面对研究的主题或问题，在解决的过程中是否有什么捷径，是否有事半功倍的方法，哪些人堪作咨询，将会遇到的困难是什么，所分的步骤有哪些，每一步骤的具体内容是什么，有哪些突发因素需要应对；（5）分析问题的结果（对解决这个问题的预期），包括问题解决将会带来的影响，不解决将会带来的影响，是一往无前，彻底解决，还是暂不解决，静观势（事）态，抑或退中有进，进中有退。对这个问题的分析，实际上具有极强的目的性、功利性、决策性、控制性。

（四）乐于接受新生事物，包容异己思想

批判性思维要求我们接受新思想，听取并接受别人的意见，即使是恶意的，也要因势利导，化不利为有利。孟子说："他人有心，予忖度之。"强调站在他人的立场上看问题。接受新生事物和他人的观点，有助于全面分析问题，避免故步自封，促使自己不断进步。

素称弥勒佛祖"开口便笑，笑天下可笑之事；大肚能容，容天下难容之事"，具有批判性思维头脑的人就应有弥勒佛祖的雅量，要能接受新思想，听取并接受别人善意的批评和思想，即使是恶意的，也要因势利导，化不利为有利，化腐朽为神奇。"众人拾柴火焰高""三个臭皮匠，顶个诸葛亮"，一个人不可能面面俱到，事事通达。要全面地了解问题和情况，分析问题和情况，除了自己独立思考外，还要有其他人的思想予以佐助，所谓"兼听则

明，偏信则暗"。

乐意接受新生事物和他人的观点，不仅仅是心理健康的问题，也不仅仅是培养一种乐观、开放、进取的习惯、性格的问题，而且是分析问题的一个必要条件。死钻牛角尖，固执地坚持某一原则，恪守某种成规，都不可能做到开拓创新，不可能与时俱进、应时而化，遑论成为时代的弄潮儿，相反却往往会成为时代的弃儿、落伍的士兵。

为什么我们要乐意接受新生事物和别人的观点？这是因为人们所处的地位不同，生活经历不同，接受的教育不同，人们会因此采取不同的观点和方法。孟子说"他人有心，予忖度之"，"老吾老，以及人之老；幼吾幼，以及人之幼"，就是强调站在别人的立场、位置上想办法，看问题。做到这一点，往往会在分析问题的过程中处于主动地位，也容易使自己的思想被他人接受。否则，大家各执一词，各执一端，谁也说服不了谁，既无法解决问题，还可能导致更多的分歧甚至矛盾。

同样一个问题，可能存在各种各样的看法，审查这些不同的观点和看法，有助于我们了解他人，有助于我们全面而又周详地看待问题，更有助于我们运用批判性思维。有一则故事可以帮助我们理解这个问题。这是关于苏东坡与佛印禅师的一个广为流传的故事，常见于很多关于禅学故事、苏东坡逸事的书籍或文章中，如《东坡禅喜集》等。苏东坡与和尚佛印共饮，各打偈语，东坡说看佛印不过是酒肉和尚一个，而佛印则答曰我看东坡如佛。评论者认为，自己心中有佛，才会看人如佛，也即推己及人的意思。如果不能乐意接受新生事物和别人的观点，怎能做到看人是佛，看山是佛，看万物皆是佛呢？

（五）析出支持自己思想的论据和论证过程

在对问题进行独立思考，仔细研究了问题和情况的基础上，参照分析相异的观点，自己的思想、观点、立场必然更为清晰。既要解决"我们相信什么"的问题，还要解决"我们为什么要相信"的问题，也即我们的思想的根据和理由是什么，我们所做出的某个决策的支撑是什么。

首先，支持你的思想或观点或者决策的论据必须具有现时性、正确性、可接受性。

其次，论据和论题之间必须具有逻辑关系，能够必然地推出，而不是可能、或然和也许地推出。这就要求我们在运用批判性思维时，要用必然代替可能，尽可能多地进行必然推理，在有效推理和正确论证的基础上，使用归纳和类比，借以增强论证的效果。

再次，要全面地看待问题，尤其要能够准确地看待和分析同自己相反的意见（反方意见）。

分析问题，宁可把简单问题复杂化。要尽力避免带有妨碍批判性思维的各种偏见。

（1）经验的俘虏。人都有自己经历和偏好，人们往往更愿意相信自己的观察，似乎"亲眼所见"便是至上法宝。习惯于援用"个人经验"作为信念的人非常不幸，这种人常常会成为经验的奴隶。反思一下，你的经验仅是你个人的经历，作为个人，你可能会高瞻远瞩，见多识广，然而你自己毕竟只是"孤家寡人"。"三个臭皮匠，顶个诸葛亮""众人拾柴火焰高"等熟语就是对经验至上的另一种批评。

（2）陈规陋见的奴隶。如果缺乏批判性思维，很容易趋附陈规陋见，从而成为批判性思维的背叛者。如果陈规陋见凌驾于推理之上，那将严重妨碍讨论、理性的发展。诸如"少白头聪明""谢顶人聪明""左撇子聪明""卷头聪明""肥臀的人聪明""大胡子男人聪明"，看看这么多的方面使人聪明，那聪明不就成了不聪明。

（3）简单化的定式。绝大多数人都喜欢简单，讨厌复杂，凡事喜欢只回答"是"或"否"。其实，问题是复杂的，社会是复杂的，人们的思想也是复杂的，故意使问题流于简单化、两极化，无疑会遗漏掉很多重要的信息。

（4）个人信念的羁绊。不论是工作、学习还是科学研究，都必须排除既存的个人信念，要以事实为依据，从事实推出思想。我们要能在合乎理性的论证面前接受新思想，分析新问题。反之，如果对别人恳切有力的论辩充耳不闻，墨守己见，那在学术上便是一种欺骗，在工作上必然导致困难重重。

（六）有条理地讨论我们分析的问题

分析问题旨在解决问题，要做到兼听则明，乐于接受别人的观点并愿意听取别人的意见以及同他们交换思想。这种提出观点、倾听并考虑别人的意见的交换思想的过程，即为讨论的过程。讨论要在符合逻辑的基础上进行。讨论得以进行，思想便得以交流，必须有一个双方（多方）都接受的事实和前提，这个事实和前提是由双方（多方）的身份、性别、年龄、阅历、地位、关系等方面决定的，同时更主要的一个背景就是逻辑。尽管中西思维有差异，一者理性，一者经验，一者是逐步推论，一者是突然提出结论，但二者在逻辑的遵守上又有异曲同工之处。遵守逻辑的法则讨论，是讨论的过程也是思想交流的过程，要有条理地进行。

（1）展开讨论时，与他人分析问题要相互倾听，相互尊重，要弄明白对方的意思，汲取对方的合理化建议或思想。从这个意义上说，对话、讨论、分析问题就像是一场乒乓球赛，你把球打过来，我再还回去，如此不断循环往复，逐渐深入到问题本质。

如果只是一味地要别人聆听自己，而自己又不愿意接受别人的思想或建议，那么这场讨论势必一无所得，这样分析问题也一定事倍功半。

（2）分析问题要遵循由浅入深、由粗及精、否定之否定的螺旋式上升的轨迹。

分析问题，是对事物或现象进行更深层次的探究，不能浅尝辄止，要在深度上有所突破，抓住事物的本质，实现质的变化。改革开放十几年来，对很多概念的认识是在不断分析的过程中才逐渐达到了今天这样一种深度。例如"科学技术是生产力"的问题，"市场经济与社会体制"的问题，包括"邓小平理论"的产生和发展，以及"三个代表"重要思想不断为人们所接受，实际上都经历了极其复杂的过程。

三　如何解决问题

（一）解决问题是一种有条理的方法

解决问题并不是发现问题、分析问题之后的自然而然的结果，而是一种系统化的方法。解决问题的过程充满了逻辑与智慧、秩序与技巧、方法与思考，是一个既有分析也有综合、既有整体也有部分的复杂过程。

（1）逻辑与智慧的应用

解决问题需要系统化的逻辑推理和应用智慧。保罗和埃尔德指出，批判性思维在解决问题时的核心在于逻辑的严谨性和思维的灵活性。[①]

（2）秩序与技巧的结合

解决问题的过程中，需要有条不紊的秩序和灵活的技巧。库恩提出，不同的科学范式会带来不同的思维模式，这要求我们在解决问题时能够灵活应用不同的方法和技巧[②]。

（二）可供选择的方案

在解决问题的时候，要对由分析而来的方案进行再分析，看看需要解决的问题有哪些，可供选择的方案有哪些。要在几种可能的方案中选优，要在可能范围内明确问题的性质。这就如同制定管理决策的步骤一样：发现问题，确定范围；分析问题，提出方案；解决问题，确定方案。

在解决问题的过程中，要努力考虑一些替代方案，选择方案也是一种痛苦，也许你选择了某种方案后，而其他人可能说："真傻，要是我，绝不那样考虑。"所以必须尽可能多地想出一些解决问题的方案，并能做到准确判断某一方案的优劣。这就要求我们不带任何偏见地把存在可能性的方案全部考虑进去，尽可能多地征询别人的意见，以期得到别人的批评和鼓励，从批

---

① Paul, R., Elder, L., *Critical Thinking: Tools for Taking Charge of Your Learning and Your Life*(Upper Saddle River, NJ: Pearson, 2014).

② Kuhn, T. S., *The Structure of Scientific Revolutions*(Chicago: University of Chicago Press, 1970).

评和鼓励中不断修正自己的方案，修正自己的设想，修正自己的思维。

（三）充分考虑解决问题的诸多因素

批判性思维也就是有效性思维，能够帮助我们少走弯路，以最小的付出换取最大的回报。这就需要我们对解决问题的诸多因素进行分析，区分出有利因素和不利因素、直接因素和间接因素、有效因素和无效因素、从而对诸多因素有一个批判性思考的过程。

（1）罗列出有利因素和不利因素、直接因素和间接因素、有效因素和无效因素。

（2）为了评估多种选择方案，我们还需要基本的信息。

找出了各种有利和不利因素，我们就可以对所具有的方案进行评估并比较这些方案的优劣。评估和比较这些方案，需要我们对所需信息以及信息的来源进行考察。

评估方案虽然不是用很复杂的逻辑推理，但与逻辑密切相关。首先是使用假说的方法，对方案进行假说性预测，如"我选择了 A 方案，结果会怎样"，"我没有选择 A 方案，情况又会是怎样"。其次是选择个案进行类比，张三这样做了，结果如此，我会比张三做得好一些吗？我会比张三做得差一些吗？并对张三的情况和自身的情况进行比较，找出相同点和相异点，以期获得更加可信的结论。

（四）解决问题的办法

对问题的前因后果进行分析，又对可能存在的方案进行了一定的评估，这样，我们就要对方案进行选择。这种分析的方法即使不能保证让我们找到解决问题的方法，也会加深我们对问题实质的理解，有助于我们确定正确的行动方向，采取正确、及时的行动。

（1）深思熟虑，选取一种方案。

在方案的选取过程中，没有现成的公式可以套用，没有程式的"迷踪拳"有时更具有意想不到的效果。一般来说，排除法，对不同方案的结果进行全面分析，剔除那些令人感觉不太合适的结果，依次排除那些在我们心中不愿保留的方案，剩下的方案就是最好的方案，没有选择的方案就是最好的方案。

当然，方案的选择会和人们的价值观联系在一起，我们的决定，也就由这些对我们具有重大影响的信念和价值观来决定。关于价值观，我们在前面已有述及，兹处不再赘述。由于受价值观的影响，人们对供选方案有取有舍，也有可能全取，也有可能全弃而另取途径，再争取新的方案。

非常不幸的是，我们既存的价值观往往并非协调一致，尤其是在变革时期的中国，人们的观念、价值观、信仰等方面都发生了很大的变化，外来思潮、外来信仰、外来的生活习惯，甚至外来的一些生活观念、工作作风等无不对我们既有的很多"习惯"产生各种各样的冲击，导致我们行为和做派产生很大的变化，而工作、学习和生活这三者之间往往是既相互促进，又相互矛盾的，从而体现了极强的复杂性，如何进行利弊取舍就更需要我们为之深思熟虑了。规则是刚性的，容不得半点曲解，而中国传统思维方式又崇尚变通，主张因时而化，柔性又成了极其重要的事情。老子说"以天下之至柔克天下之至刚"，所以，这种情况就更加需要我们将眼光放得长远，睁开"第三只眼"去看事物，慎重取舍，恰当处理所遇到的各种问题和情况。

（2）执行既定方案时我们能采取的步骤。

方案既定，下一步就是要计划我们必须采取的行动步骤。当年诸葛亮为刘备的三顾茅庐所感动，遂为刘备军师，并为刘备匡复汉室江山这一目标列出了一个又一个高明的步骤，诸如立足巴蜀、联吴抗曹、北出祁山、南定蛮夷等，不一而足。

（3）对已付诸实施的行动方案要不断检查，以检验方案的有效程度，并根据变化了的情况、形势做相应的调整。

解决问题往往不是一蹴而就的，也不可能一蹴而就，往往会有波折，甚至面临突发事件，所以，我们对待问题，绝不能抱单纯、简单的想法。我们不可能预料到未来所发生的一切事情，如果我们的决定行得通，那么就要毫不犹豫地执行方案；如果我们的决定需要加以调整、修正，那么就要毫不犹豫地修正、调整方案。从这个意义上说，我们所选定的方案（一切方案和决定）往往都是临时的。愿意接受新生事物并能够根据新的信息机动地、灵活地变换和修正自己的观点，才是批判性思维者的态度。

因明唐疏三支论式与图尔敏论证
模型的比较研究

汪　楠*

摘　　要： 唐玄奘先后译出《因明入正理论》《因明正理门论》，讲授因明，其弟子纷纷为此二论注疏，形成唐代因明注疏体系，又称因明唐疏。在论式研究上，因明唐疏继承了陈那新因明的三支论式。近代以来，学界多从形式上探索因明唐疏三支论式的性质。形式化方法能清晰地显示出论式各要素之间的关系，但易于忽视其本身的独特性而出现困境。图尔敏论证模型是非形式逻辑针对维护论证主张的每一流程作出的功能性解释，与因明唐疏按照"宗－因－喻"诠解三支论式的意图一致。借用图尔敏分析论证的思路考察因明唐疏三支论式，不仅能跳出三支论式是演绎还是归纳的症结，还能更好地聚焦分析和评价作为佛教论辩论证型式的三支论式。

关 键 词： 因明唐疏；三支论式；图尔敏论证模型

---

* 　汪楠，逻辑学博士，盐城师范学院马克思主义学院讲师，主要研究领域为逻辑史、因明。

一 因明唐疏三支论式与形式逻辑比较的研究困境

因明唐疏三支论式的形式化研究肇始于因明与逻辑的比较研究。1824年，科尔布鲁克（Henry T. Colebrooke）在早期印度文献中发现了一种正确的推论式，并引起了西方学者对印度逻辑的浓厚兴趣，比如当时的逻辑学家布尔（George Boole）和德摩根（Augustus de Morgan）。此后，著名的印度学家缪勒（Max Müller）受邀为当时的逻辑教科书撰写了一份关于"印度逻辑"的附录。1924年，兰德尔（H. N. Randle）发表了《关于印度推论式的注释》（A Note on the Indian Syllogism）一文，认为印度逻辑论式类似于亚里士多德三段论第一格 AAA 式和第二格 EAE 式。20 世纪 30 年代，沙耶尔（Stanisław Schayer）首次将西方形式逻辑理论引入对印度逻辑的解释中，这是因为沙耶尔师从波兰逻辑学家卢卡西维茨（Lukasiewicz），后者用形式逻辑的观点解释了亚里士多德三段论。① 同样，20 世纪我国也出现了因明与逻辑的比较研究热潮，不同的是，我国学者不仅比较因明与逻辑，同时也关注中国古代名辩学，刘培育称"在中国出现的名辩与逻辑、因明比较研究，是世界逻辑发展史上一个独特的学术现象"②。在早期因明与逻辑的比较研究中，由于受到日本学者大西祝《论理学》的影响，人们借助传统逻辑多将因明三支论式与三段论进行比较，并且大多数学者在不考虑喻依的情况下，认为因明三支论式类似于三段论 AAA 式。20 世纪 80 年代之后，因明与逻辑的比较研究更是达至高潮。到了 20 世纪 90 年代，巫寿康在其博士学位论文《〈因明正理门论〉研究》中开始借助形式逻辑研究因明论证，采用形式化的方法刻画因明论证。总体上看，无论是从传统逻辑还是形式逻辑视角研究因明论证，关注的都是从前提到结论的推理形式。

就形式化方法本身而言，它至少有两点优势：第一，通过区分不同层次

---

① Jonardon Ganeri, Indian Logic: A Reader. London and New York: Taylor & Francis Group, 2001. pp1-2.

② 刘培育：《名辩与逻辑、因明的比较研究——百年回顾与思考》，《逻辑研究文集——中国逻辑学会第六次代表大会暨学术讨论会论文集》，西南师范大学出版社，2000，第 354 页。

的语言，能够在较高层次上去讨论较低层次的一般性质；第二，具有高度的严格性和精确性。① 当然，这并不意味着形式化方法是普遍的、万能的。形式化方法只适用于考察哲学概念或命题的形式，以及严格意义上具有逻辑因素的哲学问题。② 因此，傅光全认为形式化只是对因明论证中推理形式的逻辑解读，可以说，形式化方法只在研究中充当的是元理论，而汉传因明则为对象理论。③ 用形式化方法解读因明论证，能清晰地展示因明的论式和论证思想。比如，李小五和曾昭式采用形式化方法，对因明三支论式进行逻辑刻画。④ 再比如，许春梅采用形式语义学方法分析陈那因明九句因理论，认为陈那因明的九句因理论是从形式上探讨因与宗后陈之间的外延关系，本质上已经上升到了逻辑的高度、形式化的高度，因而在因明史上具有划时代的里程碑意义。⑤ 但如果要"为汉传因明构建一个完整的形式化的系统……从汉传因明自身的体系来看，这种目标恐怕很难达到"⑥。这是因为，因明采用自然语言来表达论证，而自然语言论证本身具有很强的语境依赖性，形式化的方法是以形式符号语言来表达论证，以符号代替概念，抽离实质内容。采用形式化方法研究自然语言论证，的确可以从形式高度厘清论证各要素之间的关系，但如果欲以形式化系统刻画因明论证中的所有要素，那势必要将自然语言论证的实质内容以形式化方式来表达，显然，这是难以实现的。正如鞠实儿所言，以形式化方式描述自然语言、论证语篇及其意义，是不可能的。⑦

---

① "一是它的元科学性质，把语言或理论区分为不同的层次，并要求在较高的层次（n+1）上去讨论较低层次（n）的一般性质……再是它在语义表达与论证上高度的严格性和精确性。"[孙明湘、李霞飞：《逻辑演算与形式化方法》，《中南大学学报》（社会科学版）2003年第1期，第21~25页。]

② "形式化只适于考察哲学概念或命题的形式方面和以严格意义上的逻辑方面为内容的哲学问题。"（陈波：《哲学理论的形式化问题》，《中国人民大学学报》1995年第2期，第55~61页。

③ 傅光全：《汉传因明的形式化研究》，《哲学动态》2017年第12期，第99~105页。

④ 李小五、曾昭式：《三支论式的逻辑研究》，《河南社会科学》2019年第7期，第88~93页。

⑤ 许春梅：《九句因理论的形式语义学》，《逻辑学研究》2018年第4期，第94~113页。

⑥ 傅光全：《汉传因明的形式化研究》，《哲学动态》2017年第12期，第99~105页。

⑦ "采用同质的、按固定的规则生成形式语言、形式论证和形式语义来完备描述有序异质体且变化不可预测的自然语言、论证语篇及其意义，这是不可能的。"（鞠实儿：《广义论证的理论与方法》，《逻辑学研究》2020年第1期，第1~27页。)

戈维尔（Trudy Govier）也宣称："它的严格性与确定性是以空洞为代价的。在自然语言中，真实的论证是不可能被完全精确地处理的。"①

二　因明唐疏三支论式与非形式逻辑比较的可行性

在比较研究中，尤其是在借助形式化方法研究出现困境的时候，学者们开始更多地关注因明论证中的其他因素。波亨斯基（I. M. Bochenski）在《形式逻辑史》（*A History of Formal Logic*）一书中探讨印度逻辑，他认为西方形式逻辑是一种外延逻辑，与此不同的是，印度逻辑是一种内涵逻辑②，这再次引起西方学者广泛关注。此后，学者们通过史塔尔（Frits Staal）、巴特查理亚（Sibajiban Bhattacharyya）和马蒂拉（Bimal K. Matilal）对印度论式的研究，逐渐了解到印度逻辑的独特之处。③ 人们发现，一个好的论证，不仅仅需要具备逻辑上的有效形式，同时也要保证前提的真实性或可接受性，从而实现论证的合理性。因明论证作为内涵逻辑，关注前提，关注"因"，诸如九句因、因三相等，都是用以规范"因"，保证前提真实或前提是可接受的。因明研究者试图从狭义论证的视角研究因明论证。尤其是在国际非形式逻辑运动的影响之下，人们发现相较于西方的传统逻辑、形式逻辑，"非形式逻辑与因明之间表现出更多的共性，二者的比较似乎更容易展示因明的论辩本性"④。正如刘培育总结道："近年来国内学者的研究视野有所拓展，研究方法有所创新。一些学者运用现代逻辑考察因明。从溯因推理、非形式逻辑视域分析因明，在一些问题上有了新的发现和新的认识。"⑤ 曾祥云认为因明本质上是一种对话理论或者说是论辩理论，与借助数学方法

---

① Trudy Govier, *Problems in Argument Analysis and Evaluation* (Windsor: University of Windsor, 2018), p. 9.

② J. M. Bochenski, *A History of Formal Logic*(University of Notre Dame Press, 1961), pp. 446–447.

③ Jonardon Ganeri, *Indian Logic: A Reader* (London and New York: Taylor & Francis Group, 2001), pp. 7–8.

④ 傅光全：《百年中国因明研究之逻辑转向》，《中国社会科学报》2019年1月29日，第7版。

⑤ 刘培育：《中国因明研究的可喜进展》，《光明日报》2016年7月13日，第9版。

建构的西方形式逻辑，存在很大的不同①。汤铭钧也认为，不同于西方形式逻辑所说的形式有效性，因明论证的有效性是实质有效性。因为因明论证不仅关注前提能在多大程度上得出结论，还关注前提的真实性。② 提乐曼（Tom J. F. Tillemans）、何莫邪（Christoph Harbsmeier）、波亨斯基也持有同样的观点——认为因明论证注重的是实质内涵③。王克喜、郑立群通过考察因明论式的演变，认为"因明的性质都没有多大的改变，都是一种论证或论辩，而不是推理。既然是一种论证，那么论证的可信度就成为论辩双方所高度关注的。论证追求的不是一种有效性，而是一种说服力"④。"佛教逻辑的论式应是论证的模式而不是推理的模式，论证的模式自有其论证的评估标准，而不能用所谓的推理有效性去评估这么一个有着几千年文化传承的论证模式。"⑤

　　因明论证与非形式逻辑中的论证具有天然的可比性。比如张汉生、庄明认为因明作为佛家的论辩术，本质上是非形式逻辑。以因明五支论式为例，从论证方式来看，五支论式在形式逻辑中是无效的论证形式，但是在非形式逻辑中则属于合情论证。⑥ 戎雪枫在其博士论文《汉传因明论争研究》中也有关于"汉传因明的非形式逻辑研究"。在他看来，由于因明的形式化分析难以触及因明的论辩本性，应以更具包容性的非形式逻辑分析方法研究因明，因此戎雪枫采用图尔敏的论证模式分析了因明论式，认为相较于因明与形式逻辑比较研究不考虑喻依，因明与图尔敏论证模型比较并不需要舍弃任何成分，更符合论辩特点，更具可比性。⑦ 傅光全在《汉传因明与非形式逻辑的联动》一文中做了初步尝试。傅光全认为"因明学者对于论证的研究继

① 参见曾祥云《因明：佛家对话理论》，《世界宗教研究》2003 年第 2 期，第 45~51 页。
② 参见汤铭钧《论佛教逻辑中推论前提的真实性问题》，《逻辑学研究》2009 年第 1 期，第 90~104 页。
③ Christoph Harbsmeier, "Language and Logic," *Science and Civilisation in China* (Cambridge: Cambridge University Press, 1998).
④ 王克喜、郑立群：《佛教逻辑发展简史》，中央编译出版社，2012，第 29 页。
⑤ 王克喜、郑立群：《佛教逻辑发展简史》，中央编译出版社，2012，第 29~30 页。
⑥ 参见张汉生、庄明《非形式逻辑视野下的因明性质探析》，《燕山大学学报》2009 年第 4 期，第 127~130 页。
⑦ 戎雪枫：《汉传因明论争研究》，博士学位论文，南京大学，2015。

承了印度因明的传统，主要关注论证在实践中的应用"①。就论证的实用性而言，因明中所说的论证即为非形式逻辑意义上的论证。从论式来看，汉传因明论证以陈那三支论式为主，相较于非形式论证的复杂形态要简约得多。从论证的构建原则来看，由于因明发展的悠久历史，因明论证证成原则和论辩原则较为完整。从对论证的评价来看，两者都倾向于认为好的论证是能够说服他者或者说是开悟他者的。因明判定论证好坏的标准是能否使他者开悟，即他者能否产生正确的认识。非形式逻辑则给出了具体的标准，比如约翰逊和布莱尔提出的相干性—充分性—可接受性标准。由此，傅光全总结说，从汉传因明的角度看，"非形式逻辑视论证为主要的研究对象、重视论证的语用因素等，与长期坚持以立破为中心的汉传因明之间也有着天然的亲近感"②。从非形式逻辑的角度看，"以论证体系为例，汉传因明从理论到应用、评估等，已经形成一套比较成熟的体系"③，为非形式逻辑的发展能够提供新的理论启示。因此，二者在理论及方法上能够相互借鉴、相互促进，共同发展。④

三 因明唐疏三支论式与图尔敏论证模型的比较

论证型式是 20 世纪五六十年代批判性思维与非形式逻辑运动的成果之一，以自然语言中的论证为研究对象，是"日常论说中频繁使用的固化了的推理模式"⑤，是论证理论研究的核心。与形式逻辑中所关注的"形式"不同，非形式逻辑中所说的论证"型式"更多地关注论证结构之外的语用因素。因此，有学者进行了总结，认为形式与型式的不同在于，形式的逻辑性通过其自身的形式结构就能得到完美的展示，是自足的；而型式则需要考虑到其自身结构之外的其他制约性因素才足以显示其逻辑性。再者，在论证形式中，一个论证只要满足了形式的有效性，我们就认为该论证是有效的；但

① 傅光全：《汉传因明的形式化研究》，《哲学动态》2017 年第 12 期，第 99~105 页。
② 傅光全：《汉传因明与非形式逻辑的联动》，《哲学动态》2016 年第 7 期，第 93~99 页。
③ 傅光全：《汉传因明与非形式逻辑的联动》，《哲学动态》2016 年第 7 期，第 93~99 页。
④ 参见傅光全《汉传因明与非形式逻辑的联动》，《哲学动态》2016 年第 7 期，第 93~99 页。
⑤ 武宏志：《论证型式》，中国社会科学出版社，2013，第 3 页。

是在论证型式中，仅凭其结构并不能保证结论的合理性，我们还需要考虑与型式相对应的批判性问题是否得到了解决。①

此外，也有学者从修辞学、语用-论辩学、非形式逻辑、人工智能等②方面界定了论证型式的定义。总的来说，从非形式逻辑视角分析论证，实质上是在分析论证型式，论证型式总是出现在一定的对话语境之中，不仅包括论证的形式，同时也包括论证之外的语用因素。

从非形式逻辑论证型式的基本构成来看，因明唐疏论式与之具有很多相似性，但也存在些许差别。首先，在论证语境方面，论证型式出现在一切可能的对话交流语境之中；因明唐疏论式则发生在论辩语境之中，是论证型式语境中的一种特殊语境。其次，在论证的结构上，论证型式可以是演绎推理形式，也可以是归纳推理形式，或者是多种推理形式的结合；因明唐疏论式则要求三支论式必然是"宗-因-喻"的形式，但是根据主体的认知情况，可以灵活运用，予以省略。最后，在论证的制约性条件方面，论证型式关心论证前提之所以成立的依据，以及前提对结论的支持程度；因明唐疏论式以因三相为论证规则，以认知上的逻辑因果关系为对以前提到结论的支持，以实现了悟为目的。相较于形式逻辑，非形式逻辑下的论证型式具有更大的包容性，既关注论证的语形，同时也关注论证在语义、语用等方面的要求。因此，借分析论证型式要素的思路来分析因明唐疏三支论式，是完全可行的。

从论证型式的定义来看，因明唐疏三支论式和论证型式都是一种语用结构。"论证型式是由该论证的形式和与之相对应的制约性条件两部分组成"③，所谓的"制约性条件"即与之相关的批判性问题。武宏志在《论证型式》一书中，依据不同视角的论证型式定义，总结概括出论证型式的七个

---

① 张斌峰、侯郭垒：《论证型式的特征及其功能》，《湖北大学学报》（哲学社会科学版）2018年第6期，第66~72页。
② 武宏志：《论证型式》，中国社会科学出版社，2013，第46~52页。
③ 张斌峰、侯郭垒：《论证型式的特征及其功能》，《湖北大学学报》（哲学社会科学版）2018年第6期，第66~72页。

特征①，认为"论证型式只有保权性（entitlement-preservation），即前提可接受时，在缺少削弱或颠覆性证据的情况下，人们有权利得出暂时的结论"②。因明唐疏一再强调"用已许法，成未许宗"③ "因体共许之法，成宗之中不共许法"④ ……并以"共许极成"为论证规则，保证论证的可接受性。两者都强调"可接受"，在论辩语境之下要求论证的展开必须建立在双方的共识之上，用双方都认可的理由来论证各自的主张。而这与《新修辞学》中提出的观点是一致的，佩雷尔曼和奥尔布莱切斯-泰提卡认为，论证要从听众接受的前提出发，要关注听众对争议立场是否认同，要以是否能够有效说服目标听众为衡量论证的标准。

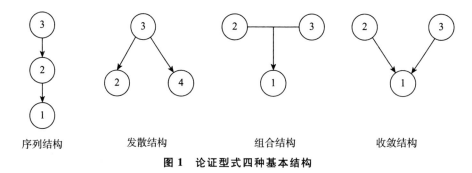

序列结构　　　　发散结构　　　　组合结构　　　　收敛结构

图1　论证型式四种基本结构

从论证型式的基本结构来看，在论辩活动中，因明唐疏三支论式的结构是固定的。论证型式根据对话语境的不同，所采用的结构也是不同的。论证型式有四种基本结构，分别是序列结构、发散结构、组合结构和收敛结构（如图1）⑤。我们往往在对话中都会采用这些结构的复合形式来进行论证，

① "反复出现于多主体对话或言语交互活动中；反映某种文化中的共识和共享价值；用于确立或攻击某一命题，即说服与反驳；有一种不同于演绎或归纳推理的假设性推理的论证结构；其结构是半形式的，可接受性的传递取决于可用批判性问题反映的具体语境和例外条件，因而具有语用性；核心是可废止条件句或可废止推论规则；得出暂且可接受的结论（假设），因而转移证明责任。"（参看武宏志《论证型式》，中国社会科学出版社，2013，第52页）
② 武宏志：《论证型式》，中国社会科学出版社，2013，第39页。
③ 窥基：《因明入正理论疏》，CBETA，2023. Q3，T44，no.1840，p.93b26-27.
④ 窥基：《因明入正理论疏》，CBETA，2023. Q3，T44，no.1840，p.102c9-10.
⑤ 〔美〕弗里曼：《论证结构：表达和理论》，王建芳译，中国政法大学出版社，2013，第3~6页。

因此，论证型式并不是对某一论证结构的单独使用，而是根据使用者的需要，或是单一或是组合进行论证。因明唐疏三支论式对于各支有严格的要求。"宗"作为论点被立论者首先提出，即立宗，其次分别提出作为论据的"因"和"喻"，即辨因、引喻，宏观上，三支论式即为由论据到论题的简单结构。但具体来看，并没有这么简单。结合因明唐疏三支论式（3.1），我们以"①②③……"来标示三支论式中的各要素，并画出图，详见图2。

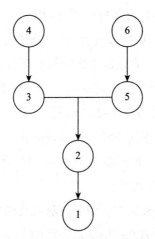

图2 三支论式的论证结构

论式（3.1）
宗：声无常。
因：所作性故。
喻：若所作者见彼无常，如瓶等（同喻）。
若是常住见非所作，如虚空等（异喻）。

论式（3.1）
宗：声无常（①）。
因：（声）所作性故（②）。
喻：若所作者见彼无常（③），如瓶等（④）（同喻）。
若是常住见非所作（⑤），如虚空等（⑥）（异喻）。

从图示来看，因明唐疏三支论式的论证结构是组合结构——同喻和异喻分别辅助因证成宗。然而，这样的结构刻画似乎并不足以表达因明唐疏三支论式诸要素的全部功能和作用。究其根本，是因为论证型式的基本结构旨在分析论证文本，即"一个人提出他或她的全部情形来支持一个或多个给定的主张。以这种方式排列论证的标准称谓是作为结果的论证"①。熊明辉认为，在传统论证理论中，结果的论证被认为是静态性的、缺乏语境敏感性的、目的性的、多主体性的，具有诸多特征。② 区别于结果的论证，因明唐疏三支论式作为论证是过程的论证或程序的论证，是"提议者和挑战者对话交流中的论证"③，"是论证者为了自己的主张为目标听众接受而提出理由的交互论争过程。其基本特征是动态性、目的性、多主体性、语境敏感性、对话式等"④。因此，从论证型式的基本结构来看，因明唐疏三支论式应用于论辩中，是过程的论证而非结果的论证，强调动态性、目的性、多主体性、语境敏感性，而这与图尔敏《论证的使用》一书中的观点是一致的，他主张"场域依赖性"是评价论证的标准。

从与形式逻辑比较研究来看，因明唐疏三支论式可以被看作亚里士多德三段论的变体，这与图尔敏论证模型是一样的。图尔敏论证基本模式包括主张（Claim，C）、根据（Data，D）、理由（Warrant，W）三个要素，该模式是论证型式的组合结构。

为了进一步解释根据足以支持主张，图尔敏在基本模式上进行了扩展，增加了支援（Baking，B）；为了说明理由中支援的多变性及场域依赖性，图尔敏在此基础上增加了反驳（Rebuttal，R）与限定词（Qualifier，Q）。此六

① 〔美〕弗里曼：《论证结构：表达和理论》，王建芳译，中国政法大学出版社，2013，第13页。
② 熊明辉：《论证评价的非形式逻辑模型及其理论困境》，《学术研究》2007年第9期，第73~79页。
③ 〔美〕弗里曼：《论证结构：表达和理论》，王建芳译，中国政法大学出版社，2013，第13页。
④ 熊明辉：《非形式逻辑视野下的论证评价理论》，《自然辩证法研究》2006年第12期，第22~41页。

个要素构成了图尔敏论证模型的完整模式或扩展模式①，见图3：

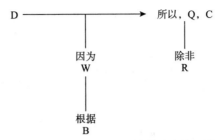

图3　图尔敏论证模型的完整模式或扩展模式

为了说明图尔敏论证扩展模式的应用，图尔敏列举了具体的例证②：

> 为了支持哈利是英国人的主张（C），我们援引他出生于百慕大的根据（D），然后理由可以表述为"出生在百慕大的人可以被视为英国人"；但是鉴于国籍问题总是受制于资格和条件，我们必须在结论前面插入限定语"大概"（Q），并指出如果他的父母都是外国人，或者他已加入美国国籍，那么我们的结论可能会被反驳（R）。最后，如果对理由本身质疑，那么就要提出其支援：它将记录议会法案和其他有关在英国殖民地出生的人的国籍的法律规定的条款和颁布日期。③

---

① "主张、根据和正当理由作为图尔敏论证模型的基本要素，在每个论证中都会出现，构成了论证的基本模式，支援、限定词和反驳这三个要素并非必然出现，被称为补充要素，如果一个论证中六个要素都出现在模型中，那么这个模型就称为图尔敏论证模型的完整模式或扩展模式。"（参看汪曼《论证图解理论与应用——新闻评论视角》，首都经济贸易大学出版社，2022，第46页）

② Stephen E. Toulmin, *The Use of Argument*(New York: Cambridge University Press, 2003), p. 97.

③ "To take a particular example: in support of the claim (C) that Harry is a British subject, we appeal to the datum (D) that he was born in Bermuda, and the warrant can then be stated in the form, ' A man born in Bermuda may be taken to be a British subject': since, however, questions of nationality are always subject to qualifications and conditions, we shall have to insert a qualifying ' presumably' (Q) in front of the conclusion, and note the possiblity that our conclusion may be rebutted in case (R) it turns out that both his parents were aliens or he has since become a naturalised American. Finally, in case the warrant itself is challenged, its backing can be put in: this will record the terms and the dates of enactment of the Acts of Parliament and other legal provisions governing the nationality of persons born in the British colonies. "Stephen E. Toulmin, *The Use of Argument* (New York: Cambridge University Press, 2003), p. 97.

据此，可以将该论证绘作图4：

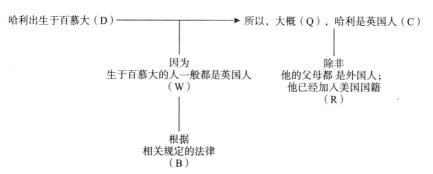

图4 图尔敏论证扩展模式例证

显然，直观上看，因明唐疏三支论式与图尔敏论证模型都是以论证的组合结构为基础结构。但是，具体来看，因明唐疏三支论式中似乎并不具有图尔敏扩展模式中的反驳（R）和限定词（Q），并且，因明唐疏三支论式具有两组理由（W）和支援（B）。根据图尔敏论证模型进一步整合因明唐疏三支论式的论证结构（图5）。对此，有学者从比较研究层面，探讨了图尔敏论证模型与因明三支论式之间的关系，认为"与图尔敏模型相比，因明的图尔敏模型分析显示出三支论式在图尔敏基本模型上的有限扩张"①。

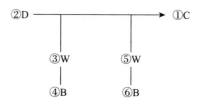

图5 因明唐疏三支论式的论证结构

的确，比较两者的论证结构，因明唐疏三支论式是在图尔敏论证扩展模式基础上的有限扩张，但是这两组理由与支援在因明唐疏三支论式中的作用是不同的，不能一概而论，换句话说，因明唐疏三支论式中的同喻和异喻，在论证中具有不同的作用，采用论证型式的结构分析或者以图尔敏论证模型

---

① 戎雪枫、王克喜：《基于图尔敏模型的因明三支论式分析》，《河南社会科学》2015年第11期，第85~88页。

刻画，必须要对此进行区分。那么，因明唐疏三支论式中的同喻和异喻具有什么作用呢？陈那在《门论》中说："前是遮、诠，后唯止滥，由合及离比度义故。"① 窥基解释说"前之同喻亦遮亦诠，由成无以无，成有以有故。后之异喻一向止滥，遮而不诠。由同喻合比度义故，由异喻离比度义故"②。同喻和异喻虽然同属于喻支，同喻作为合作法，异喻作为离作法，都是为了推出所立宗义，但两者的作用是不同的，智周也说"同喻顺成无同阙助，异法止滥无异滥除，故不类也"③。就同喻而言，具有"遮、诠"的作用，"遮"指遮诠，"诠"指表诠，即同喻具有排除反例和正面证成的作用；就异喻而言，具有"止滥"作用，"止滥"即"遮"，是指能够直接排除反例，即慧沼所言"异喻得成，以异止滥"④，但不具有正面证成的作用。

通过因明唐疏的解释，若以图尔敏论证扩展模式刻画三支论式，那异喻的作用至少表现在两个方面。首先，异喻虽然与同喻在论证结构上都类似于图尔敏所说的"理由（W）"与"支援（B）"，但是在作用上更多地则偏重于"反驳（R）"。也就是说，在因明唐疏三支论式的异喻上，异喻依支持异喻体，类似于图尔敏所说的"支援（B）"支持"理由（W）"，但这并不是为了进一步论证因（根据）足以支持宗（主张），而是要阐释在这一论证之下不可能出现反例。所以，异喻在此具有的"止滥"作用，应当表现为排除所有反例，使他者"生决定解"，则其可以确保论证中主张的限定词为"必然"。其次，依据因明唐疏对异喻作用的诠解——"后之异喻一向止滥，遮而不诠"，异喻"异品遍无"的"止滥"作用能够构成对同喻的"支援（B）"，补充支持同喻"同品定有"，从而确保作为"理由（W）"的同喻能够支持作为"根据（D）"的因证成作为"主张（C）"的宗。由此，进一步修正上述图示得到图6⑤。

---

① 〔印〕陈那：《因明正理门论本》，玄奘译，CBETA 2021. Q2，T32，no. 1628，p. 2c8-9。
② 窥基：《因明入正理论疏》，CBETA 2021. Q2，T44，no. 1840，p. 111c16-19。
③ 智周：《因明入正理论疏抄》，CBETA 2023. Q3，X53，no. 855，p. 889a19-20。
④ 慧沼：《因明义断》，CBETA 2023. Q3，T44，no. 1841，p. 148a14-15。
⑤ 需要说明的是，图6中的虚线框是为了解释异喻"止滥"作用的第二个方面——作为支援（B）的异喻（⑤⑥）支撑作为理由（W）的同喻（③④）。虚线框仅为显示因明唐疏三支论式中同喻和异喻的整体性，在论证图示中并不具有任何作用。

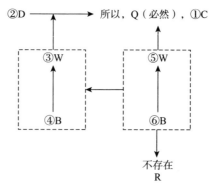

图 6　因明唐疏三支论式的论证结构修正

　　图尔敏论证基本模式中增加"反驳（R）"和"限定词（Q）"的初衷是为了说明多变性和场域依赖性。多变性主要体现为在某种程度上提出主张。日常生活中，不同对话语境下，立论者会在不同程度上提出自己的主张，因此需要增加"反驳（R）"和"限定词（Q）"以扩展论证的基本构成。但是因明唐疏三支论式是在论辩的对立语境下使用的，这就要求其必须明确提出自身的主张（宗），加之，因明唐疏三支论式"在因三相的作用机理下可以'生决定解'"①，因此，因明唐疏三支论式中的限定词即为"必然"，这也就在一定程度上弱化了图尔敏论证扩展模式。但因明唐疏三支论式并没有回归到图尔敏论证基本模式，而是介于基本模式与扩展模式之间。

　　图尔敏起初将场域依赖性固定在论证的标准上，后来他自己修正道："不仅'保证'以及'支援'是领域依赖的；甚至论证所发生的场合、面临的风险以及作为人类活动的'论证'的语境细节也应当包含在内。"② 图尔敏修正后的"场域依赖性"，与因明唐疏在陈那新因明经典著作——"大小二论"的基础上，发展出"共许极成规则"的重要贡献。

　　综上所述，在因明唐疏三支论式与图尔敏论证模型的相互比较中可以发

---

① 戎雪枫、王克喜：《基于图尔敏模型的因明三支论式分析》，《河南社会科学》2015 年第 11 期，第 85~88 页。
② 〔荷〕范爱默伦等：《论证理论手册》，熊明辉等译，中国社会科学出版社，2020，第 261 页。注：引文中的"保证"即理由（Warrant，W）。

现，因明唐疏三支论式既不是图尔敏论证的基本模式，也不是扩展模式，而是介于两者之间。图尔敏论证模型意图对维护论证主张的每一流程进行功能性解释，这与因明唐疏按照"宗-因-喻"诠解三支论式的意图一致。因此，借用图尔敏分析论证的思路考察因明唐疏三支论式，不仅能够让我们不必陷入三支论式究竟是演绎还是归纳的纠结之中，还能使我们更好地聚焦于分析和评价作为佛教论辩的论证型式的三支论式。

王充"效验论证法"探析

王　薇[*]

摘　　要： 王充论证逻辑作为中国两汉时期论证研究的典范和重镇，其书《论衡》中有着许多关于论证方法的理论与实践，对当今研究中国传统论证理论有着重要的参考价值。本文结合《论衡》中具体的论证实践，通过逻辑分析的方法，考察王充的"效验论证法"发现，这一方法既是对中国传统论证方法的继承与发展，又具有其鲜明的时代印记与个人风格。其内在本质就是要对一切虚妄之言进行批判，还原事实的本来面貌，为世人正确认识事物提供一个衡量标准。以王充的"效验论证法"为点，带动对整个中国传统论证方式与说理方式的认识面，推动传统论证方法的创新性发展和创造性转化，对于新时代构建中国自主的知识体系具有重要意义。

关 键 词： 效验；证验；疾虚妄；批判精神；实证精神

王充提出："凡论事者，违实不引效验，则虽甘义繁说，众不见信。……事有证验，以效实然。"[①] 这就是说进行论证不仅要引用事实作逻辑推论的依据，还要进行逻辑推理，得出能够令人信服的结论，用以辨是非、真伪，驳

---

* 王薇，中国人民大学哲学院逻辑学博士研究生，研究方向为中国逻辑史、论证逻辑。

① 黄晖：《论衡校释》（下），中华书局，2018，第495~496页。

斥一切虚妄之言。任继愈说："王充在与错误思想的论战中，非常重视效验。"① 这一方法强调事实、经验或实际效果在论证中的作用，说明效验与证验在论证是非中的重要性。王充作《论衡》以揭露虚妄、破除迷信、追求真实为旨归，以"效验论证法"为依托，针锋相对地对当时在意识形态领域中占据统治地位的"儒术"②、谶纬、鬼神等一切虚假、不合逻辑的妄说谬论进行批判，以解释世俗之疑，澄定是非之理。

对于王充的这一论证方法，傅坚表示这是一种极富有战斗力的逻辑方法，着重从"实事疾妄""事莫名于有效，论莫定于有证""考之以心，效之以事"这三个方面阐述了该方法的主要内容和特点，不仅对于揭露、驳斥和批判作为汉代统治思想的谶纬迷信和封建神学具有重要作用，在当今社会也具有十分积极的意义。③ 吴光站在历史唯物主义的角度，从认识的起源问题与检验认识的标准两个方面，对王充"效验论"的基本内容进行了概括，并指出这一方法的局限性和不彻底性。④ 李匡武评价道，王充的验证方法是从实际出发，实事求是地探究事物真相、因果关联、理论根据，并指出王充重视经验、事实、证据在论证实践中的重要性和必要性。⑤ 前人的研究成果，不乏对王充"效验论证法"的肯定，虽然其本身仍具有一定的不足和缺陷，但是作为中国传统论证理论在两汉时期的一个具有代表性的分支，其在一定程度上能够反映出中国传统论证的部分面貌。本文通过回顾中国古代逻辑思想家们的论证思想、方法，并将其进行比较、对照，立足于汉代社会的时代特征，阐述王充这一论证方法的理论与实践特征。从整体上把握和阐述王充"效验论证法"的特征与在实际应用中的作用，深刻把握该方法中所蕴含的

① 任继愈：《中国哲学史》（第二册），人民出版社，2003，第138页。

② 东汉时期，儒家思想在社会意识形态领域里占据支配地位，但与春秋战国时期的儒家学说有很大的不同，因为这一时期的儒家学说被歪曲和改造，以适应统治阶级的需要，掺进了谶纬迷信的学说，涂上了神秘主义的色彩，其集大成者并作为"国宪"和经典的是皇帝钦定的《白虎通义》。因而，这一时期的"儒学"被称为"儒术"。

③ 傅坚：《王充的"效验论证法"试析》，《华南师范大学学报》（社会科学版）1991年第8期。

④ 吴光：《王充"效验"论浅析》，《社会科学研究》1980年第3期。

⑤ 李匡武：《王充的科学精神与验证方法》，《中国逻辑史研究》，中国社会科学出版社，1982，第235页。

实证精神和批判精神，对于提高人们的认识能力，弘扬中华优秀传统文化以及构建中国自主知识体系都具有十分重要的意义。

一 何谓"效验论证法"？

"效验论证法"主要包括两个方面，一是"效验"，一是"证验"。什么是"效验"？王充说："事莫明于有效，论莫定于有证。"① 效验就是根据、论据、理由。他认为对一个论题，只有找出充足的论据和理由，才能使其得到证明，以辨实虚。那么，效验如何进行？王充提出："论则考之以心，效之以事。"② 他认为应用心去思考，用事实作论据，然后将这两者一致地表达出来，论题方能确定。徐复观对此解释道，"考之以心"是用心知（思维与推理）来进行合理的思考与判断，"效之以事"则是用客观事物来进行证验，他称此为基础相当巩固的方法论。③ 什么是"证验"？王充提出："事有证验，以效实然。"④ "明事以验证，故人然其文。"⑤ 意思是说以事实、经验或实际效果去论证和检验，才能显示出其真实性，从而使结论让人信服。他认为在对某一主张或观点进行论证时，不仅要引效验，用事实作逻辑推论的依据，还要立证验，进行逻辑推理，"以心意议"⑥，二者结合方得出能够令人信服的结论，以辨明是非、真伪，驳斥一切虚妄之言。

中国古代的思想家和逻辑学家都重视经验，肯定理性，认识到通过人的耳目闻见、理智思维能够获得关于事物的正确认识。⑦ 王充"受业太学，师事扶风班彪。好博览而不守章句。……遂博通众流百家之言"⑧。其思想受到来自先秦两汉思想家的思想、学说、著作的深刻影响，他批判性地吸取、总

① 黄晖：《论衡校释》（下），中华书局，2018，第 840 页。
② 黄晖：《论衡校释》（下），中华书局，2018，第 1033 页。
③ 徐复观：《两汉思想史》（卷二），华东师范大学出版社，2001，第 366 页。
④ 黄晖：《论衡校释》（下），中华书局，2018，第 946 页。
⑤ 黄晖：《论衡校释》（上），中华书局，2018，第 137 页。
⑥ 黄晖：《论衡校释》（下），中华书局，2018，第 840 页。
⑦ 刘培育：《简论中国古代归纳逻辑思想》，《求是学刊》1986 年第 2 期。
⑧ 《后汉书》，中华书局，1965。

结和发展了各家学说的精华。对于如何判明言论真伪，获得正确的认识，先秦时期的思想家已经提出了一些重要的方法，包括观察、比较、实验等诸种具体的方法。墨子提出"言必立仪""言必有三表"，具体来说就是"有本之者，本之于古者圣王之事"，"有原之者，原察百姓耳目之实"，"有用之者，废以为刑政，观其中国家百姓人民之利"①，意在通过考察历史经验、百姓的直接经验和百姓人民的实践经验，来判定认识的真伪。墨子这一方法的最终目的在于"明是非之分，审治乱之纪，明同异之处，察名实之理，处利害，决嫌疑"②。墨子之后，荀子提出："言有节，稽其实。"③ "是非疑，则度之以远事，验之以近物，参之以平心，流言止焉，恶言死焉。"④ 荀子同样强调判定言论、认识是与非的重要性，要求通过追溯过去的经验进行衡量、考证，同时又要用事物最新的情况来进行验证，用公正的态度进行比较和判断，那么流言蜚语便会因此而得到阻止，邪恶不实的言论便会因此而消亡。荀子这一方法可以概括为"符验法"，其根本目的也是在于为统治者巩固政权而服务，使得下层百姓不敢欺瞒君主，以实情告知。荀子的学生韩非则提出"参验说"⑤，即"参伍之验"⑥。他提出"循名实而定是非，因参验而审言辞"⑦"无参验而必之者，愚也，弗能必而据之者、诬也"⑧。意思是说要根据名和实来判定是非，通过比较和验证名与实是否相符来判定言辞的真伪。他认为如果听到某种说法，不用事实进行验证就加以肯定的人，是愚蠢的人；引用不能够肯定的事情来作为依据，则是欺世骗人。韩非的"参验法"力求比较、验证的客观性、全面性，强调对照事实进行检验，以责求言论的真实性。墨子的"三表法"、荀子的"度验法"、韩非子的"参伍之验"

---

① （清）孙诒让：《墨子间诂》，中华书局，2021，第 229~230 页。
② （清）孙诒让：《墨子间诂》，中华书局，2021，第 360 页。
③ 张晚林注译《荀子》，岳麓书社，2022，第 450 页。
④ 张晚林注译《荀子》，岳麓书社，2022，第 489 页。
⑤ "参"表示分析、比较、对照，"伍"表示多数、各种情况。"参验说"其内涵就在于对各种情况进行分析、比较和对照，与事实进行验证，从而判定认识、行为等的真伪、是非。
⑥ 刘乾先等译注《韩非子译注》，黑龙江人民出版社，2002，第 178 页。
⑦ 刘乾先等译注《韩非子译注》，黑龙江人民出版社，2002，第 146 页。
⑧ 刘乾先等译注《韩非子译注》，黑龙江人民出版社，2002，第 809 页。

都集中反映了中国古代思想家重视经验、事实、观察、比较等方法，以此为宣扬自己的观点和言论作辩护。直观而言，墨子更加注重将由感觉器官得来的直接经验事实作为论证的依据，荀子和韩非子则更加注重将通过比较、对照得来的事实作为判断是非的标准，但他们没有明确提出用社会实践去进行检验。

表 1　王元"效验论证法"的来源

	墨子"三表法"	荀子"符验法"	韩非"参验法"	王充"效验论证法"
共同点	重视经验、事实、观察、比较等方法			
区别	考察历史经验、百姓的直接经验和百姓人民的实践经验	追溯过去的经验，考察事物最新的情况	根据名和实来判定是非，比较和验证名与实是否相符	既重耳目之实，即感觉经验，要知类，又诠定于内，即重理性思维与推理，要推类
不足	更加注重依靠由耳目得来的直接经验	更加注重通过比较、对照得来的事实		对感性认识与理性认识之间的辩证关系认识不够深入

王充在前人研究成果的基础上有针对性地提出"效验论证法"，既重视感觉经验，又强调对比、验证和实际应用，在论证实践中对通过观察、实验等所得到的经验事实进行检验，进行比较对照和逻辑推理，以此去论证一个判断的真伪，或者反驳对方的观点。王充的论证方法能够在前人的基础上更进一步，就在于他对前人成果与方法的批判性继承与发展。比如，王充在墨子直观经验的基础上，进一步看到要透过耳目闻见的表象去认识事物本质的重要性，提出并强调"以心意议"，即"是故是非者不徒耳目，必开心意"[1]，批评"墨议不以心而原物，苟信闻见，则虽效验章明，犹为失实"[2]。王充重视事实情况和推理论证，在获得理性认识的基础上进一步指出要"考之以心，效之以事"[3]，强调用心去思考，用事实去证明，即对理性认识是否正确，对是不是真理进行验证，这是墨子、荀子和韩非尚未提出过的，是

---

[1]　黄晖：《论衡校释》（下），中华书局，2018，第 840 页。
[2]　黄晖：《论衡校释》（下），中华书局，2018，第 840 页。
[3]　黄晖：《论衡校释》（下），中华书局，2018，第 1033 页。

王充"效验论证法"中最具特色的一部分。虽然王充的"效验论证法"也存在一些不足，但是相比前人而言，他积极汲取了前人论证方法中的合理因素，并用之与虚妄之说展开激烈的论战。

王充的这一论辩方法具有光辉的论战性，在中国传统论证理论中具有重要地位。其不仅是对先秦诸子思想方法的继承和发展，具有中国传统论证方式的一般性特点，同时又是与当时神学唯心主义、谶纬迷信等虚妄之说展开激烈论战的成果，具有"疾虚妄"的时代特有属性。这是因为在篡夺农民革命斗争胜利果实的基础上建立起来的东汉王朝，为了进一步欺骗人民，愚弄群众，以维护和加强封建专制统治，在意识形态上全盘继承了汉武帝以后的以董仲舒所提出的"天人感应"说为核心的汉儒思想体系，以及西汉后期统治者大力宣扬的"君权神授""天人感应""天人合一"等鬼神迷信思想，由此所产生的对事物的各种无知妄说、谶纬迷信之说、神秘主义的解释和看法充斥着整个社会。这一时期封建正统思想的特征是建立了天人感应谶纬迷信的宗教神学体系，[①] 具体情况如下表2所示。

表2 王充"效验论证法"提出的时代背景

（西汉）汉武帝	钦定儒家为一尊，尊崇儒术，形成了与统一的封建王权相适应的宗教神学思想体系。
（西汉）汉宣帝	假托符瑞改元六七次，进一步利用宗教神学维持自己的统治，谶纬迷信得以更广泛地流行。
（西汉）汉哀帝	王莽利用谶纬篡权，"麟凤龟龙众祥之瑞七百有余"。
……	……
（东汉）光武帝	东汉建立之初，仿照王莽、公孙述等人将谶书作为其承受天命的依据。统一全国后，"宣布图谶于天下"，把谶纬迷信尊为"内学"，作为其维护封建统治的思想工具。
（东汉）汉章帝	崇尚儒术，进一步将封建伦理纲常与谶纬迷信、封建神学结合起来，命班固等人将其整理成书，名为《白虎通德论》（又称《白虎通议》《白虎通》），这部书系统地吸收了阴阳五行和谶纬之学，形成今文经学派的主要论点，是继董仲舒以来儒家神秘主义哲学的进一步发展。

① 任继愈：《中国哲学史》（卷3），人民出版社，2003，第124页。

王充在《宣汉》篇中对当时谶纬迷信盛行之况言道："五帝、三王，经传所载瑞应，莫盛孝明。如以瑞应效太平，宣、明之年，倍五帝、三王也。"① 作为世俗大众中的一员，王充对奇怪之语、虚妄之文、夸大之书等蛊惑底层民众的虚言妄语深恶痛绝，此等虚言妄语激发了他对社会思想混乱的强烈不满与批判。他以《论衡》为阵地，与"天人感应"的神学目的论和谶纬迷信说等虚妄之语展开了激烈的论战，用此书来讥讽和批判一切奇异怪诞之语、虚幻荒谬之文。

在对一切虚妄之言的批判中，"效验论证法"成为王充批判一切虚妄之言的论证实践的坚固支柱。王充能够在前人的基础上更进一步，也得益于这一时期随着生产力的大力发展，在自然科学的认识与成果方面，与先秦时代相比有了很大的进步。② 另外，这一时期政治上的大一统，使得天文知识、科学技术、历法、数学、医学等领域得到快速发展，自然科学知识的丰富和发展在一定程度上为王充的效验和证验奠定了科学基础。

二 "效验论证法"的特征

王充在《佚文》篇中自述："《论衡》篇以十数，亦一言也，曰：'疾虚妄。'"③ 十分强烈地表达出他要与一切虚妄进行论战的心情。他在"疾虚妄"的论证实践中始终贯穿着要以事实为基础进行效验和证验的原则和思想。关于如何做到这一点，王充认为需要"考之以心，效之以事"④，意思是说辩察是非真伪，必须做到用心（理性思维）思考，用事实加以证明，通过推理论证将感性认识与理性认识、客观事实和主观认识相结合，从而来判定是非、真伪。汪奠基认为王充的"效验论证法"既不是经验主义的方法，也不是抽象理性的推论，而是他从天文、数理以及诸多自然科学和社会现象

---

① 黄晖：《论衡校释》（下），中华书局，2018，第716页。
② 汪奠基：《中国逻辑思想史》，上海人民出版社，1979，第231页。
③ 黄晖：《论衡校释》（下），中华书局，2018，第759页。
④ 黄晖：《论衡校释》（下），中华书局，2018，第1033页。

等现实方面的认识出发,所形成的一种坚持科学的认识方法。① 不同于西方传统形式逻辑以追求"有效性"为判断标准,中国传统论证方法则是将"合理性"或实际效果作为判断的标准。王充明确使用实证性经验知识作为其展开论证的前提,又以实证性要求作为论证的评价标准。② 中国古代传统论证并不是要追求一个确定性的结果,而是追求一种合理的、令人信服的说理效果。在中国传统论证方式和说理方式发展的历史长河中,王充的"效验论证法"具有非常强烈的时代特征,具有批判虚妄、反抗权威、还原儒家经典等特有属性。

具体而言,感性经验和耳目闻见是其效验的基础。"效验论证法"强调知识的获取和验证都应该基于实际观察、经验和事实,即"须任耳目以定情实""如无闻见,则无所状"③,这表明王充反对脱离感觉或感性经验去认识事物。王充从通过耳目闻见事物具体的、个别的状态,上升到对事物整体特征的把握,这是在思维过程中对归纳逻辑思想的自觉应用。他提出:"凡天下之事,不可增损,考察前后,效验自列,自列,则是非之实有所定矣。"④意思是说对考察天下间一切事物,对其进行效验,则要对其前前后后的所有情况都要进行充分考察,得到这样的效验之后便能够对事物的是非、真伪进行一定的判断、辨别。王充在《论衡》中经常将人们日常生活中能够闻见的感性经验事实作为论据,进行效验。这种摆出一般事实讲明道理的方式能使其所论证的观点被普通大众所理解,充分显示出感性经验在效验与证验中的基础性地位。

理性思维和推理是其证验的保障。这是王充在墨家直观经验论基础上的进一步认识,他认识到仅仅依靠耳目闻见去把握事物是不够的,极有可能会被事物的表面现象或假象所迷惑和误导。王充认为这就是社会上不实之言、迷信之说得以传播开来的一个重要原因。因而,他提出"是故是非者,不徒

---

① 汪奠基:《中国逻辑思想史》,上海人民出版社,1979,第232页。
② 金立、于翔:《实用、关联、自觉——〈论衡〉推类论证的多维探析》,《哲学动态》2022年第10期。
③ 黄晖:《论衡校释》(下),中华书局,2018,第934~945页。
④ 黄晖:《论衡校释》(上),中华书局,2018,第300页。

耳目，必开心意"①。意思是说对事物的认识和把握，不仅要依靠通过耳目闻见得来的经验，还要对此进行理性思维的分析和判断，使感觉经验的事实与心意辩说的论证一致地表达出来，如此才能判定对事物认识的是非真伪。而具体怎样"开心意"，王充说："据象兆，原物类，意而得之，其见变名物，博学而识之。巧商而善意，广见而多记，由微见较，若揆之今睹千载，所谓智如渊海。"② 意思是说根据感性经验，运用心意进行分析、推原事类，以小见大。他运用理性思维对充足的感性经验进行逻辑论证，能够避免陷入墨家狭隘经验论的陷阱，又能够保障其逻辑论证的说服力。王充在《对作》篇中直接提出："论则考之以心，效之以事，浮虚之事，辄立证验。"③ 这说明论证需要将效验和证验二者一并予以重视，才能够保障论证过程的合理性，提高论证结论的说服力。

演绎与归纳并行是这一论证方法的鲜明特色。中国古代的传统归纳推理，是归纳推理与演绎推理有机融合、并行使用的推理机制。④ 王充进行论证实践的一般模式为先指出汉儒通过不完全归纳的方法，以一两个特殊事例归纳得出虚妄的结论，而后通过归纳提出一个与此相反的一般性结论，然后通过实践给出一系列论据，演绎验证这个一般性结论是否正确，以此来反驳敌方的观点，演绎与归纳并行，然后证明己方的观点。他在《论衡》中最为典型的一种论证实践就是从经验、事实、证据出发，通过列举出充分的事例，然后通过归纳推理得出结论。比如，他在《感虚》篇中列举出十五个典型事例，对汉儒所编造的天人感应的荒诞故事逐一加以驳斥，批判了汉儒所宣称的人的精诚能够感动上天鬼神的虚妄之言，得出天道自然无为的观点。⑤通过列举多个事例进行推理，是王充效验归纳的主要论证方式，也是王充论

---

① 黄晖：《论衡校释》（下），中华书局，2018，第 840 页。
② 黄晖：《论衡校释》（下），中华书局，2018，第 954 页。
③ 黄晖：《论衡校释》（下），中华书局，2018，第 1033 页。
④ 黄海：《复合、经验、实践的归纳法——中国传统归纳逻辑探赜》，《江海学刊》2022 年第 5 期。
⑤ 北京大学历史系《论衡》注释小组：《论衡注释》，中华书局，1979，第 300 页。

证实践的一个特有属性。中国古代的归纳推理是实践的推理，不是理论的推演。① 王充在论证中注重方法的应用与实践相结合，并使用经过实践所得到的经验、论据、理由对问题进行分析，因而其归纳所得出的结论具有一般性意义。有时虽仍然避免不了简单枚举归纳推理所易犯的"以偏概全"的错误，但是大大提高了枚举归纳的合理性和说服力。

驳斥虚妄，还原儒家经典的本来面貌是这一论证方法的实证目标。王充在《对作》篇中直接说出了"《论衡》实事疾妄"②的观点，充分表明了其《论衡》的写作目标和思想旨归，因而效验与证验逻辑论证实践的最终目标就是驳斥一切虚言假说，还原事实。王充本着这种实事疾妄的批判精神，应用"效验论证法"，探究各种社会或自然现象之间的因果关系，对各种传言、传书的真假进行考证，评价先秦两汉各家学说的是非与长短，批判社会上各种谶纬迷信与封建神学思想，然后归纳得出正确的认识。比如，对"雷为天怒""人死为鬼"等言论，王充通过列举充分的事例和大量的事实进行效验、推理、判断，最后归纳得出"雷者，火也""人死不为鬼"的正确认识。黄云生先生说王充及其《论衡》充满了革命的精神，洋溢着批判的气息，尊崇怀疑的态度，倡导独立的思考，黜伪存真，劝善惩恶，宗旨至大至正。③ 王充使用"效验论证法"进行论证，对一切虚妄之言都进行批判，敢于质疑权威，鼓励批判性思考和质疑，体现出其坚定的实证精神和批判精神。

王充的"效验论证法"以经验观察的事实为基础，同时也重视实验、理性思维和推理的分析和判断。他敢于挑战权威，对一切不符合事实的虚妄之言都加以批判，显示出其"疾虚妄，务实诚"的本质特征。虽然在某些方面王充依然陷入了认识上的困境，但是这并不妨碍王充这一论证方法在哲学、科学和认识论中的影响，更进一步而言，分析王充这一论证方法的特征是深入认识和把握中国传统论证方式和说理方式的直接路径。

---

① 黄海：《复合、经验、实践的归纳法——中国传统归纳逻辑探赜》，《江海学刊》2022 年第 5 期。
② 黄晖：《论衡校释》（下），中华书局，2018，第 1034 页。
③ 黄云生：《王充评论》，三信出版社，1975，第 107 页。

三 "效验论证法"应用与作用

王充《论衡》是中国古代论证逻辑的代表作之一,其"效验论证法"在中国古代逻辑史、传统论证方式和说理方式发展历程中占据重要地位,是批判虚妄、论证真理的重要方法和工具。王充在《论衡》中经常用"何以验之""何以明之""何以效之"等句子作为其进行效验、证明、演绎、归纳的标志,并在其后引出事实论据进行逻辑论证,言之成理,持之有据,驳斥敌论的虚妄,证明己方的观点。王充的这一方法是对先秦诸子的继承与发展,先秦诸子的著述可视为中国古代的广义论证实践,[①] 依据对王充在论证实践中对"效验论证法"的应用的考察,明确王充这一方法有助于更好地认识中国传统的论证方式和说理方式。

(一)"效验论证法"在论证实践中的应用

演绎与归纳并行使用。对于一个论题,王充先是判定其实虚,然后再列举出充分的事例用作效验,进行逻辑的推论,最后证明其结论对于驳斥论敌方言论的合理性。这与墨家所提出的反驳的方法在论证形式上具有一致性。《墨经》中称这种反驳的方法为"止",即"彼举然者,以为此其然也,则举不然者而问之。若圣人有非而不非"[②]。"彼以此其然也,说是其然也。我以此其不然也,疑是其然也。"[③] 这两句话的意思是说对方通过举出一个或一些事例,就得出一个普遍性的结论,对此,我则举出一个相反的事例去反驳它,以此来推翻对方所得出的普遍性结论。其中既包含了对简单枚举归纳推理的明确表述,同时又表明了墨家学派已经认识到简单枚举归纳推理具有或然性的特征。在《墨子》一书中墨子也大量使用简单枚举归纳推理进行论

---

① 南亚伶、王克喜:《从广义论证理论的视角看〈庄子·人间世〉的论证路径》,《逻辑学研究》2023 年第 4 期。
② (清)孙诒让:《墨子间诂》,中华书局,2021,第 307 页。
③ (清)孙诒让:《墨子间诂》,中华书局,2021,第 307 页。

证，揭示了归纳推理的性质，自觉应用归纳推理。① 王充作为墨家逻辑思想的直接继承者，② 在《论衡》一书中，也自觉运用归纳推理进行逻辑论证。

在《实知》篇中王充提出汉儒认为圣人能"前知千岁，后知万世，有独见之明，独听之聪，事来则名，不学自知，不问自晓"③，并捏造出许多虚妄的故事来证明圣人具有先知之能。比如，用孔子之母隐瞒其身世，孔子仅通过吹律管就知其是宋国大夫子氏的后代的事例来说明"圣人前知千岁"的观点。又以孔子将死预言会有自称为秦始皇的一男子，上他之堂，踞他之床，颠倒他衣裳，然后行至沙丘便死亡，其后秦王发动战争，吞并天下，号称始皇，巡狩至鲁时，参观孔子的住宅，等行至沙丘的时候，果然在道路中得病而死；董仲舒会整理、发挥他的书籍，其后江都相董仲舒编写《春秋繁露》；胡使秦灭亡，其后秦始皇的二儿子胡亥，被农民大起义推翻。汉儒用这三个事例来佐证"圣人后知万世"的结论。这就是墨家《经说下》所说的"彼以此其然也，说是其然也"④。就是以一个或一些事例而言说事物的普遍情况。

王充为驳斥这一"圣人为神而能先知"的观点，在《知实》篇中举出了以孔子为首之圣人不能先知的十六条事例来进行论证，以推翻汉儒所得出的"圣人先知"的结论。在此基础上，王充提出知识来源于实践的观点。具体而言，王充提出："论圣人不能神而先知，先知之间，不能独见，非徒空说虚言，直以才智准况之工也。"⑤ 意思是说圣人不是先知，其所言并非空口言之，只有凭借才智通过类推的工作才能论说出事实。举例如表3。

表3　"圣人不能神而先知"的典型事例

事例	结论
孔子问公叔文子于公明贾曰："信乎，夫子不言、不笑、不取？有诸？"	"天地之间，含血之类，无性知者。"（《实知》篇）
孔子闻政以人言，不神而自知之也。	圣人不具有神而先知的能力。

---

① 刘培育：《简论中国古代归纳逻辑思想》，《求是学刊》1986年第2期。
② 王薇：《王充论证逻辑是对墨家逻辑的直接继承与发展》，《鹿城学刊》2022年第4期。
③ 黄晖：《论衡校释》（下），中华书局，2018，第931页。
④ （清）孙诒让：《墨子间诂》，中华书局，2021，第307页。
⑤ 黄晖：《论衡校释》（下），中华书局，2018，第946页。

续表

事例	结论
匡人之围孔子,孔子如审先知,当早易道以违其害。不知而触之,故遇其患。	
孔子母死,不知其父墓。	
子入太庙,每事问。不知故问,为人法也。	
以孔子不知龙与老子言之。	

王充以事实为依据,在论证中给出充足的事例,以"孔子不知公叔文子的言行举止""孔子不知颜渊不是在偷窃饭食""不知出行时前方有狂夫、猛虎之患""不知阳虎会想方设法遇见他,而他不能预知而避不开""孔子不知道其父之墓在何处""不知下葬的地方会坍塌""不知自己不了解的领域""不能预知管叔会叛乱"等事实,归纳出圣人不具有先知能力的结论,对"圣人神而先知"的宗教神学观点予以有力的驳斥。他对"圣人神而先知"这一虚言的驳斥,不仅能回正被汉儒歪曲、神化了的孔子形象,也显示出其效验论证法在批判虚妄的实践过程中对于还原事实的重要作用。与简单枚举归纳推理相比,这种依据客观事实,在"量"的维度上增加并分析论据的做法,在一定程度上能够避免"以偏概全"的错误,提高论证的可信度与合理性。

对因果关系的探究。中国古代逻辑学家们极为重视探讨事物之间的因果联系,比如,先秦时期,墨子在《经上》中说:"故,所得而后成也。"① 《吕氏春秋》提出:"凡物之然也,必有故。而不知其故,虽当与不知同,其卒必困。"② 其中所说之故,泛指原因、论据、理由,强调探索、获得事物的因果联系对于认识事物的重要性。王充在《实知》篇中说:"行事,文记诵常,人言耳。非天地之书,则皆缘前因古,有所据状;如无闻见,则无所状。"③ 王充强调"缘前因古,有所据状",说明只有弄清前后之间的因果关系,才能以此为充分的依据去驳斥荒谬的言论。他在《语增》篇中还提出

---

① （清）孙诒让:《墨子间诂》,中华书局,2021,第 266 页。
② 陆玖译注《吕氏春秋》,中华书局,2011,第 265 页。
③ 黄晖:《论衡校释》(下),中华书局,2018,第 934 页。

"凡天下之事，不可增损。考察前后，效验自列。自列则是非之实，有所定矣"①。其中"考察前后"表明王充重视在行为与结果的因果关系序列中，进行逻辑推演，以推定事物的是非、真伪。探求因果关系也是王充在效验论证中的一个重要推理方式，而"揆端推类，原始见终"则是王充对探求事物因果联系所提出的具体要求，其中，"始"与"端"是指事情发生的原因、理由，"终"就是结果、结论。"推类"就是要"知类""推类"，王充的这一思想同时也是对中国古代逻辑的主导推理类型——推类②的继承和发展。

王充认为事物之间的因果联系具有必然性、时间先后性的特点，有原因必然会有结果，原因在前，结果在后，但是他强调不是任何前后相继出现的事件之间都具有因果联系。王充在《论衡》中充分利用实际事例、科学知识来论证事物之间的因果联系，但他亦从反面论说事物之间不具有因果联系，从而驳斥世俗之人将前后伴随发生的现象说成是具有因果关系的现象的使世人迷惑的虚妄之言。王充重视对因果关系的探究，他对谶纬迷信之言所产生的原因进行探讨与分析，以此来驳斥社会上所流传的虚妄之言。

比如，王充在《变动》篇中指出："或时杞国且圮，而杞梁之妻适哭城下，犹燕国适寒，而邹衍偶呼也。事以类而时相因，闻见之者，或而然之。"③ 王充以万杞梁之妻哭倒长城的传说，来论证世俗之人对因果关系的歪曲。王充认为，万杞梁的妻子哭泣和城墙倒塌只是两个偶然前后伴随而发生的事件，仅仅只是具有时间上的前后关系，并不具有因果关系，从而得出结论：梁之妻哭而崩城，虚言也。在《说日》篇中，王充针对董仲舒提出的"土龙致雨"的迷信说法，对云雨所产生的自然原因进行考察，指出："雨露冻凝者，皆由地发，不从天降也。"④ 王充通过对自然现象的认真观测和研究，指出雨水是地面上的水、汽向上蒸发，遇冷而形成的，说明雨并不是天上所固有的东西。王充又进一步对这一现象的产生进行了解释，他认为降雨

---

① 黄晖：《论衡校释》（上），中华书局，2018，第300页。
② 黄朝阳：《中国古代逻辑的主导推理类型——推类》，《南开学报》（哲学社会科学版）2009年第5期。
③ 黄晖：《论衡校释》（上），中华书局，2018，第578页。
④ 黄晖：《论衡校释》（上），中华书局，2018，第451页。

是先"云雨出于丘山，降散则为雨矣""云气发于丘山，不从天上降集于地"①，后"初出为云，云繁为雨"②。王充对降雨成因的探究，十分清晰地驳斥了"土龙致雨"的虚妄之言，并在此基础上归纳得出云雨的形成是一种有规律的自然现象的结论，认为"雨露冻凝者，皆由地发，不从天降也"③。进一步指出云、雾、露、霜、雨、雪等，只是大气中的水在不同气温条件下的不同表现形式，这是王充在同社会上流行的迷信说法的斗争中，通过自己的观察和推理取得的合乎科学的可贵见解。

在《论死》《订鬼》《死伪》《薄葬》等篇中，王充严厉地批判了"世谓死人为鬼，有知，能害人"④的"有鬼论"的说法，集中论述了"人死不为鬼"的观点。王充从生理、心理、物理、伦理等诸方面去寻找世人宣称人死为鬼之说所产生的根源，比如，他指出："凡天地之间有鬼，非人死精神为之也，皆人思念存想之所致也。致之何由？由于疾病。人病则忧惧，忧惧见鬼出。"⑤ 意思是说世人所说的鬼是由于疾病所造成的思念存想的结果，并不是人死精神为之的结果。同时，王充在《死伪》篇中，对于世人认为傅后怨愤被人掘了自己的墓，而用臭气害人进行报复的观点，即"亡新改葬元帝傅后，发其棺，取玉柙印玺……发棺时，臭憧于天，洛阳丞临棺，闻臭而死。……二恨怨，故为臭，出火，以中伤人"⑥，王充从探究臭气产生的原因出发，指出傅后墓散发臭气并不是她在作怪害人，而是陪葬的大量食物腐烂产生毒气，人是因为闻到了这种毒气而闷死的。王充从事实的角度出发，对傅后为鬼害人、毒气的产生、人死的结果这三者之间的因果关系的探究，有力地驳斥了有鬼并且鬼能害人的说法。

（二）"效验论证法"的作用

温公颐主编的《中国逻辑史教程》明确提出王充的论证具有两个方面的

---

① 黄晖：《论衡校释》（上），中华书局，2018，第218页。
② 黄晖：《论衡校释》（上），中华书局，2018，第450页。
③ 黄晖：《论衡校释》（上），中华书局，2018，第451页。
④ 黄晖：《论衡校释》（下），中华书局，2018，第760页。
⑤ 黄晖：《论衡校释》（下），中华书局，2018，第814页。
⑥ 黄晖：《论衡校释》（下），中华书局，2018，第792页。

作用:一是"核道实义,证定是非"①,即判定是非、真伪的重要作用;一是"冀悟迷惑之心,使知虚实之分。……则纯诚之化日以孳矣"②,即有助于提高人们判定是非、虚实的认识能力,促使追求事实和真理。③ 王充在《论衡》中十分明确和强烈地表达出自己写作的目的就在于批判虚妄、辨照然否、证定是非,这一目的的实现能使社会上充斥着的不实之言、虚妄之风得到肃清。他所提出的"效验论证法"最鲜明的特征就是驳斥虚妄,还原事实。由上述对王充在论证实践中对这一方法的具体应用的分析,其作用显而易见。

"效验论证法"具有质疑权威、解放思想的认识作用。王充的批判不仅涉及《尚书》《易》《诗》《春秋》等所谓经和各家的解说,也包括秦汉以后儒生的所有主要著作,比如《吕氏春秋》《春秋繁露》等。④ 对社会上的一切传书、传言等进行效验和证验,王充从事实的角度出发,使用"效验论证法",对其中存在的各种虚言妄语进行揭露和批判,集中表现在《书虚》《变虚》《异虚》《感虚》《福虚》《祸虚》《龙虚》《雷虚》《道虚》《语增》《儒增》《艺增》等篇章中。王充敢于质疑权威的批判精神尤其表现在《问孔》《刺孟》《非韩》等篇章中,对各种事例的逻辑分析和论证,充分显示出其论证方法强大的战斗力。认识和掌握这一论证方法,对于提高人们辨别是非的能力,敢于质疑权威,追求事实、真理具有重要作用。

重事实、效验的论证方法具有重要的历史地位和作用。王充"效验论证法"在中国传统论证理论中具有重要地位,它为实证主义、经验主义和归纳逻辑在汉代的发展奠定了基础。既继承和发展了先秦诸子论证方法中的合理因素,又直接影响了王符、仲长统、刘劭等人的逻辑思想。王充的这一论证方法在中国传统论证理论发展史中具有承前启后的历史地位。

"效验论证法"具有破除封建迷信思想,弘扬中华优秀传统文化的现实意义。王充所处之时代封建迷信思想极为流行,这是因为这一时期如汉武帝

① 黄晖:《论衡校释》(上),中华书局,2018,第345页。
② 黄晖:《论衡校释》(下),中华书局,2018,第1030页。
③ 温公颐主编《中国逻辑史教程》,上海人民出版社,1988,第204页。
④ 韦石:《论王充的"疾虚妄"》,《中山大学学报》(哲学社会科学版)1975年第2期。

封禅、王莽篡位、光武复兴等，统治者无一不借助"天人感应"说和各种各样的图谶符命来巩固其统治地位。各种怪力乱神之说、封建迷信活动经久不息，社会上信息闭塞，百姓受教育程度也不高，其辨别真假的能力和欲望也极低，随波逐流者甚多。王充重视事实，一切从事实的角度出发去进行论证，他强调知识的获取应该基于实际观察和经验验证，以朴实简单的语言和日常生活中常见的事例来批判这些荒谬的封建迷信思想，让社会大众能够从封建迷信的迷雾中清醒过来。王充这一论证方法具有鲜明的实证精神和批判精神，不仅对于提高当时社会大众的认识能力，破除封建迷信思想具有重要作用，而且对于当今处于信息时代的我们处理各种纷繁复杂的信息，提高辨别能力具有重要意义。

结　语

通过对王充"效验论证法"的产生、应用、特征与作用的系统分析，明确王充对于中国古代论证思想的继承与发展的贡献，阐明其重视事实、观察、经验、归纳推理等具体方法在驳斥虚妄的论证中的应用。王充"效验论证法"既具有中国传统论证方式的普遍性，又具有其自身的独特性。王充"效验论证法"所包含的效验、实证、批判精神是中国传统论证理论中的一项重要内容，虽然在效验论证实践中其推理方式有其时代性的局限和自身认识不足的缺陷，比如偏重用简单具体的事例作为论据，或者在归纳概括时会出现机械、直观等缺陷，有时也会把一些不实的传统说法当作事实，但是王充论证方法中的批判性和实证性是不容忽视的。研究中国传统论证理论是面向新时代新要求的必然选择，以王充"效验论证法"为点，带动对先秦两汉时期论证方式和说理方式的分析和探讨，能够逐步还原中国传统论证方式和说理方式的真实面貌，对于当下构建中国自主知识体系具有重要意义。

人工智能与批判性思维

谢昊岩　陆　禾[*]

摘　要： 本文探讨了批判性思维在应用人工智能（AI）技术中扮演的重要角色，以及 AI 如何反过来促进批判性思维的发展。首先，本文强调了评估 AI 生成信息的准确性和可靠性的必要性，指出了识别并解决 AI 系统中偏见的重要性，并讨论了在 AI 应用中做出伦理和道德决策的重要性。这部分内容阐明了在采纳 AI 技术时，批判性思维对于确保决策的公正性、透明度和道德性至关重要。进一步地，本文探讨了 AI 在促进批判性思维发展方面的潜力，包括通过数据分析与逻辑推理增强人类的理解和决策能力，在教育领域中通过个性化学习路径支持批判性思维技能的发展，以及 AI 在辅助决策中的作用，展示了 AI 是如何帮助人们做出更加理性的决策的。

关 键 词： 批判性思维；人工智能；大语言模型

在阿联酋召开的 2023 年世界政府峰会上，埃隆·马斯克在接受远程访

---

* 谢昊岩，南京大学哲学系博士研究生，研究方向为人工智能逻辑；陆禾，四川师范大学哲学学院硕士研究生，研究方向为应用逻辑。

谈时认为，在人工智能时代，教育最需要重视和培养的核心能力是批判性思维，并进一步主张在孩子们相对年轻的时候，就塑造他们的批判性思维。马斯克的这一判断与观点无疑具有极强的前瞻性，非常值得重视。当涉及 AI 和批判性思维时，我们正站在一项引人注目的技术革命的前沿。AI 已经成为当今世界不可或缺的一部分，它在教育、医疗保健、交通、金融等各个领域都有广泛的应用①。AI 技术的快速发展和普及给我们带来了前所未有的机遇，同时也带来了一系列潜在的问题和挑战。

但是，我们必须问自己一个重要的问题：在这个快速发展的 AI 时代，我们是否有充分的准备来应对与人工智能相关的伦理、社会和技术挑战。这正是我们今天讨论的主题：人工智能与批判性思维的交汇。

在过去的几十年里，人工智能取得了巨大的进展，它已经能够处理和分析大规模数据，执行复杂的任务，并做出看似智能的决策。然而，正是在这个过程中，我们开始认识到 AI 系统可能受到训练数据中的偏置、算法的不透明性、伦理和社会问题的影响②。这些问题需要我们运用批判性思维，通过深入的分析、评估和逻辑推理来解决。

批判性思维是一种不可或缺的认知技能，它能帮助我们识别问题、评估信息、理解复杂性、推断结果，并最终制定明智的决策。它强调了思考的质量，是面对日益复杂的 AI 系统和相关应用时不可或缺的工具。

在接下来的演讲中，我们将探讨人工智能的快速发展和潜在问题，以及为何人工智能领域需要批判性思维。我们还将详细讨论批判性思维在 AI 中的应用，以及未来展望，希望能够启发更多人思考如何更好地应对这一领域的挑战。让我们一起深入探讨，探索人工智能与批判性思维的关键交汇点。

---

① Crompton, H., Burke, D., "Artificial Intelligence in Higher Education: the State of the Field," *Int J Educ Technol High Educ* 20(2023).

② Chrisley, Ron, "A Human-Centered Approach to AI Ethics: A Perspective from Cognitive Science," in Markus D. Dubber, Frank Pasquale, and Sunit Das eds., *The Oxford Handbook of Ethics of AI*, https://doi.org/10.1093/oxfordhb/9780190067397.013.29, accessed 21 Mar. 2024.

一 为何 AI 需要批判性思维

从我们的沟通方式到购物方式，AI 已经彻底改变了我们生活的各个方面。如今，AI 在批判性思维和决策制定领域留下了自己的印记。这对于增强我们批判性思维能力和提高做出明智决策的能力至关重要。

在当今复杂且信息丰富的世界中，能够有效地分析论证是十分关键的。无论是评估政治辩论的有效性，评估新闻文章的可信度，还是做出明智的商业决策，都需要具备识别和评估论证的能力。这就是 AI 发挥作用的地方。

AI 涉及使用先进的算法和机器学习技术来分析、评估论证。通过分析论证的结构、内容和背景，AI 系统可以提供关于政治辩论等的优点、缺点和整体有效性的有价值的见解。这使个人能够基于合理的推理和证据做出更加明智的决策。AI 的一个关键优点是其能够快速而准确地处理大量信息。而人类的认知能力是有限的，AI 系统可以在几秒钟内分析数千个论证。这不仅节省了时间，而且确保了更全面的分析，考虑到了广泛的视角和反对观点。此外，AI 可以帮助克服经常影响我们批判性思维的认知偏见。人类容易受到各种偏见的影响，例如确认偏见，即我们倾向于偏好与我们现有信念相符的信息。而 AI 系统不受个人偏见的影响，可以对论证进行客观分析，帮助我们克服认知限制。AI 的另一个重要好处是它拥有在各个领域提升决策制定水平的潜力。无论是在商业、法律还是公共政策领域，决策通常依赖于对复杂论证的评估。AI 系统可以通过提供对论证的全面分析，突出其潜在的缺陷或弱点，并提出替代观点来帮助决策者。这可以帮助得出更为明智和有效的决策，降低出现错误或偏见的风险。此外，AI 还可以促进批判性思维技能的发展。通过向个人展示对论证结构和推理的洞察，AI 系统可以帮助人培养分析思维能力，塑造逻辑推理能力。这在教育环境中尤为有价值，学生可以更有效地评估论证并进行建设性的辩论①。然而，需要注意的是，AI 并不能取代

---

① Bates, T., Cobo, C., Mariño, O. et al., "Can Artificial Intelligence Transform Higher Education?" *Int J Educ Technol High Educ* 17(2020).

人类判断。虽然 AI 系统可以提供有价值的见解，但最终的决策过程仍应涉及人类的判断和伦理考虑。AI 应被视为增强人类能力而非取代它们的工具。

总而言之，AI 代表了批判性思维和决策制定的新领域。其快速处理大量信息、克服认知偏见和提升决策制定的能力，使其在当今复杂的世界中成为宝贵的工具。通过利用 AI 技术，我们可以提升批判性思维能力，做出明智的决策，并自信地在不断扩大的信息海洋中航行。

反过来讲，批判性思维对于 AI 的发展同样至关重要。当我们得益于 AI 的快速发展时，我们同样不能忽视其潜在问题和挑战，这些问题影响着 AI 技术在社会、经济和伦理方面的发展。以下是一些与人工智能相关的潜在问题。（1）偏置和不公平性，AI 系统在训练过程中可能会受到训练数据的偏置影响，导致在决策和预测中出现不公平性。这可能会加剧社会不平等，并对受影响群体产生不利影响。批判性思维有助于识别和理解这些偏见，以便采取纠正措施，确保 AI 系统的决策和预测更加公平。（2）隐私问题，AI 技术通常需要大量的个人数据进行训练和运行。不适当的数据收集和隐私侵犯可能会引发严重的隐私问题，威胁个人信息的安全。批判性思维有助于识别潜在的隐私风险，并帮助采取措施来保护个人信息。（3）透明度和可解释性，许多 AI 算法是黑匣子，难以理解其决策过程。这导致难以解释和审查 AI 系统的决策，尤其在需要透明性的关键应用领域，如医疗保健和司法领域。批判性思维要求对 AI 算法进行审查和解释，以确保其决策是可理解的，并且遵守伦理和法规。（4）就业和经济影响，自动化和智能化可能导致一些传统工作的减少，从而对就业市场产生影响。这也可能对整个经济结构产生重大影响。（5）AI 系统可能会面临道德和伦理决策，如在自动驾驶汽车领域中的道路安全问题，或在医疗保健领域中的患者隐私问题。应对这些伦理挑战需要批判性思维。批判性思维帮助我们在这些复杂的伦理问题上进行思考，以制定明智的决策原则。（6）社会影响，AI 技术可能改变社会和人类行为，包括社交互动、媒体消费和文化等方面。我们需要理解这些变化对社会的长期影响。

这些潜在问题突出了为了实现 AI 技术的可持续和负责任的发展，我们需要运用批判性思维的重要性。批判性思维可以帮助我们评估这些问题的复杂性，理解其根本原因，并寻找解决方案，以确保 AI 技术的发展对社会和个人都是有益的。在未来，我们需要继续积极参与、探索和讨论这些问题，以更好地应对 AI 时代的挑战。

综上所述，批判性思维在人工智能时代是不可或缺的，批判性思维不仅仅有助于持续学习和适应新的技术趋势，还有助于评估和解决与 AI 相关的伦理、社会和技术问题，确保 AI 技术的可持续和负责任的发展。批判性思维的应用可以帮助我们更好地理解 AI 的潜在影响，并采取行动来应对这些影响，以确保 AI 对个体和社会都产生积极的影响。

二　人工智能中的批判性思维

在回答批判性思维之于解决 AI 潜在问题这个疑问之前，首先要明确批判性思维的定义。林胜强、王万明在《邓小平思维的批判性特征探析》中提出，批判性是批判性思维最本质和最重要的特征。他们给出了批判性的定义："批判性一词源自希腊文 *kritikos*，百度百科将其解释为：富于洞察力、辨别力、判断力，还有敏锐智慧的回顾性反思等等。批判性在哲学中也叫斗争性，是对现实保持的一种质疑的态度。"[①]

我们可以给出批判性思维在 AI 领域的定义：批判性思维是一种具有分析性、逻辑性和判断力的计算方法，它强调对信息和结论进行深入的、有系统的思考，以评估其合理性、准确性和可信度。批判性思维的核心目标是通过明智的、明确的思考来制定决策，而不是仅仅依赖于情感、直觉或盲目接受。下面是一些批判性思维在 AI 领域的关键特征和定义要点。

问题识别：批判性思维开始于识别问题、挑战或情境，要求明确定义和理解这些问题的本质。

信息收集：它包括积极地寻找和收集与问题或挑战相关的信息、数据、

---

① 　林胜强、王万民：《邓小平思维的批判性特征探析》，《毛泽东思想研究》2015 年第 32 期，第 58~61 页。

证据，以便进行分析。

信息评估：批判性思维涉及对收集的信息和证据进行评估，以确定其可靠性、准确性、权威性和相关性。

推理和逻辑：这种思考方式强调使用逻辑推理来分析问题，从而形成有根据的结论，而不是依赖于直觉或模糊的思考。

多角度思考：批判性思维鼓励考虑问题采取不同角度和观点，以更全面地理解问题。

假设检验：它包括审查和验证与问题相关的假设，以确保它们是合理的。

解决问题：批判性思维的最终目标是解决问题、做出决策或形成明智的判断，以指导行动。

批判性思维是一种重要的认知能力，不仅在学术和职业环境中有价值，在日常生活中也起到重要作用。它有助于人们更好地理解复杂问题、做出明智的选择、解决挑战和问题，以及更好地应对信息过载和误导。在人工智能领域，批判性思维也发挥着重要作用，帮助评估、解决与 AI 技术相关的伦理、社会和技术问题。

三　批判性思维在人工智能中的应用

在当前的技术格局中，人工智能的迅速发展正改变着我们生活和工作的方式。随着 AI 在各个领域的应用日益增多，确保其决策过程既公正又透明，成为一个亟待解决的问题。与此同时，批判性思维作为一种评估论据准确性和可靠性的能力，在应用 AI 技术时显得尤为重要。

在评估 AI 生成信息的准确性和可靠性方面，批判性思维首先要求我们识别信息的来源。AI 系统，特别是基于大数据和机器学习的系统，其输出质量在很大程度上取决于输入数据的质量。因此，评估数据来源的准确性和全面性成为首要任务。例如，一个基于社交媒体帖子训练的情感分析模型可能会因为帖子的偏见而导致输出结果存在偏颇。利用批判性思维，我们能够识别这些潜在的偏见，并对结果进行更加谨慎的解读。

识别并解决 AI 中的偏见问题同样需要运用批判性思维。AI 系统可能会无意中复制或放大现有的社会偏见，例如，在招聘工具中偏好某一性别或种族。通过对 AI 决策过程进行批判性的分析，可以发现这些偏见的根源，通常是不平衡或有偏的训练数据集。一旦识别出这些问题，我们就可以通过改进数据集的多样性和代表性来减少偏见，从而使 AI 系统的决策更加公正和可靠。

在伦理和道德决策方面，批判性思维帮助我们在 AI 应用中考虑更广泛的社会、文化和个人价值。AI 技术的使用往往涉及隐私、安全性和公平性等多方面的考量①。例如，使用面部识别技术在提高社区安全性的同时，也可能侵犯个人隐私。在这种情况下，批判性思维允许我们权衡不同价值观，做出符合伦理标准的决策。

AI 在促进批判性思维发展方面也展现出巨大潜力。通过数据分析和逻辑推理，AI 可以帮助我们处理和分析庞大的数据集，揭示数据之间的关系和模式。这不仅加深了我们对特定问题的理解，也提高了我们进行逻辑推理和批判性分析的能力。在教育领域，AI 技术通过提供个性化的学习路径和反馈，支持批判性思维技能的发展。AI 辅助的教学平台能够根据学生的学习进度和能力调整教学内容和难度，促进学生批判性思维能力的培养。

此外，AI 的辅助决策功能在提高决策质量方面发挥着重要作用。在复杂的决策场景中，AI 可以提供基于数据的见解和建议，帮助人类做出更加理性的选择。通过这种方式，AI 不仅支持了批判性思维的应用，也增强了我们在面对复杂问题时的决策能力。

总之，批判性思维和人工智能之间存在着密切的关系。在应用 AI 技术时，批判性思维对于评估信息的准确性、识别和解决偏见问题，以及做出伦理决策至关重要。同时，AI 也为批判性思维的发展和应用提供了强大的工具和平台。随着这两者之间相互作用的不断深化，我们期待 AI 能够在促进更

---

① Gunkel, David J., "Perspectives on Ethics of AI: Philosophy," in Markus D. Dubber, Frank Pasquale, and Sunit Das eds., *The Oxford Handbook of Ethics of AI* (Oxford Academic, 2020).

加公正、透明和有道德的社会决策进程中发挥更大的作用。

结　语

人工智能时代是一个大数据时代，更是一个信息泛滥的时代，海量即时信息的涌入造成的信息过载，大量真假信息同时呈现造成的信息辨别负担、价值含量差异巨大造成的价值选择与整合负担等，都会给教育和学习带来巨大的思维挑战，因此人们尤其需要具备批判性思维素养以面对挑战[①]。例如，ChatGPT 所提供的自然语言处理和聊天机器人技术可能会影响传统教育模式，学生可以通过与聊天机器人互动来获取信息并进行学习，而不必完全依赖于传统的课堂教学或教科书[②]。然而，ChatGPT 尽管很像传统的搜索引擎，可以快速提供大量、丰富的学习信息，但 ChatGPT 的回答并不都是科学和正确的。OpenAI 也承认，ChatGPT 有时会回复看似合理但并不正确甚至有些荒谬的答案，因此教师与学生并不能完全信任它。还有研究者指出，OpenAI 上线 ChatGPT 时，其训练模型对 2021 年之后的世界的认知是有限的，对某些特殊人群的相关问题也知之甚少，尤其是对理科方面的内容掌握程度较低。此外，ChatGPT 无法与活跃的互联网相连接，无法从社交媒体中获取更有价值的信息，数据集存在封闭性，所以生成不正确的信息是可能的。当类似 ChatGPT 的技术在未来应用到教育中进行辅助教学时，就更需要学生具备对信息的认识、分析、判断、选择的能力，即学生就更需要具备批判性思维。在人工智能时代，大数据和各种智能设备等将会更大程度地应用于教育与教学，如果学生不加思考地完全接受智能机器发送的信息和数据，就会逐渐失去作为人的思考、辨别和推理的能力。在信息传播中，如果学生只关注

---

① Labadze, L. , Grigolia, M. Machaidze, L. , "Role of AI Chatbots in Education: Systematic Literature Review," *Int J Educ Technol High Educ* 56(2023).

② M Arli Rusandi, Ahman, Ipah Saripah, Deasy Yunika Khairun, Mutmainnah, "No Worries with Chat-GPT: Building Bridges Between Artificial Intelligence and Education with Critical Thinking Soft Skills," *Journal of Public Health*, Vol 45, Issue 3, September 2023, Pages e602–e603, https://doi.org/10. 1093/pubmed/fdad049.

特定的领域或者只停留在让自己觉得舒服且简单易懂的舒适区，久而久之，大数据便会记录学生的学习习惯并不断推送相似的学习内容，使学生陷入自我编织的"信息茧房"之中，从而逐渐丧失全面看待事物的能力。传统教育使学生更擅长背诵式学习，甚至是"死记硬背"，而人工智能时代不再需要学生将大量的知识装进脑子里，死记硬背也不再是学生学习的重点，教育更重要的是让学生学会思考，让学生对知识进行理解、思考、运用，进而形成批判性思维。

在 AI 和批判性思维的交汇点，我们可以预见一系列挑战和机遇，这将影响我们社会、经济和文化的未来。随着时间的推移，AI 技术将进一步渗透到我们的日常生活中，改变我们的工作方式、娱乐和社交互动。从自动驾驶汽车到智能家居，AI 将成为我们生活不可或缺的一部分。我们将看到更多关于 AI 伦理和法规的讨论和立法。政府和国际组织可能会加强对 AI 系统的监管，以确保其合法合规运作。随着 AI 技术的普及，教育和培训将成为关键。人们需要获得批判性思维技能，以更好地理解和使用 AI 技术，并适应不断变化的市场。此外，AI 领域的创新将继续推动技术的发展。我们可以期待更强大、更智能的 AI 系统，以及在医疗、科学研究和其他领域的新突破。AI可能也会改变许多行业的就业市场。虽然一些工作可能会自动化，但也将出现新的机会和职业，需要人类与 AI 系统协作。

尽管 AI 在执行任务和处理数据方面表现出色，但创造性思维和创新仍然是人类的独特能力。AI 可以用来辅助创造性过程，人类的创造力将继续起到重要作用。人工智能的发展需要强调道德和伦理责任。个人、企业和政府需要共同努力确保 AI 的使用符合道德标准，并有益于整个社会。

在未来，人工智能和批判性思维将继续交汇，共同塑造我们的社会，推动技术发展。我们需要保持灵活性、适应性和批判性思考，以应对快速变化的 AI 时代。只有理解、管理和规范 AI 技术，我们才能最大限度地获得其潜在的益处，并应对可能出现的挑战。这将需要跨学科合作、终身学习和全球协作，以确保我们未来的 AI 世界是积极和可持续的。

对违反 RTE 的实用主义解释[*]

唐 盈 王 刚[**]

摘　　要： 在确定对命题给予多少信念度为合理时，我们应该考虑所有相关证据，而不仅仅是这些证据的一部分，这就是全部证据要求（Requirement of Total Evidence）。如果违反了这一要求便将是不合理的。而彼得·阿钦斯坦（Peter Achinstein）并不如此认为，在他看来，某些情况下，我们出于实用主义选择"忽视"某些证据，尽管这可能违反了全部证据要求，但这一做法可能是合理的，于是他通过列举一些案例来对他的这一观点进行了辩护。

关 键 词： 全部证据要求；阿钦斯坦；实用主义

全部证据要求（Requirement of Total Evidence）英文简称为 RTE，通常用于确证理论、归纳逻辑以及认识论中。根据全部证据要求，当我们在评估对一个命题的信念或者信念度的合理性时，我们应该考虑所有相关证据，而不仅仅是全部证据中的恰当部分。RTE 被哲学家和科学家们广泛地接受，并经常在不加以辩护的情况下使用。奈塔（Neta）就曾断言："接下来，我将会假设（我称之为）全部证据要求是正确的。事实上，我不仅认为它是正确

---

　*　四川省哲学社会科学基金青年项目"文明互鉴视域下的印度耆那教逻辑思想研究"（SCJJ24 ND287）阶段性研究成果。

　**　唐盈，哲学硕士，四川师范大学哲学学院，研究方向为逻辑学与科学哲学；王刚，哲学博士，四川师范大学哲学学院助理研究员、硕士生导师，研究方向为逻辑学与科学哲学。

的，而且认为任何可接受的关于证据的哲学解释都必须与之相一致。"① 因此，在这个背景下，如果我们违反了 RTE，通常我们会认为这样做是不合理的。但是近年来，许多领域的学者通过列举一些反例，呈现了关于 RTE 的局限性，从而提出一些重新思考 RTE 的方法。比如爱泼斯坦（Epsitein）举了两个反例，揭示了 RTE 含义的局限性。阿钦斯坦通过列举一些科学案例和非科学案例，从实用主义角度出发，对违反 RTE 的情况进行了辩护。考虑到人们对"全部证据"理解具有一定的模糊性，因此，我们首先对"全部证据"的概念进行澄清。

一　全部证据要求

许多科学家和哲学家都赞同这样一个要求，即一个人的全部证据是确证一个假说或者证明一个信念是否具有合理性的关键，这就是全部证据要求。这一要求有很多的支持者，但是第一个为这一要求命名的人是卡尔纳普（Carnap），他认为："在将归纳逻辑应用于给定知识情景时，必须将可获得的全部证据作为确定信念度的基础。"② 那么一个人的"全部证据"是什么？卡尔纳普指的是"（主体）对其观测结果的全部知识"，而不是为了支持给定假说，主体可能引用的全部知识中的一部分。威廉姆森（Williamson）从卡尔纳普出发，认为一个人的全部证据等于他的全部知识。我们用 K 表示一个人的全部知识，用 E 表示证据。为了使 E = K，证据必须是一个人可用的全部证据，而不是全部证据的一个子集。他是在所有可知事实的关系中来理解全部证据的，这是一种数值解释，这使得全部证据包含着大量的事实连接。③ 假如，投掷一个硬币，正面朝上，那么全部证据可能是"硬币正面朝上"这个命题。然而，所有事实将包含在投掷硬币时获得的所有观测事实，例如，硬币落地时发出某种声音或者硬币在地上翻滚几圈最后正面朝上等。

①　Neta, Ram, "What Evidence Do You Have?" *Br J Philos Sci* 59(2008): 90.

②　Carnap R., *Logical Foundations of Probability*(Chicago: University of Chicago press, 1962).

③　Williamson, Timothy, *Knowledge and its Limits*(Oxford University Press, USA, 2002), p. 25.

通常来说，RTE 存在着两种可能解释：相对证据（Relative Evidence）解释和相关证据（Relevant Evidence）解释。相对证据解释始于亨佩尔（Hempel），它是相对于一种知识情景而言的。它要求主体根据给定时间内获得的全部证据，对确证度（Degree of Confirmation）做出判断。相对证据解释的问题在于，我们很难在特定情况下收集完所有证据，这需要大量的时间或者其他"成本"。相较于第一种解释，RTE 的相关证据解释更为普遍。在阐述这一解释之前，我们将介绍威廉姆森提出的一个概念：证据－为关系（Evidence-for Relation），简称为 EfR，它表明对于主体 S 来说，e 是假说 h 的证据，当且仅当主体 S 的证据包括 e 并且 P（h | e）>P（h）。这一概念包括了两个关系项，第一个是 S 的证据包括 e，第二个是 P（h | e）>P（h）。在威廉姆森看来，通过确定什么算作证据，可以满足第一个关系项。而赞成对 RTE 进行相关证据解释则涉及第二个关系项。柯克斯·菲茨休（Kirk Fitzhugh）的观点便代表了相关证据解释，他认为："如果在推理中包含或者排除该证据对确证或者支持该结论有积极或者消极的影响，那么该证据就被认为与对特定结论的信念有关。"[1] 阿钦斯坦对相关证据解释提出了质疑，他认为概率的增加既不是将某些事实作为证据的充分条件，也不是作为证据的必要条件。他列举了这样一个案例：开车会增加发生事故的概率，但是一个人正在开车的这个事实并不是他将会发生车祸的证据。因此，即使某一事件增加了某种结果发生的概率，但该事件的发生并不足以证明该结果一定会发生。[2]

而卡尔纳普认为，RTE 不是归纳方法论的一部分，而是作为一种规则，应用于归纳逻辑或者概率，在特定情况下，来确定一个人在给定的知识情境下对某一假说所持有的信念度是否合理。[3] 假设基于 K，H 的条件概率为数字 r。其中，K 表示主体 X 在 t 时刻的全部观测知识，H 表示假说，卡尔纳普写道："主体 X 在 t 时刻对 H 的信念度为 r，由此，对 h 的赌注将不会超过

① Fitzhugh, Kirk., "The Requirement of Total Evidence' and its Role in Phylogenetic Systematics," *Biology and Philosophy* 21(2006): 312.

② Achinstein, peter, "Concepts of Evidence", *Mind* 87(1978), p. 29.

③ Carnap R., *Logical Foundations of Probability* (Chicago: University of Chicago press, 1962), p. 112.

r。"① 卡尔纳普以集合的方式来表示主体 X 在 t 时刻的"全部观测知识"或者说 X 通过观测知道为真的所有陈述。他似乎将全部证据要求作为"X 在 t 时刻对 H 的信念度为 r"这一看法的必要和充分条件。他认为，如果 K 只是 X 全部观测知识的一个恰当部分，并且给定 K，H 的概率为 r，那么 X 对 H 的信念度为 r 是合理的，当且仅当给定 X 全部观测知识，H 的概率仍然为 r。② 卡尔纳普将全部证据要求制定为一项规则，用于确定一个人在给定的知识情景中对一个命题持多少信念度是合理的，同时也将它作为一个要求，来确定一个人对命题进行投注时，使用多少赌注合理。或者更广泛地说，它被视为这样一种要求，即在给定一个命题时，已确定该命题合理的信念度，我们应采取什么行动是合理的。

对全部证据要求的每一种解释都在试图回答这样一个问题：对全部证据的理解如何产生合理的认识规范？这一规范可以指导人们根据证据集合来正确指派对命题的信念度。全部证据要求的本质内涵大致可以归结如下：确定认识主体是否有正当理由相信一个命题或者对这个命题持多大信念度时，主体需要考虑所有相关证据，而不仅仅是部分证据。否则，我们认为这是有偏见的、不理性的或者说是懒惰的。若主体为了适应论证要求，对证据进行挑选，这就犯了"低估证据谬误"（Fallacy of Understated Evidence）。阿钦斯坦认为，事实并非如此。他在受卡尔纳普启发的基础上，修改了卡尔纳普版的 RTE，提出了多个案例，包括科学案例以及非科学案例，进而对那些虽然违反了 RTE，但是具有合理性的案例进行了辩护。

二　阿钦斯坦的辩护

他对卡尔纳普的观点进行了一定的修改。第一，他扩充了卡尔纳普的 K，使其包括 X 知道的所有为真的陈述，无论它们是否是"观测性"的。第二，在"假说 H 的证据"这一表达式中，所使用的"证据"一词比卡尔纳

---

① Carnap R., *Logical Foundations of Probability*(Chicago: University of Chicago press, 1962), p. 215.

② Carnap R., *Logical Foundations of Probability*(Chicago: University of Chicago press, 1962), p. 220.

普所言具有更加广泛的意义，它指的是任何如果为真则会影响假说 H 概率的信息。第三，阿钦斯坦认为，如果基于证据 E1，主体 X 在 t 时刻对假说 H 的信念度为 r 是合理的，那么 RTE 要么要求（a）在 t 时刻，主体 X 知道 E1，P（H∣E1&K）= r 为真，其中 K 代表主体 X 知道全部为真的陈述，要么要求（b）（在 t 时刻，主体 X 忽略了 E2 且知道 E2 为真。因此，E2 是 K 的一部分）主体 X 知道 P（H∣E1&K'）= r，P（H∣E1&K'）= P（H/E1&K）为真，其中 K' 不包括 E2。第四，阿钦斯坦将那些不需要主体努力论证就可以为真的陈述囊括在集合 K 中。[①]

在此基础上，阿钦斯坦思考了关于"忽视"的多个案例，其中包括科学案例，例如牛顿（Newton）对万有引力的论证和卢瑟福（Rutherford）对原子模型的论证。也包括非科学案例，例如指挥官例子。这些案例，至少违反了上述要求（b）：存在一个主体 X 知道 E1 和 E2 都为真，在确定应该给 H 指派多大概率的过程中，主体 X 仅仅只使用了 E1，故意忽略 E2，且不知道基于 E1 和 k' 的概率是否和基于 E2 和 K 的概率是一样的。那么，如果认识主体在忽略 E2 且不知道 E2 对 H 的概率的影响的情况下，根据 E1 为 H 指派的概率，认识主体将需要为"忽视"即违反 RTE 进行辩护。阿钦斯坦的论证主要是对牛顿案例进行了详细的论述。因此，我们也重点论述在牛顿案例中，阿钦斯坦对"忽视"选择的辩护。

1687 年，艾萨克·牛顿（Isaac Newton）在其《自然哲学的数学原理》（*The Mathematical Principles of Natural Philosophy*）中描述了万有引力定律：所有物体之间相互吸引的力直接与物体的质量乘积成正比，间接与它们之间距离的平方成反比。牛顿按照"从现象中推理"的方法推导出了引力确实存在，并且我们所有的天体和海洋的运动都可以在万有引力定律中得到解释。在这一过程中，牛顿赋予了引力某些基本性质。引力与已知的机械力、磁力以及电力都不同，前者可以作用于非常远的距离，后者是在近距离中起作用。尽管牛顿知道引力区别于其他已知的力，但他却不知道为什么会有这样

---

① Achinstein P., "Disregarding Evidence: Reasonable Options for Newton and Rutherford?" *Studies in History and Philosophy of Science* 97(2023): 112-113.

的区别。虽然牛顿没有对如何将力从一个物体传递到另一个遥远的物体进行说明，但是他明确反对这样一个观点：将引力看作物体本身所固有的，因而不需要任何媒介，物体可以通过真空作用于远处的另一个物体。① 牛顿对这一观点的反对，留下了这样一些问题。（1）引力是如何远距离起作用的？（2）如果引力确实在远距离中起作用，那么是通过什么来传递力的？（3）为什么引力是在物体的质量影响下而不是像机械力一样受表面积的影响起作用？（4）引力是如何穿透物体到达中心的？阿钦斯坦将这些关于引力令人困惑的性质称为 NP 性质，并且这些性质满足以下条件：（a）与其他力明显不同；（b）就经验、公认的理论、形而上学或者"常识"而言，是非常反直觉的；（c）由于前面二者，牛顿同时代的科学家拒绝接受这些性质，并甚至将它视为对万有引力定律进行归谬论证的依据。他还将由 NP 性质引起的万有引力定律的信念度问题称为 NP 问题。② 牛顿没能从现象中推导出引力区别于其他已知力的原因，也不知道引力为什么会具有这些性质，而对这些问题的回答可能会降低万有引力定律的可信度。和他同时代的莱布尼茨（Leibni）以及惠更斯（Huygens）便是抓住了这一点，认为引力的 NP 性质是不容忽视的，这些性质足以表明牛顿对万有引力定律的论证是有缺陷的。他们出于形而上学、方法论以及经验等方面原因拒绝承认引力的存在，认为牛顿所说的这种力不是物体之间的吸引力，而是笛卡尔所假设的漩涡引起的力。

那牛顿是如何回答这些由引力本身性质而产生的问题的呢？他没有提供答案，并说他不会对这些问题进行推测。那么，牛顿对这些问题的"忽视"会影响其万有引力定律的可信度吗？或者说牛顿这样做是否违反了 RTE？阿钦斯坦认为：不一定。首先，阿钦斯坦列举了一些对上述问题的可能性回应。第一，关于其他已知力的信息与牛顿支持万有引力定律无关，因为牛顿在前期是从数学的角度出发，将引力、磁力以及电力一起视为一种"向中心的倾向"。在这个意义上，牛顿只是把万有引力定律当作一个把物体与其质

---

① 参见《经典物理学大师——牛顿》，《今日科苑》2013 年第 19 期，第 68~75 页。

② Achinstein P. , "Disregarding Evidence: Reasonable Options for Newton and Rutherford?" *Studies in History and Philosophy of Science* 97(2023): 115.

量联系起来，使其具有运动倾向的定律，引力在这里不是作为一种使现象以某种方式存在的力，牛顿也没有给出现象以这种方式存在的"原因"，因此重力具有已知力所没有的性质这个事实不能算作反对万有引力定律的证据。在这一可能性回应中，牛顿没有违反 RTE，因为他没有忽视其他可以反对他定律的证据。第二，即使牛顿从物理层面考虑引力，并且它具有与其他已知力不同的性质，在面对这些关于引力性质无法回答的问题时，他可以声称，引力这些性质引发的问题并不会改变由天文论证产生的万有引力定律的可信度。因为，从逻辑上讲，这些问题与已知现象并不矛盾。因此他并没有忽略那些影响可信度的因素，也就不会违反 RTE 了。第三，同样将引力作为一种物理力，牛顿可以说，他不知道这些问题是否会对万有引力定律的可信度产生影响，因此，在他能够回答这一问题之前，他先忽略这些问题，仅仅根据其他的现象和事实来评估该定律的可信度。如果未来发现了答案，那么他将改变策略。这种可能性回应确实违反了 RTE，因为他忽略那些他不知道是否会对他的定律的可信度产生影响的事实。第四，如果牛顿可以在能够回答这些问题之前暂停对万有引力定律可信度的评估，那么他就没有违反 RTE。第五，还存在一种可能，即牛顿可以既接受像天文证据这种支持他的万有引力的证据，也可以接受像引力这种具有这些令人困惑的性质的事实反对他的定律，在这个意义上，他也没有违反 RTE。[①] 那这些可能性回应都符合牛顿的方法论以及他关于引力的证明吗？接着，阿钦斯坦对这些可能性回应进行了审查。可能性回应一符合牛顿的方法论和他关于万有引力的证明吗？诚然，牛顿前期是从数学层面出发，将引力仅视为一种向中心运动的倾向，并非将其作为一种力。但是后来，牛顿将他的"数学原理"运用于"世界体系"，将引力作为一种物理力量，认为它在物理世界中存在并导致了行星向太阳运动以及卫星向行星运动。但牛顿并不知道引力是如何产生并在远距离的条件下发生作用的。那可能性回应二是否符合牛顿的方法论和他关于万有引力的证明呢？牛顿可能确实认为这些问题对万有引力定律的可信度没有影响，但

---

① Achinstein P., "Disregarding Evidence: Reasonable Options for Newton and Rutherford?" *Studies in History and Philosophy of Science* 97(2023): 117.

是他又没有为此做出论证。万有引力定律的反对者正是抓住了这一点，对这个定律进行了抨击，认为不存在牛顿所说的万有引力，这在物理上或者形而上学上是不可能的。为了应对这一抨击，证明万有引力的存在，并且具有这些令人费解的性质，牛顿不仅需要提供符合万有引力定律的现象数据，而且还需要解释引力如何具有他所说的那些性质，这将极大减少甚至消除由这些性质引起的对万有引力定律可信度的怀疑。但如前所说，牛顿并没有提供这样的解释，因此第二个可能性回应也是值得怀疑的。可能性回应三到五符合牛顿的方法论和他关于对引力的证明吗？第四个可能性回应所提供的论证力度对牛顿来说显得过于薄弱，他想证明的是万有引力定律是合理的，而非停止对万有引力定律的可信度进行评估。第五个可能性回应对牛顿来说也是不够的，因为他并没有宣称 NP 性质会对其定律的可信度产生消极影响，而天文学现象会对其定律的可信度产生积极影响。那么第三个可能性回应呢？第三个可能性回应与其他几个回应相比，确实具有一定优势，这表现为以下几个方面。其一是将引力理解为一种引起行星运动的普遍物体力量，而不仅仅是一种使行星运动的力。其二从行星效应中推出万有引力定律而非停止对其可信度的判断。其三，可以将 NP 问题放在一边，直到我们能够解决它，确定它是否会影响万有引力定律的可信度。这正是牛顿采取的策略。① "就目前而言，在确定我的定律的可信度时，我将忽视这个问题，我将把天文学现象作为我声称定律可信度如此之高的依据。"②

阿钦斯坦认为，尽管第三种可能性回应中的 "忽视" 策略具有这些优点，但我们也需要解决两个问题：一是这是否与牛顿的方法论一致；二是如果违反了 RTE，该如何辩护。显然这是符合牛顿的方法论的。牛顿认为："在实验哲学中，通过归纳方法从现象中收集命题应该被认为是完全或者非常接近正确的，尽管有相反的假设，直到其他现象使这些命题更加准确或容

① Achinstein P. , "Disregarding Evidence: Reasonable Options for Newton and Rutherford?" *Studies in History and Philosophy of Science* 97(2023): 114–116.

② Newton, I. , *The Principia*, trans. by I. Bernard Cohen and Anne Whitman(Berkeley: University of California Press, 1999).

易例外。"① 他正是从现象出发，通过归纳的方法推导出万有引力定律，因而是符合其方法论的。从要与方法论相一致这个意义上来讲，牛顿有两个选择：可能会违反 RTE 的"忽视"（可能性回应三）和不违反 RTE 的"等待和观察"（可能性回应四）。而牛顿选择了"忽视"，为什么会选择"忽视"呢？阿钦斯坦认为是出于实用主义考虑。选择"忽视"可能会面临违反 RTE 的风险，但是这种策略却激励牛顿对引力进行深入的研究，有助于取得科学进步。在阿钦斯坦看来："'忽视'与'观察和等待'策略都是合理的，或者至少可以用合理的方式辩护。它们之间的选择是基于实用主义的：一个是为了避免错误而谨慎，并鼓励在进一步处理之前解决 NP 问题，另一个是大胆和渴望在发现 NP 问题解决方案之前进一步研究引力。这两个选择都不是基于 RTE 的理由做出的。"②

在牛顿对万有引力的论证案例中，主体知道证据，并选择忽视它。然而，在有些情况下，由于获得证据的"成本"过高，证据并不为人所知。主体会基于拥有的有限证据来确定自己的信念度以及相应该采取什么行动。阿钦斯坦列举了这样一个案例，来为这种"忽视"的合理性进行辩护：战场指挥官可以通过提前发射无线电以获取敌方阵地的信息，但不想打破无线电沉默并危及行动。他可以根据自己掌握的有限证据来判断敌方阵地，即使他既不知道也没有理由相信容易获得的新信息存在不会改变他对全部证据的信念的概率。③

总之，阿钦斯坦认为，在某种情况下，我们对有些证据采取"忽视"策略是合理的，尽管这违反了 RTE，但是这能更好地帮助我们推进研究或者做出判断。

---

① Newton, I. , *The Principia*, trans. by I. Bernard Cohen and Anne Whitman(Berkeley: University of California Press, 1999).

② Achinstein P. , "Disregarding Evidence: Reasonable Options for Newton and Rutherford?" *Studies in History and Philosophy of Science* 97(2023): 117.

③ Achinstein P. , "Disregarding Evidence: Reasonable Pptions for Newton and Rutherford?" *Studies in History and Philosophy of Science* 97(2023): 119.

三　对阿钦斯坦辩护的反思

阿钦斯坦分别列举了科学案例和非科学案例，从而对某些违反 RTE 是具有一定合理性的这一事实进行了辩护。在这些案例中，要么已知证据被主体"忽视"了，或由于得到证据的成本过高，主体有充分理由不想找到它，从而选择"忽视"它。这些案例在某种意义上来说都违反了 RTE，但是阿钦斯坦认为这种违反合理。在他看来，主体在某些情况下，会出于非认识论方面如实用主义、社会以及道德等方面的考虑来选择合适的认识证据作为信念的基础。这样做可能违反了 RTE，但是这可能会被认为是合理的。阿钦斯坦是完全反对 RTE 吗？事实并非如此。根据 RTE，我们必须掌握大量的情况，既要收集"进一步的证据"，又要对现有证据进行利用。不过阿钦斯坦认为"就我们的目的而言，我们可以这样说：除非你有充分的理由不这样做（当满足 RTE 的"成本"过高时），否则你需要满足 RTE。有时你没有这么好的理由，有时你有，这取决于理由和被忽视的东西。RTE 可能是基本的立场，但可以出于合理原因违反它"①。他列举了多个案例，呈现出了关于 RTE 的局限性，提出了一种重新思考 RTE 的方法，为我们思考 RTE 乃至证据理论开拓了新的思路。

在牛顿对万有引力定律的论证案例中，牛顿选择"忽视"NP 问题，而非选择"等待和观察"，对万有引力定律的可信度暂不予以判断。阿钦斯坦认为牛顿的这一选择是出于实用主义，基于实用主义，我们可以选择"忽视"NP 问题，大胆对假说进行进一步的研究。他的这一观点反映了贯穿他本人理论的实用主义思想。阿钦斯坦在其《证据之书》（*Book of Evidence*）中提出，他所在的大学有一位院长，这位院长是一位智力超群的科学家。一天阿钦斯坦在一次教员会议上说了一些让他不高兴的话，这位院长便说道：

---

① Achinstein P. , "Disregarding Evidence: Reasonable Pptions for Newton and Rutherford?" *Studies in History and Philosophy of Science* 97(2023): 115, 119.

"彼得，你从来没有为科学家的一些兴趣做出贡献。"[①] 阿钦斯坦的第一反应是生气，但为了保持慷慨的精神，他选择将院长说的"你"理解为"你们这些科学哲学家"，认为院长的话是说"没有什么可以为我们科学家提供的"。为了迎接这一挑战，阿钦斯坦建立了具有实用价值的证据理论体系，给出了四种证据概念，并基于这些证据定义对评价科学猜想进行评价。在其最新著作《科学猜想》（*Speculaton：Within and About Science*）中，他在批判三种经典的对待科学猜想的态度基础上提出了自己的实用主义方案。猜想通常又被称为"假说"，阿钦斯坦说："我将把猜想理解为引入假设而不知道是否存在支持这些假设的证据，如果证据存在，可能主体知道或者不知道它们，主体甚至可以隐含地引入这样的假设而没有认识到他这样做了。"[②] 阿钦斯坦对待科学猜想的态度是什么？"猜想是必要的，但评价猜想时不能只考虑认识论的因素（真），非-认识论因素（实用）也是很重要的。"[③] 可见，实用主义可以作为阿钦斯坦理论的方法论，基于这一方法论，他建立了他的证据理论体系以及科学猜想评价标准。阿钦斯坦在其理论体系中反映出来的这种实用主义思想也体现在了他对选择"忽视"证据的合理性辩护中，他的这一思想更反映了他本人在研究中对非理性因素的考量。

根据全面证据要求，为了确定我们是否有理由相信一个命题及相信的程度，我们应该考虑所有相关证据。考虑所有相关证据是具有一定难度的，比如我们或对某些证据把握不够，或获得证据的"成本"过高。阿钦斯坦认为我们可以在不影响结论的信念度的情况下，出于务实的角度，选择"忽视"这些证据，以便更好地推进我们的行动。但是我们认为，这样做也会存在一种风险：认识主体选择忽视的这个证据可能会对支持这个结论的证据的可信度产生影响，也可能会对支持这个结论的证据之间的关系产生影响，从而间接地影响结论的可信度，但是认识主体却没有发现这一点。

---

① Achinstein P. , *The Book of Evidence*(Oxford University Press, 2001).

② Achinstein P. , *Speculation: Within and About Science*(NewYork: Oxford University Press, 2019).

③ 梁贤华：《阿钦斯坦论科学猜想》，《自然辩证法研究》2021 年第 5 期。

结　语

全部证据要求在证据理论中有着重要意义。一方面它通常与认识理性有关，这种理性要求我们应该相信那些有证据支持的命题，而不应该相信那些没有证据支持的命题。如果一个人在认识论上是理性的，那么他应该根据从全部证据中获得的支持来分配他对假说的信念度。否则，他就不是完全理性的，因为可能存在一些证据，且这些证据在我们所使用的证据集之外，（可能）包含着一些对我们信念度分配产生影响的命题。因此认识论理性要求我们在评估对一个命题的信念度时，我们应该考虑一个人可获得的全部证据。另一方面，全部证据要求经常被纳入认识论的概率方法中，认识论贝叶斯主义便是证据概率（Evidential probability）的核心概念。证据概率认为认识主体的主观概率反映了其全部证据，然而如果全部证据存在问题，则贝叶斯主义也将面临危机，因为建立在全部证据之上的概率也将是错误的。RTE 通常被假定为真，在各个领域中被不加以辩护地使用。

但是近年来，无论是在科学领域还是其他领域，许多学者对 RTE 提出一些反例，来呈现这一要求的局限性。阿钦斯坦是出于像实用主义这种非认识论的原因来考虑违反 RTE 的情况，认为有时这样做是合理的。除此之外，其中比较有代表性的就是 2017 年爱泼斯坦在《微调论证的全部证据要求》（*The Fine-tuning Argument and the Requirement of Total Evidence*）中提出的关于 RTE 的两个反例，他是通过反驳 RTE 的含义来反驳 RTE 本身的。全部证据不仅应用于确证理论，也应用于科学领域。因此对这一要求的探讨是兼具理论意义和实践意义的。

冤假错案的逻辑批判

—— 一种批判性思维视角

炊苗苗　李依林*

摘　　要： 批判性思维是指针对自己或他人就特定情形得出结论的思考过程进行评估，其目标在于做出正确的决定或得出正确的结论。对形成结论的推理进行评估，就是在运用批判性思维。批判性思维要求我们对论证逻辑和真假进行评估论证。通过将批判性思维理论与冤假错案的案例相结合，运用该理论中的问题式思维、辩审式思维、关联式思维等方法对冤假错案进行逻辑批判，能够为避免冤假错案提供辩证性的逻辑思维机制。

关 键 词： 冤假错案；问题式思维；辩审式思维；关联式思维

冤假错案与多种社会问题相生相连。近年来，多起冤假错案被曝光后，迅速成为社会各界关注的热点和焦点。冤假错案严重妨碍了司法公正，严重侵害了人民群众合法权益，严重破坏了司法公信力。防止冤假错案发生是我国司法改革的内在要求及应有之义。从批判性思维的视角看，法律论证的环节与程序出现偏差、疏漏容易导致冤假错案的产生。批判性思维要求我们评

---

* 炊苗苗，河南财经政法大学经济法学院（环境法学院）研究生；李依林，法学博士，河南财经政法大学经济法学院（环境法学院）副院长、副教授，硕士研究生导师。

估论证。评估论证分为两个方面：逻辑和真假。① 运用批判性思维对冤假错案进行逻辑角度的批判可以加深对法律论证结构运行机制的理解，又可以在分析、评估推理论证关系的基础上为规避冤假错案提供辩证性的逻辑思维机制。

一　究竟什么是批判性思维

（一）批判性思维的概念分析

"批判性"一词源自拉丁文 criticus，而 criticus 则源自希腊文 kritikos，kritikos 的意思是"有分辨或判断的能力"。critical 这个词有疑问、了解、分析、评价的意思。正是通过提问、理解和分析，人们审查自己和他人的思维。② critical 指心灵的一种评估活动，按其本来的意思，critical thinking 是基于某个标准（例如清晰性、相干性、思想的深度）判断断言的合理性和准确性，或者确定一个结论在何种程度上被手头的证据所担保。③ 批判思考的起源可以上溯到古希腊哲学家苏格拉底所提倡的一种具有探询性质的怀疑，这就是所谓的"苏格拉底疗法"，也就是"助产术"。苏格拉底方法的实质是，通过质疑通常的信念和解释，辨析其中缺乏证据或理性基础的部分，强调思维的清晰性与一致性。④ 因此理念，苏格拉底被认为是批判思想的典范，被推崇为批判思维的化身。批判性思维的现代概念直接源于杜威的"反省性思维"：能动、持续和细致地思考任何信念或被假定的知识形式，洞悉支持它的理由及其进一步指向的结论。⑤ 关于批判性思维的定义，由于各自的侧重

---

① 参见〔美〕布鲁克·诺埃尔·摩尔、〔美〕理查德·帕克《批判性思维》，朱素梅译，机械工业出版社，2016，第43页。

② K. R. Ravi, *Thinking about Thinking*(Mumbai: Jaico Publishung House, 2006), p. 86.

③ Jams J. F. Forest and Kevin Kinser, *Higher Education in the United States: An Encyclopedia* (Santa Barbara: ABC-CLIO Publishers, 2002), p. 136.

④ 参见郭鹏坤《苏格拉底道德哲学的"好人"观及其论证困境》，《当代中国价值观研究》2023年第2期，第52~60页。

⑤ John Dewey, *How We Think*(Boston: D. C. , Heath, 1910), p. 6.

点不同，得出的具体定义也是有差别的。总的来说，批判性思维的定义有广狭之分。从广义角度看，批判思维是指在决策、解决问题或探索过程中的认知过程与采取的策略，狭义上的定义侧重于评价与评估。但是，不管是广义的还是狭义的批判性思维，都包含好奇心、怀疑态度、反思和合理性。批判性思维是一种精神活动和进程，需要人们尊重真相，愿意探究真相，用真相来指导自己的判断和行为。

批判性思维是对思维展开的思考，特别地，批判性思维是针对自己或他人就特定情形得出结论的思考过程进行评估。[①] 思维的理性主要是建立在良好理由基础上的适当推理，也就是建构良好的论证。批判性思维的目的是要得到正确的结论或做出合理的抉择，实现批判性思维目标的手段是用理性的标准来评估我们的思维，[②] 当我们对形成结论的推理进行评估时，就是在进行批判性思维。在批判性思维中，理性就是推理，是基于理由的推理。批判性思维的中心问题是论证，批判性思维在论证的基础上展开，批判性思维的方法和标准，多是围绕分析和评价论证这个中心来的，所以论证是理性的载体。[③] 考察论证是批判思考的首要任务，对思想、主张和行为进行批判思考，首先要有理性，然后才有可能进行分析和评估。因此，论证也是信念、决定和行动的合理性的起点，做出论证是运用理性走出的第一步。那这个论证是否成功，什么样的论证是好论证，这是批判性思维的中心问题。有论证，是理性探讨的开始；有好论证，是理性的目的。无论一个信念是否真，还是一个解决问题或者行动的方案是否合适，都归结到关于其论证是否好的问题上。所以，批判性思维对信念和行动的合理性的检验，就是对相关论证的检验。获得知识和优化行动，就需要构造一个关于它们的好论证。[④]

---

① 参见〔美〕布鲁克·诺埃尔·摩尔、〔美〕理查德·帕克，《批判性思维》，朱素梅译，机械工业出版社，2016，第 22 页。

② 参见吕玉赞《法律论证研究在中国：成长与变化》，《上海大学学报》（社会科学版）2024 年第 3 期，第 1~18 页。

③ 参见侯玉波、李强强、李昊《中国人批判性思维结构的构建及量表编制》，《北京大学学报》（自然科学版）2022 年第 2 期，第 383~390 页。

④ 参见〔意〕马西莫·拉托雷、何积华《法律论证与法律概念的亲缘性》，《法律方法》2023 年第 1 期，第 99~119 页。

（二）批判性思维的基本环节路径

批判性思维的活动有其要求、任务和目标。完成对一个思考、信念和决定的批判性思维，就需要走完一些步骤，完成必要的考核项目，满足最后判断的要求。虽然不同的学者对批判性思维的任务单会有一些不同的取舍，但对材料的收集与文献的查询，还是存在一些公认的必要的环节和途径。

1. 理解论证主题（问题）和观点

对一个论证的批判性思维，一般地说，要从了解其论题、论点和目的开始。[①] 在我们阅读具有论证性质的文章时，要重点关注它针对的是什么问题，作者的写作目的，以及文章的主要论点。作者要论证的问题是十分重要的，因为有意义的问题才会产生有意义的回答。因此，侦查人员面对案发的刑事案件，首先要了解事发现场呈现出什么样的状态，根据现场呈现出来的面貌提出自己的疑问，继而根据既有的证据一步步地去找寻确切的结论。[②] 问题是论证"膨胀"的原点，它决定论证中各个要素[③]比如证据、概念、推理等的相关程度，如果这一点搞错了，可能就会出现一系列的谬误。面对论证性的文字表述，或者在思考自己的论证时，需要对论证的中心问题、论证主体的根本论点、论证的目的、论据是否针对这个中心问题，以及论点是否与解决这个中心问题有关，是否清楚地、准确地表述了论题、问题和根本观点，是否清楚地理解了论题的内容和范围这一系列的问题进行发问，以求能更好地抓住要点，从中挖掘出这样信息的思考方式，[④] 就是批判性思维方式。批判性思考是自主的思考，在理解、分析他人的论证时，也要有意识地自主思考，自主思考的目的是形成新的理由、思路和论证。新的更多的甚至不同的论证的存在，是独立思考和认识发展的最好保证。

---

① 参见卢俐利《论法律解释中的法律论证》，《逻辑学研究》2023年第4期，第89~108页。
② 参见孙万怀、张雯《刑事案例指导制度本土价值、立场选择与证成》，载《清华法学》2023年第5期，第192~208页。
③ 参见雷磊《法学方法论研究在中国：观察与反思》，《社会科学》2023年第8期，第5~16页。
④ 参见王彬、冯勇《法律论证型式的三重维度：逻辑、辩证和修辞》，《北方法学》2023年第4期，第127~137页。

2. 辨别和分析论证结构

了解一个论证的推理结构，是分析论证的必经之门，论证的推理结构是前提和结论之间存在的逻辑联系方式。[①] 在一个使用日常语言表达的论证中，分析的第一步工作，就是分解出这一论证的前提是什么、结论是什么以及它们之间的关系。更复杂的论证往往包括多个前提，并由此推导出一连串的结论。其中一个是最后的结论，其他的是中间的。分析论证的结构，目的就是要清楚地了解什么前提，以什么方式，导出什么结论。[②] 以财产保全的例子为说明对象，"债务企业财务出现危机，面临破产，不实施诉前财产保全，债权人的权益就无法保障"，由此，建议是马上实施诉前财产保全，这样债权人的权益就不会受到严重损害。那么这个论证前提是关于因果关系的陈述，债务企业财务出现危机，面临破产，是什么原因引起的？这时候债权人出示债务企业在银行的已到期的债务明细便可以证明企业面临财务危机，面临破产状况。所以已到期的债务明细是做出这个因果论述的事实证据，用推理关系表示，它是前提的前提，由此论证结构就成为主干像一个链条的链式结构。[③] 由两个前提组成的推理推出结论，这部分成为复合结构。整个推理就是包含复合结构的链式推理。像这样来分析和展现论证的结构，可以了解什么前提通过什么关系导出什么结论，这是评价论证中的一个非常有用的技巧，使用它就得到推理的路线图。这个图成了接下来分析它每一个环节的指南，当我们知道这样的推理关系和类型后，我们就可以使用相应的方法和原则来评价它们的有效性、充足性。在构造自己的论证时，如果也使用这样的方法，将自己的推理表述成一个论证的路线图，就有利于发现薄弱环节，并加以改造，得到好论证。

3. 审查证据和理由

论证之所以称为论证，是有理由或者前提的。这理由既可以是观念，也

---

① 参见焦宝乾、赵岩《法律解释观念的论证转向与方法转型》，载《法学论坛》2022 年第 4 期，第 28~40 页。

② 参见郑天祥、金承光《关注中国古代法律逻辑思想研究——吴家麟留给我们的思考》，《贵州警察学院学报》2023 年第 5 期，第 92~100 页。

③ 参见陈坤《法律推理领域中的形式逻辑及其不可取代性》，《环球法律评论》2022 年第 6 期，第 56~70 页。

可以是原则和规则。但从根本上说，应当是基于事实和实践经验的。① 对批判性思维者，在了解论证结构和前提后，紧接着就是考察其性质。首先是论证的准确性，即真实性或者可靠性。分析的首要问题是，前提是否是真实的，如何去检验，怎么去证明。运用批判性思维在考察理由方面的重要任务是尽可能搜集有关论题的信息，确定其真实性，清楚、全面地表述它，使用概念准确地解释其含义；而且还应该以诚实的态度和同样的标准来收集、评估、表达、解释对立方面的信息。论证的主要问题和观点，是评价事实证据的性质时的圆心，事实证据所具有的相关性、充足性等特征，都是针对中心问题而言的。真实的、表达清楚的证据，如果同论题与论点无关，也不能算数。另外，证据的重要性、精确性以及表述的清晰性等也是影响证据的质量的重要因素。

4. 评价推理论证关系

在审查了前提的质量之后，就需要我们评价从前提到结论的推理关系。所有论证过程中都包括推理或解释，都需要我们根据事实，通过推理，得出结论。推理的目的就是把证据的含义以及真实性反映到结论中，同时保证不要让结论有超出已有证据所支持的内容。② 要做到有多少证据说多少话，这也是批判性思维"审慎"的特性体现。诚然，分析和评判推理的目的是确定论证的前提是否为结论提供了相关、重要和充足的支持。这种支持，针对不同的推理类型，有着不同的评价准则。在演绎逻辑中，它指的是有效性；在归纳和实践的推理中，它指的是高度的可能性，或者是综合考虑后得出的最佳结果。比如，演绎推理应该是逻辑有效的，也就是说，一个有效的推理使前提必然地导出结论——结论在前提的支持范畴之内。所以，考察一个演绎推理是否有效时，如果我们找到由前提并不一定得出这个结论的情况，我们称之为反例，即在前提为真的情况下，可以得出不同的结论，这样我们就证

---

① Marko Novak, *The Logic of Legal Argumentation: Multi-modal Perspectives* (Taylor and Francis, 2023), p. 32.

② 参见何渊《论中国式数据治理的法律逻辑》，《数字法治》2023 年第 3 期，第 46~66 页。

明了，这里推理不是有效推理，其论证不完善。① 推理是决定论证好坏的另一大关键因素，即使前提是真实可信的，推理过程不合理还是会得出错误的结论。理解、分析、评价一个论证，应该深入到它的基础之中，善于发现论证的隐含前提，并讨论它们的合理性，这也是运用批判性思维者的绝技。

5. 综合和组织论证得出结论

批判性思维的最终步骤是综合并组织论证，得出结论。也就是基于前面的分析、评价、判断、反驳，对论点进行整体的判断、修改或综合。批判性思维是具体分析与综合评价的过程。论证最后的评判标准，是综合对各个方面、各环节的分析思考得出的，综合后的结果有多种可能性：既可能是抛弃一个论证，选取另外的论证；也可能是对原有论证的修改，结合其他论证的优点；② 也可能是对不同种类论证的综合，得到更全面的论证；还可能是吸收新的论证，排除其他的反驳，坚持现有的论证；也可能是对现有论证都不满意，决定不下结论，要继续进一步探索等。无论其结果如何，它都将带来新的知识，或使我们对问题的理解更进一步，从而使我们在理解或解决问题方面更进一步。所以，批判思考为人的认识和行为活动奠定了牢固的基础。

上述思维方式阐述了批判思维的主要任务、批判思维的方法与要求。分析别人的思考与论证，也是构建自己的论证所要做的工作，在证明自己的观点或解决方案时，还必须了解论证主题，弄清基本问题，明确论证的目的是什么；需要把我们的问题和论证目的清晰地表达出来；需要使用精确概念和简练的语言；必须尽量搜集和评价资料；要构建合理、高效的推论结果与关系，将论据的支撑力传递给推论，并兼顾其他相互对立的观点与论点；识别和评价其假设、含义和实际结果，并根据这些问题对自己的论证进行修正，最终得到一个综合恰当的结论。需要指出的是，在批判性思维的路径中，各个任务的先后顺序不是固定的，在具体的实证案例分析过程中，它们完全可以变动、交替和重复，从而更好地凸显批判性思维与具体实际的有效结合。

---

① 参见陈金钊《认真对待明确的法律——兼论定义法治及其意义》，《扬州大学学报》（人文社会科学版）2023 年第 2 期，第 50~68 页。
② 参见蒋大兴《论公司外部表示行为的法律逻辑》，《现代法学》2024 年第 3 期，第 1~20 页。

二　运用批判性思维对冤假错案进行逻辑批判

论证是理性的载体，考察论证是批判性思维的重要部分。[①] 批判性思维的基本概念以及基本路径的理论分析，只有结合具体的冤假错案实证案例才能更好地展现批判性思维的独特效用。批判性思维着眼于论证的各方面，包括类型、结构创建、评估标准、构建方法等方面。研究从理由到结论的过程，就是对法律事实进行判断，对有关概念进行准确的评估界定，[②] 多方面考量各种因素（理由是否真实、推理是否有效、证据是否与案件事实相关以及是否能充分证明案件事实，等等）的过程。整个过程不单单是形式逻辑有效的断定过程，更是法律规范与案件事实紧密结合、充分论证的过程[③]。批判性思维是以精确、充足、适当、明确、深度、广度和准确性来判断法律论证的优劣。要对法律论证进行重新构建与评价，必须满足充分性、合理性、可靠性、相关性等条件。从这一点可以看出，以批判性思维为基础，对法律论证进行必要的重建与评价，有助于增强其可信度与可采性。

（一）对论证结构辨别和分析的批判——发现质疑论证的问题式思维

论证结构即前提与结论之间的连接关系，一个论证最基本的要素是前提、结论、前提与结论间的推理关系，我们可以用箭头"→"表示。表达式"前提→结论"代表这样一个论证结构。每个论证都有自己的基础，都建立在一定的事实、知识和观念背景之上；论证的人都有自己的观点和立场，会有假定；论证是为了一定的目的，也会有现实的意义和后果。论证是一个整体的理解、解释和判断的过程。辨别论证结构需要反复思考，细致地考察文字和语境的内容，发掘语言或图像的真实、准确的意义，理解和判断篇章的

[①] 参见牛子涵、熊明辉《中国法律论证学的语用转向》，《逻辑学研究》2024 年第 2 期，第 1~16 页。

[②] Aleksandra Mężykowska, Anna Młynarska Sobaczewska, *Persuasion and Legal Reasoning in the ECtHR Rulings: Balancing Impossible Demands*(Taylor and Francis, 2023), p. 25.

[③] 参见舒国滢《走近论题学法学》，《现代法学》2011 年第 4 期，第 3~15 页。

意图和结论，细心找到有关陈述，分析它们的关系，提取中间的论证内容，确定已经把所有的理由都找出来了，辨认出一个完整的论证。下面就以"念斌投毒案"① 为具体案件来说明辨别论证结构的问题。

该案中登记造册的五件证据②：丁云虾卧室内呕吐物一份，丁云虾灶台上铁锅一个，灶台旁高压锅一个，煤炉上烧水铝壶（原壶）一个，念斌食杂店通往陈炎娇天井的门外侧门把一个。首先来分析一下这整个大的论证结构：

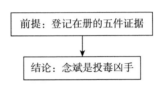

这是以竖式方法呈现出来的最基本的论证结构，登记在册的五件证据是如何对结论进行证明的，也即这些证据如何环环印证、形成一个完整的证据链是批判性思维要思考的主要问题。针对这些论据我们产生如下批判性问题。

CQ1：洗干净的铁锅、高压锅是如何检测出氟乙酸盐的？送检过程中是否存在检材被污染的可能？检测是否依据了标准化的规范程序？

CQ2：铝壶里的水，送检时间与质检图的形成时间为什么是冲突的？

CQ3：警方鉴定"门把手"的质谱图为什么没有出现检测"氟乙酸盐"该有的波浪峰线？

我们看一下警方的论证结构。

可以看出，三个前提论证共同指向念斌是投毒凶手的结论，也即警方的论证结构为多前提的演绎论证结构。前提①②③共同推出了结论，单独一个

---

① 2006 年 7 月 27 日夜，福建省平潭县澳前村 17 号两户居民的家中多人出现中毒症状，其中两人经抢救无效死亡。警方经过侦查，很快确定是人为投入氟乙酸盐鼠药所致，认为其邻居念斌有重大作案嫌疑，对其进行逮捕，提起公诉。该案历时 8 年，10 次开庭审判，犯罪嫌疑人 4 次被判处死刑立即执行。

② 公安人员对案发现场进行勘查并从丁家厨房里提取了包括酱油煮杂鱼、调味料和锅碗瓢盆等在内的一百五十多件物品，连地面上的尘土也被扫起来送去化验。但这一百五十多件提取物中登记在册的只有五件。

前提①：铁锅、高压锅的残留物检测出氟乙酸盐	
前提②：铝壶里的水也含有氟乙酸盐的成分	结论：念斌是投毒凶手
前提③：门把手上检出"疑似"氟乙酸盐离子碎片	

前提是无法推出结论的。单个前提之间的联系也是相互的，实际上警方登记在册的这几个证据是同一类证据——物证，旨在证明有毒物的存在。那么物证之所以成为物证，其来源以及其结论的得出，是否符合前提与结论间的关联性、充足性，是否排除合理怀疑，前提之间是否互相印证，在这个简单的结构图中是无法看到的，这也是我们在明了警方的论证结构图式之后，需要进一步论证分析的问题。

完成了一个论证的结构图，我们知道了最终结论、前提和它们之间的联系——哪一个前提和哪一个结论连接。在标准的竖式模型中，我们知道多前提具有独立性和互助性。在论证模型中，我们知道理由、保证和结论之间的有机关系，论证中起支撑、限定等作用的成分。[①] 论证的结构图可以提供很多信息，指导下一步的论证分析、质疑和评价。

（二）对证据和理由的批判性分析——评价分析论证的辩审式思维

发现了论证结构之后，我们就可以进行分析、评价。在论证证据对案件事实的证明过程中，批判性思维贯穿于论证的始终。为什么证据前后之间存在证明力上的矛盾？矛盾的根源在哪里？论证中的理由是论证中用来支持结论的陈述，又称为前提，是被看作可以接受的或者被论证了的事实和观点，它们用来支持还没有被接受的结论。从论证者的角度而言，理由是否真的是理由，是否可以被大家所接受，正是我们评价理由的关键和目的。接下来针对念斌案的证据与理由进行具体的批判性分析（Critical Analysis）。

CA1：念斌案中前提③是一个因果关系的陈述，在念斌食杂店外面靠近

---

① 参见何杨《理据、模式与语境——子产言辞的论证分析》，《现代哲学》2020 年第 6 期，第 135~141 页。

卫生间的门把上检出"疑似"氟乙酸盐毒物的物质，那么"疑似"的物质如何能作为绝对的证据来使用？对于"门把"的鉴定，警方提供了《第662号理化检验分析意见书》，其中的结论是"倾向于认定门把上的残留物中含有氟乙酸盐成分"。在检察移送的起诉意见书中，对"疑似"的毒物鉴定意见书是作为证据来使用的，这是福州中院认定念斌有罪的重要证据。检测的仪器是 Varian3900-2100T 气相色谱质谱联用仪，实际中，我们并不一定要按"前提→结论"的顺序来思考和说话，这里我们可以采用"结论→前提"的倒置推理思维方式进行思考，① 如果门把上有氟乙酸盐鼠药残留，机器会出现一个质谱图，该质谱图上的波浪线应该有 m/z100、122、133、161、181等特征峰。这几个特征峰是判断氟乙酸盐的必要条件。但是，警方鉴定"门把"后的质谱图并没有上述特征峰，而且在谱图中平均的相对丰度误差超过20%，很显然试验中没有氟乙酸盐的特征峰这个前提，是无法推理出物证上含有氟乙酸盐成分的结论的，所以推理前提虚假、不准确、不可靠。再者，凭主观猜测进行"分析"，以"倾向于"的方式得出氟乙酸盐存在的结论也是错误的。

CA2：前提②丁云虾铝壶里的水是本案的关键证据，被侦控方认为是毒源。对于铝壶的水，警方提供了《第576号理化检验报告》，检材为烧水铝锅里的水，送检时间为"2006年8月9日14点后"，质谱检测却在2006年8月9日凌晨3点17分已经做出。质谱图与检验时间明显相互矛盾，说明检验单位在接收检材、受理委托等重要的检验程序中存在混乱、事实不清的情况。事实具有多重维度，只有从多方面了解事实，才能获得对事实的客观正确认识。重要的检验环节背后映射的多维的客观事实，均会直接影响检验结果的正确性。

CA3：念斌一命，系于法院对若干份关键证据的认定，前提①检测出有氟乙酸盐的铁锅、高压锅。首先，清洗干净的铁锅与高压锅如何能够检测出毒物的残留？其次，以上检材即前提对结论的支持是否科学，前提本身是否

---

① 参见张聪智、王振《归纳推理的合理性探析》，《价值论与伦理学研究》2019年第1期，第158~168页。

是客观真实的？可以看到，福州市公安局做检材检测之前，做了高浓度的氟乙酸盐标样的检测，由于没有空白对照的质谱图，就不能排除检材受到了高浓度氟乙酸盐对照品的污染。保证证据的客观性，最根本的还是在于证据可以由多方面提供、检验，客观性是不可能由片面性构成的。① 显然，从检材本身检出氟乙酸盐毒物的结论是不准确的，是违反科学规范的，认定凶手的重要证据来源不公正，前提完全不具备真实性与准确性。

CA4：关于被害人的死因，在念斌案的一审判决书②中，我们看到检方提供的证据 10 中，对于物证的理化检验均检测出含有氟乙酸盐的鼠药成分，证据 11 法医的鉴定证明，俞悦、俞攀系氟乙酸盐鼠药中毒致死。很显然，检测出来的证据证明被害人是死于氟乙酸盐中毒。在这个论证结构中，前提即氟乙酸盐的检测依据→被害人死于氟乙酸盐中毒这个推理本身没什么问题，那么前提也即推出氟乙酸盐中毒的证据是否是确切的、可靠的呢？事实上，当年的法医在尸检中收集了两名死者 50 毫升左右的胃内容糜状物和 10 毫升血性液体。但是，并没有从中检测出氟乙酸盐。可是，警方在洗干净的高压锅和铁锅中却检出氟乙酸盐，很明显这是两个自相矛盾的结论。本案是一起急性食源性中毒，胃组织及胃内容物应当是毒物含量最高的检材，如果在刷洗干净的炒菜铁锅上能检验出氟乙酸盐，而在中毒死者的胃、肝组织中检验不出氟乙酸盐，只能说明其检验结果是错误的。③ 很显然，警方检测铁锅中含有氟乙酸盐这一个所谓的"关键"证据来源不直接，更是虚假的。前提不为真，那么推出的结论也是不成立的。

理由的真实性或者可接受性的问题，最终是一个经验的问题，运用批判性思维者尽管尊重一个人的亲身所见所闻，却依然要求证实。④ 认识归根到

---

① 参见王星译《刑事诉讼中的社会科学证据——兼论专门性问题解决方法的整合路径》，《华中科技大学学报》（社会科学版）2022 年第 4 期，第 31~40 页。

② "念斌案一审判决书"，http://wenku.baidu.com/link?url=kwfHN-6ksp3DpBXosBCD-PTAePS-GY PuaAdk Zek 3h-q09UBd3u-vo4MBKDOj9tRte98MhisERMoqkAD_-WaJukTNaz1YY_xytJUGG-bUTsene。

③ 《六专家称念斌案关键证据存在伪造》，http://china.caixin.com/2013-07-29/100562279.html。

④ 参见王颖《刑事诉讼法典化背景下证据排除规范的体系重构》，《华东政法大学学报》2023 年第 4 期，第 118~128 页。

底要靠实践来判定，因此，自然要采用一种复杂、审慎和动态的眼光来看待实践。在具体的实证案例中，批判性思维包含了复杂的观念、推理、解释和判断的步骤，对证据与理由进行辩审式的批判分析，以求达到论证的有效性。①

（三）对推理论证关系的评估——整合融贯论证的关联式思维

推理是对事实意义的解释和推论，有了确切的事实和理由，接下来要做的就是分析这些事实和理由，了解其中的含义，通过某种推理的方式推导出合适的结论。在论证结构图上哪一个前提推导出哪一个结论，前提是以什么方式推导出结论的，都是需要考虑的对象。关于前提和结论之间的推理方式的问题，是论证的三要素的"推理关系"或者"保证"的类型、性质问题。结论由前提和推理关系两方面决定，我们如果不知道它们是什么样的推理关系，就意味着没有完全了解论证的性质，也不能合适地评价它们。好的推理必须满足两点。第一，相关性。前提和结论必须是相关的，这是前提的资格问题。第二，充足性。前提对结论提供了足够的支持，这是看现有前提的总和是否足以导出结论的问题。

在滕兴善"强奸杀人"一案中，侦查人员在滕兴善家提取到相关物证——刀和斧头，送到广州中山医科大学法医物鉴定中心，该中心并未在刀斧上发现血迹，但在斧子上发现了一缕头发，血液样本与死者的血型一样，属于 A 型。于是侦查人员就把这作为滕兴善强奸杀人的重要证据之一。从观察侦查人员的这一推理论证中，我们可以看到论证结构图的呈现方式。

在这个论证结构中，三个前提一起推出毛发为滕兴善杀人的重要证据的

---

① 参见步洋洋《论主观化证明于认罪案件中的司法适用》，《中国政法大学学报》2023 年第 4 期，第 213~224 页。

结论，此论证结构是由多个前提以因果关系呈现的。在这个演绎推理的论证中，①侦查人员鉴定出来的 A 型血是一个种属认定的结论，由此我们得出 CQ1：拥有 A 型血的人众多，怎么认定毛发上的血型一定是被害人的血型？有没有对身边人的血型进行具体检验排查？②滕兴善是屠夫，家里来往人员较多，得出 CQ2：斧头上的毛发一定是被害人的吗？有没有排除他人的情况？③斧头送往广州鉴定中心，路途遥远，几经转手，得到 CQ3：是否存在"证据"保存不当的情形导致沾上他人毛发？即便证据保存完好，还是回归到 CQ1——是否经过排查？

　　根据侦查人员得出的"毛发为滕兴善杀人的重要证据"的结论，可以得知，以上提出的三个批判性问题，侦查人员并没有做出合理的解释与排除。首先，从前提中得知，血型检测为 A 型，被害人血型恰巧为 A 型，证据看似关联，实际 A 型血是一个种属概念，并无法代表被害人特征的专属性，更没有与其他相关证据相印证，因此，前提①与结论并不必然相关。CQ2：斧头提取的地点在滕兴善家，并不是在案发现场，非第一事发点提取的"物证"，无法保证"物证"的新鲜性与完整性。可能性的怀疑要一一加以排除，而实际上，侦查人员并没有加以排除合理怀疑，① 甚至就没有怀疑，此前提无法充分支持结论的得出。CQ3：涉及"物证"保存的程序性与完整性的问题，侦查人员并没有相关证据证明其在运输途中采取合理的、符合程序的保存措施，因此，无法排除运输途中"物证"被污染的可能性，也就是同样是没有满足推理的第二个重要条件——充足性。前提的总和不足以导出结论，并且前提与结论的相关度并没有达到高度相关，甚至可以说是没有排除合理怀疑，因而无法充分支持结论。②

　　我国的《刑事诉讼法》明确规定，侦查人员、检察人员、审判人员有收集证据的法定义务，③ 这一规定要求侦查人员调查取证要客观全面，对有罪

---

① 参见罗灿《监察证据的司法认定规则》，《中国应用法学》2023 年第 1 期，第 163~177 页。

② 参见林志毅《监察证据在刑事诉讼中排除的难题与破解——以"刑事证据的两面"理论为视角》，《政法论坛》2023 年第 5 期，第 123~134 页。

③ 1979 年《刑事诉讼法》第 32 条的规定。1996 年修订的《刑事诉讼法》第 43 条和 2012 年再修订的《刑事诉讼法》第 50 条都保留了这一规定。

证据以及无罪证据都要仔细侦查。因此，在对推理论证关系的重要因素——前提（证据）的认定与评估的实践中，一定要全面整体地去分析评价：在整个证据链条中，前提之间是否做到了互相印证，前后是否融贯相接；在因果关系的推理形式中，前提对结论的得出是否具有关联性，前提是否充分地导出结论等，都是在推理论证关系评估过程中需要批判性审视的重要因素。排除主观式的思维定式，论证核心聚焦于客观的有说服力的客观事实本身①。评估推理论证关系，要反复推敲、来回论证，形成一个有条理的逻辑运作过程，这种批判性的思维才能使证据论证充分，从而对案件事实的认定形成一个思辨的过程。

三　运用批判性思维预防冤假错案对我们的要求

任何一个法律论证的环节与程序出现偏差与疏漏都极有可能导致冤假错案的产生，念、滕二案无不如此。司法的任何环节都很重要，在程序上有瑕疵、证据上有欠缺的情况下，根据"疑罪从无"原则是不能做出有罪认定的。我国早在1996年就确立了"疑罪从无"原则，2012年《刑事诉讼法》修改的时候，继续坚持并加以完善，② 但实践中"疑罪从无"原则并没有真正得到贯彻落实。笔者认为，批判性思维的缺失是其最根本的原因之一。批判性思维并不一定能告诉案件侦办人员谁是真正的犯罪人，但是，它能评估论证，能帮助案件侦办人员识别法律论证环节与程序中出现的偏差与疏漏，最大限度地预防冤假错案的产生。运用批判性思维预防冤假错案产生的过程，实质上就是一个辩证性逻辑思维机制的形塑过程，该辩证性逻辑思维机制又始终贯穿于运用批判性思维预防冤假错案产生的过程中。因此，该辩证性逻辑思维机制既是动态的又是静止的。根据前文案例分析，为了达到预防冤假错案产生的目的，我们可以想象出该辩证性逻辑思维机制的内容特征及对我们的要求。

---

① 参见刘品新主编《刑事错案的原因与对策》，中国法制出版社，2009，第169~176页。
② 参见卢建平《疑罪从无的立场必须坚定不移》，《人民法院报》2021年2月3日，第3版。

（一）要有明确辨析概念的能力

学会区别内涵概念和外延概念，要求区分专业用语与日常用语，准确把握概念是逻辑思维的基本要求。法律专业用语来源于日常生活用语，又高于日常生活用语，因为法律讲究精准，所以用语要求明晰不模糊，法律专业用语与日常生活用语中经常产生歧义的词语是不同的。法律的内涵概念规定具有明确性和具体性，法律的适用要求对内涵法律概念精准掌握，如此才能在内涵的基础上确保外延的方向性，避免法律概念混淆、模糊以及缺乏逻辑性。

（二）要有围绕论题证明的方向

每一个法律主张都会形成一个论题，无论是证明自己的主张还是反驳对方的主张都要围绕论题这个核心。明确对方论题的关键点，有针对性地组织自己的论据进行反驳，这样就可以避免论证不偏离方向，保证论题的正确性。

（三）要保证论题与论据的首尾一贯性

论题的提出要有论据作为支持，论据的总结与提炼，要紧紧围绕论题展开，确保论据与论题间的前后一致。并且多个论据间也要保持清晰有逻辑的关联，[①] 不能一概肯定也不能任意地否定，避免逻辑错误的同时保持论据与论题以及论据之间的融贯性。

（四）要确保论证形式的正确性

广义的论证形式包括推理、论证、解释等，论证形式在论证的过程中是交织在一起的，不能割裂每个论证形式的联系。无论采取哪种论证形式都要

---

① 参见王彦龙、杜世洪《哈贝马斯论证思想研究》，《求是学刊》2021 年第 5 期，第 18~25 页。

遵循其特有的规则，① 确保论证间的前后逻辑性。大前提的真实性是有效论证的前提，进而围绕案件事实进行真实判断，通过证据的前后逻辑性，使法律规范与案件事实准确恰当地连接在一起，结论在有效论证规则的保障下才能产生强有力的说服力。

（五）要秉承"次优选择"理念

次优选择理论是经济学家理查德·李普西（R. C. Lipsey）和凯尔文·兰卡斯特（K. Lancaster）创立的，② "帕累托最优标准"是此理论的起源。其主要观点：资源配置在既定的不可改变的状态下，一个人的状况不因为某个事项的改变而变好，也不因为此改变而变坏。③ "次优选择"在刑事诉讼领域的表现就是"宁可错放，也不可错判"。案件审查的三个阶段是互相制约的，因此在对证据进行调查、认定与分析的过程中，要选取最优证据，使最优证据发挥最大化的价值。在面对没有可用的关联性的证据的时候，要学会放弃，冷静地选择"宁可错放，也不可错判"的次优标准。"宁可错放，也不可错判"这种理论在笔者看来，是无罪推定以及疑罪从无制度建设下的思维批判导向，可以很好地对公权力形成一定的制约。然而现实生活中，人们对此观点看法迥异，有人认为案件定罪标准不一样，有人认为错放了以后再查证属实没法收场，这些看法总结为一点即"刑事案件证明标准"的问题。新《刑事诉讼法》规定了刑事案件的证明标准，即证据必须"确实、充分"④，并且又重申了如果证据不足，不能认定被告人有罪。⑤ 我国《刑事诉讼法》从修订以来一直坚持"无罪推定"，而严格的证明标准是判定案件事实以及定罪量刑的依据，达不到证明标准就要予以释放，等日后通过收集证据等方式达到了证明标准，再对犯罪嫌疑人实施相应的刑事措施，这也非常

① 参见梁家荣《逻辑研究的科学概念与纯粹逻辑》，《同济大学学报》（社会科学版）2015 年第 5 期，第 13~19 页。

② 参见杨光义《次优选择——决策者的新华辞典》，中国华侨出版社，2008。

③ 参见张守一《对一般均衡论和帕累托最优的新解释》，《经济问题》2010 年第 11 期，第 4~7 页。

④ 参见《中华人民共和国刑事诉讼法》第 53 条。

⑤ 参见《中华人民共和国刑事诉讼法》第 195 条。

符合我国《刑事诉讼法》规定的程序性事项。因此，冤假错案的预防就是严格证明标准的切实落实。

　　总之，次优选择的理论是符合司法推理论证规律的。由于人类思维的局限性，加之技术、环境以及其他因素的干扰，有些案件的部分犯罪真相确实在短时间内无法被认识到。如果短时间内无法采集足够的、有关联性的证据证明案件事实，对犯罪嫌疑人就只能采取释放策略。在"次优选择"的导向下，非法的暴力性强制措施是被严格遏制的。因而这种批判性思维的背后是对人权的保护，在没有更好的措施可用之前，贯彻"次优选择"理念便是最好的措施。

逻辑与批判性思维如何启迪学生的真善美

陈爱华[*]

摘　　要： 在探索以批判性思维进行逻辑学教学过程中，应注重从真善美的三重维度对学生予以启迪，可以启迪学生追问逻辑之真，体悟逻辑之善，体认逻辑之美。因此，笔者在逻辑学教学中十分注重以真启智、以真储德、以真达美；同时非常注重以德启真、以德臻善、以德至美；还注重以美启真、以美储德、以美审美。教学相长，在从真善美的三重维度启迪学生的同时，作为教者更加深切地感悟到逻辑学内在蕴涵的真善美和逻辑学运用中的真善美。

关 键 词： 逻辑；批判性思维；真善美

通常以逻辑学教学启发学生对于求真的百学不厌的认知，激发其求真中"打破砂锅纹（问）到底"的热情，磨砺其求真过程中百折不挠的意志，引领其"以美其身"之行，已成为逻辑学界的共识。然而，如何在逻辑学教学过程中，以批判性思维向度启迪学生追问逻辑之真，体悟逻辑之善，感悟逻辑之美，同时分别从真善美的三重维度启迪学生的真善美，可能还处于一种

---

　*　陈爱华，女，东南大学人文学院教授、中国社会科学院智能与逻辑实验室研究员，研究方向为逻辑学、科技哲学等。

遮蔽状态，或对此没有明确的认知，或对此不以为意。笔者在逻辑学教学过程中，对此进行了多年的探索，略有一些感悟，在此与大家分享。

一　以真启智　以真储德　以真悟美

逻辑学的求真向度，是逻辑学的题中之义。正如黑格尔在界定逻辑学研究对象时所说，"真理就是逻辑学的对象"①。而逻辑学又是一切方法之方法。因而在逻辑学教学中，引导学生以批判性思维方法在对真理的探求中启迪心智即"以真启智"极为重要。

通过批判性思维方法以真启智是指在逻辑学教学中，既要从肯定的、确定的和既成的思维视角启迪学生对于真理的探索，又要从批判性思维——否定（质疑）的视角分析其不确定的方面与生成过程。其一，过去逻辑学教学主要是从肯定的、确定的和既成的思维视角，从相对独立的方面对有关逻辑理论与方法加以阐释，或分析相关问题。这对于打好逻辑学的基础是必要的，但是还不够。其二，在逻辑学教学中还须从批判性视角启迪学生。从 20世纪 90 年代中期，随着我国招收培养工商管理硕士（MBA），开始了 MBA逻辑的教学与研究，接着 MPA（GRK）、GCT 的逻辑教学与研究也逐渐兴起。这些逻辑学的教学与研究，展露的是逻辑学的另一方面——批判性思维，从否定（质疑）的、不确定的和生成过程视角分析解剖相关案例，从题干、问题和选项的联动中，从错综复杂的多重关系中分析和把握思维对象。这样，使逻辑获得了一种新的魅力，开拓了崭新的思维视域。正如黑格尔所说，"认识到思维自身的本性即是辩证法，认识到思维作为理智必陷于矛盾、必自己否定其自身这一根本见解，构成逻辑学上一个主要的课题"②。因此，逻辑在求真运思中，既有其肯定的思维向度，又有其否定（批判性）的思维向度。其肯定的思维向度表现为，根据逻辑思维规律（或规则），在思维对象发展的相对稳定状态之中、在其相对静止的条件下考察其属性，判断其真

---

① 〔德〕黑格尔：《小逻辑》，贺麟译，商务印书馆，1980，第 66 页。
② 〔德〕黑格尔：《小逻辑》，贺麟译，商务印书馆，1980，第 53 页。

假，推断思维对象之间具有的逻辑因果联系。其否定（批判性）的思维向度表现为，根据逻辑思维规律（或规则），对业已形成的有关思维对象发展状态、属性、判断以及关于思维对象之间具有的逻辑因果联系的推断进行批判性判定：或类比其逻辑错误、逻辑思维方法，或探寻其假设，或削弱其论证。通过这种正向与逆向的逻辑运思，达到求真的目的。

在逻辑学教学中不仅要注重"以真启智"，还要注重"以真储德"。关于德性，亚里士多德曾阐释道："德性有两种：理智的和道德的。理智的德性，是由于训练而产生和增长的（所以必需时间和经验）；道德的德性则是习惯的结果。"① 由于学生是未来的科技创新人才，在逻辑学教学中培养其思维品性——理智德性极为重要，这突出地表现在以下两个方面。一是进行遵守逻辑规律与规则的训练。要求学生在思想交流过程中、在逻辑运思中，必须概念明确，判断恰当，推理符合逻辑，论证依据充分。这不仅是逻辑学求真的要求，也是对学生思维品性——理智德性的培养。因为学生的思维品性不是与生俱来的，而是经后天"训练而产生和增长的"，而逻辑是对学生思维品性——理智德性的培养和训练的必经环节。因此，在逻辑教学过程中，要求学生在思维过程中，一定要遵守有关的逻辑规则和逻辑基本规律，如此才能使概念明确，判断恰当，推理有效，论证有力。不仅如此，对于作为未来科技创新人才的学生而言，其良好的理智德性，是其道德德性得以生成的理智基础——"以真储德"。二是在引领学生进行逻辑论证时，比如在演讲、辩论、解题时，要求学生运用逻辑的规律、规则揭露谬误，反驳诡辩，伸张正义。与此同时，必须让学生认识到，诡辩从政治上看，是一种骗术；从逻辑上看，是故意制造逻辑错误，其惯用的手法是偷换概念或偷换论题、歪曲引证、庸俗类比、错误概括等，这些都是不合逻辑的。揭露诡辩中的逻辑谬误，能澄清事实真相，使学生明是非、辨真伪、识美丑、知善恶，使正气得以弘扬，使正义得以伸张。

在逻辑学教学中，在引导学生探求真理的过程中，提高学生发现逻辑美、欣赏逻辑美和领悟逻辑美的能力，亦是逻辑学教学不可或缺的环节。比

---

① 周辅成编《西方伦理学名著选辑》，商务印书馆，1987，第291页。

如，在学习概念一章时，在追问概念的内涵与外延的要义的同时，要引导学生善于发现概念内涵与外延之间的关联美，进而领悟属种概念关系的层次美，定义与划分方法的明晰美等（这将在第三部分探讨），在此不一一列举。这样使学生真正感悟到真理的呈现总是与美相关联。

二　以德启真　以德臻善　以德达美

逻辑学教学的批判性思维方法不仅注重以真启智、以真储德、以真达美，亦关注以德启真、以德臻善、以德至美。这种逻辑学的臻善向度，体现了做人与做学问的辩证统一。

所谓以德启真是通过逻辑学教学对学生进行理智德性的训练，启发他们追求真理。《学记》曰："玉不琢，不成器。人不学，不知道。"因而训练学生的理智德性就是要其注重思维的严谨性。首先是对于逻辑规则和逻辑规律的遵守，进而使得推理即对于真理的追求或者探索有规可依，有理可循。其次，对于不符合规则的推论或者论证应该运用相关的逻辑规则给予批判性的反驳。从逻辑上，一是批驳其论题——指出论题的歧义或者虚假，并且提出建设性的修改建议。二是批驳其论据，指出论据中存在的漏洞：可能论据不足以推出结论，或者论据虚假。三是批驳其论证形式，即运用正确的逻辑推理形式与相关规则，揭示推论中的逻辑错误。再者，将思维的严谨性的理智德性，扩展至做人的严谨性，即将其转化为道德德性。这样，以德启真，就转化为以德臻善。

所谓以德臻善，一是对于逻辑臻善的追求。引领学生将理智德性不仅践行于逻辑学与其他课程的学习过程中，而且广泛地运用于演讲、辩论、论文写作中。其一增强演讲的逻辑性、论证性和说服力；其二增强辩论的理论逻辑、论证逻辑和攻辩逻辑，使真理越辩越明；其三增强论文的逻辑性，使论文逻辑结构清晰、层次分明、语言环环相扣。此外，以理智德性引领程序编制——计算机与智能手机等的发展，很好地发挥了逻辑的臻善功能，从而推动了社会发展与人的解放的进程：社会各行各业的自动化——不仅使人从繁重的体力劳动中解放出来，而且使人从繁重的脑力劳动中解放出来。这样，使人们有更多的闲暇时间从事发展与创新活动。二是指以理智德性引导和激励其道德德性——做到严于律己，增强做人的自律性，自觉遵守道德原则和道德规范，传承传统美德；自觉遵纪守法，积极主动地为社会和他人服务。

所谓以德达美是指以理智德性激发学生对于逻辑美的感悟与追求，提高其对于逻辑美的审美能力。不仅能感悟黑格尔所说"美与真是一回事"，而且能感悟真善美的内在联系。对学生进行理智德性的训练，不仅让学生感悟、遵守逻辑规律，认识逻辑规则对于追求真理的作用，同时体悟逻辑规则与逻辑规律的逻辑美。通过遵守逻辑规律、运用逻辑规则形成一个正确的判断或者推理（论证），这不仅体现了逻辑真，而且使这些判断、推理以及论证具有逻辑的审美价值。因此，符合逻辑的演讲、论辩与论文也具有逻辑的审美价值。因为，如同黑格尔所说，"美本身必须是真的"。尽管在严格意义上，真与美有分别，但"当真在它的这种外在存在中是直接呈现于意识，而且它的概念是直接和它的外在现象处于统一体时，理念就不仅是真的，而且是美的了"[1]。逻辑不仅具有求真、臻善的功能，更有审美价值。

三　以美启真　以美储德　以美审美

逻辑学教学中的批判性思维方法不仅注重以真启智、以真储德、以真达美，关注以德启真、以德臻善、以德至美，而且还注重以美启真、以美储德、以美审美。

逻辑学具有达美向度，如前所述，黑格尔在界定美时指出，"美就是理念……美与真是一回事。这就是说，美本身必须是真的"。尽管在严格意义上，真与美有分别，但"当真在它的这种外在存在中是直接呈现于意识，而且它的概念是直接和它的外在现象处于统一体时，理念就不仅是真的，而且是美的了"。由此，黑格尔对美下了这样的定义："美就是理念的感性显现。"

所谓以美启真是指在逻辑学教学中贯彻批判性思维方法，以逻辑美引导

---

① 〔德〕黑格尔：《美学全书》第一卷，朱光潜译，商务印书馆，1979，第158页。

学生探求真理，即在发现逻辑美、领悟逻辑美的过程中，启迪其对于逻辑真的追求。比如在逻辑判断的教学中，在揭示判断的恰当美和多样美的同时，启迪学生对判断逻辑真的感悟；在三段论教学中，在展示三段论公理美、规则美和推理的形式美与多样美的同时，使学生获得对三段论推理的逻辑必然性——逻辑真的认知。以美启真是逻辑美审美教学的不可或缺的环节。

以美储德，即以逻辑美积淀学生的理智德性和道德德性。因为对逻辑美的体悟与建构过程，实际上亦是理智德性的认同与积淀过程，即运用逻辑思维形式，按照逻辑规则、逻辑规律进行推理与论证的过程实际上是逻辑美的体认与建构过程，同时也是理智德性的培育过程，进而也是学生的理智德性延展到或者转化为其道德德性的过程。如此学生便能够以审美的眼光审视逻辑美的建构——以美审美。

以美审美，即引领学生以逻辑美的视域审视逻辑的概念之美、逻辑的判断之美、逻辑的推理之美和逻辑的论证之美，进而审视演讲的逻辑美、辩论的逻辑美。这里想与大家分享逻辑的审美价值所具有的丰富内涵。一是概念的逻辑美，表现为内涵与外延的关联美，概念种类的多样美，概念外延间关系具有的包容美、同一美、层次美、互摄美和区别美，定义的明晰美，划分的层级美，相得益彰的概括的递进美与限制的逆溯美。二是判断的逻辑美，表现为性质判断形式的多样美，其对当关系的关联美和对称美，主谓项的周延美。复合判断的逻辑美主要表现为，复合判断真值表的明晰美，逻辑表达式的形式美与简洁美，负判断之间的转化美。三是推理的逻辑美，表现为性质判断换质推理的否定美、换位推理的主谓项之间的易位美，换质位推理的集成美。三段论则具有逻辑结构的严谨美、逻辑形式的简洁美和逻辑体系的和谐美。关系判断及其推理则表现了其特有的关联美、对称美和传递美。复合判断推理的逻辑美则表现为前提与结论之间的蕴涵美、推理形式的多样美。四是逻辑规律的逻辑美主要显现为逻辑规律的统摄美、简洁美、严谨美。五是模态判断及其推理使我们在把握事物发展的趋势的过程中，领略其逻辑思维的预测美，"必然"与"可能"、"实然"与"应然"、"允许"与"禁止"之间的关联美。六是归纳推理与类比推理的逻辑美，表现为综合美、创新美和超越美，假说则展示了其预测美和探索美。七是论证的逻辑美突出表现为求真美和自洽美。

简言之，逻辑不仅与求真密切相关，而且与臻善、审美也具有内在关联性。因此，在逻辑的教学或研究中，不能仅仅偏重其求真之维，而且要重视逻辑的臻善之维和审美之维，进而使人们对逻辑及其功能有更全面而深刻的认识。

正是基于上述的认识，在逻辑学教学过程中，须立足于形式逻辑的基本理论基础，以批判性思维增强其思想性、科学性、审美性和趣味性。将原来形式逻辑的单一型的形式化、公式化、精确化特色，变为融思想性、科学性、审美性和趣味性为一体的多维立体特色。因而，笔者在主编逻辑学教材《逻辑学引论》[①] 时，调整原来形式逻辑（普通逻辑）的编写框架和结构。第一，进一步引进现代逻辑发展中的批判性思维向度，在每章的习题中都编排关于这章中的知识在批判性思维中的应用的练习，为读者今后参与 MBA、MPA、GCT-ME 等批判性思维逻辑的学习奠定基础。第二，对逻辑的审美向度，特别是三段论的逻辑美进行了探索性研究，让读者领略黑格尔所说的"美就是理念……美与真是一回事"。第三，对逻辑应用与发展过程中凸显的类比思维与非形式逻辑思维的直觉思维及其作用进行了分析与探索，并尽力使它与形式逻辑的内容协调或衔接起来。第四，为了使读者对逻辑有更全面的了解，增加了"辩证逻辑"一章。第五，为了便于读者自学，在内容编排上，每章设有关涉其内容与思想方法的"名人名言"，以引起读者对这章内容与方法及其作用的关注；每章设有"本章概述"，使读者对自己将要学习的内容做到"心中有数"；在每章末编排有"关键词提要""进一步阅读指南"——一方面巩固已学知识，另一方面便于读者对感兴趣的问题进行新的探索；为了增强读者分析问题和解决问题的能力，在每章设有"问题与思考"，便于读者弄清理论、理清思路；"练习题"——运用逻辑理论的"思想实验"。

总之，正是通过以批判性思维进行教学相长的逻辑学教学，在从真善美的三重维度启迪学生的同时，笔者作为教者也更深切地感悟到逻辑学内蕴的真善美和逻辑学运用中的真善美。

① 参见陈爱华主编《逻辑学引论》，东南大学出版社，2004。

中国式现代化进程中大学生批判性思维培养策略[*]

王家琪　田长生^{**}

摘　　要： 批判性思维是马克思主义思维方式的重要组成部分，是我们推进中国式现代化进程、解决复杂问题的基本素养。大学生是未来祖国发展的后起之秀和先锋力量，在中国式现代化进程中培养大学生批判性思维十分必要。我们可以通过学校、教师和学生自身发展这三方合力来培养大学生的批判性思维，促使年轻一代大学生能够更有底气、更有能力承接祖国建设事业"接力棒"、跑好民族复兴伟业"接力赛"。

关 键 词： 中国式现代化进程；大学生；批判性思维；培养策略

20 世纪 80 年代以来，许多西方国家，如美国、英国、加拿大、澳大利亚等都将批判性思维作为高等教育的目标之一，重视培养学生批判性和创造性的分析技能，以便他们能够更好地解决问题并承担社会责任。批判性思维是指对所学东西的真实性、精确性、性质和价值进行个人的判断，从而"为

---

* 本文系上海市教育科学研究项目（C2021170）、中国纺织工业联合会高等教育教学改革研究项目（2021BKJGLX151）阶段性成果；东华大学创新创业教育研究项目（2023DHUJYYJ011Y）阶段性成果。

** 王家琪，女，河南商丘人，东华大学马克思主义学院研究生，研究方向为思想政治教育；田长生，男，四川渠县人，东华大学马克思主义学院副教授，研究方向为思想政治教育与意识形态建设。

决定相信什么或做什么而进行的合理的、反省的思维"。① 在当前，批判性思维作为马克思主义思维方式的重要组成部分，始终坚持问题导向和创新求变，集中体现了马克思主义的创新品格和以变革世界为己任的理论立场与使命担当。② 大学生是新时代助力祖国发展、加快民族复兴步伐的生力军，在中国踏上实现第二个百年奋斗目标新征程，以中国式现代化全面推进中华民族伟大复兴的关键时期，培养大学生批判性思维以克服前进道路上的艰难险阻成为推进中国式现代化进程的重要课题之一。

一 中国式现代化进程中培养大学生批判性思维的必要性

中国式现代化的实现不是一蹴而就的，它要求我们要到中华优秀传统文化中寻找根基、在高水平科技自立自强中发现人才、在自主知识体系中启迪智慧、在解决实际问题中找到方法。同时，中国式现代化进程还需要注入磅礴的青春力量，大学生是青年一代的主力军和祖国发展的后备力量，在中国式现代化进程中培养他们的批判性思维就十分必要。

（一）赓续具有批判性思维思想的中华优秀传统文化的必然要求

批判性思维要求我们谨慎思考、合理质疑和提出问题，它并不是现代社会所独有的一种思维方式。中华民族有着五千多年的文明历史，每一次学术争鸣、每一部优秀作品、每一个创新成果汇聚成中华民族文明发展史上的璀璨星河。在博大精深的中华优秀传统文化中，我们不难发现批判性思维的踪迹。《论语·为政》中记录着孔子"学而不思则罔，思而不学则殆"③ 这样的话，这是孔子所提倡的一种读书方法。在他看来，思考是学习的基本功，只读书而不思考就会受困于知识的表象，迷惑而无所得。《礼记·中庸》提

---

① Ermis R., "Critical Thinking: A Streamlined Conception," *Teaching Philosophy* 14(1991).
② 肖冬松：《论马克思主义思维方式》，《光明日报》2016 年 11 月 30 日，第 13 版。
③ 杨伯峻：《论语译注》，中华书局，2017，第 23 页。

及"博学之，审问之，慎思之，明辨之，笃行之"①，其中"审问之"和"慎思之"就是要有针对性地提出问题、周全谨慎地思考，包含着鲜明的批判性思维思想。北宋理学代表人物张载认为"在可疑而不疑者，不曾学；学需则疑"，南宋陆九渊提出："为学患无疑，疑则有进，小疑则大进，大疑则大进。"以上种种思想皆表明，批判性思维在中华优秀传统文化中有迹可循。但是，由于思想上受到汉武帝"罢黜百家，独尊儒术"文化正统思想的影响、对象上受注重研究"伦理道德"的局限、目的上受崇尚"学而优则仕"观念的束缚，批判性思维并未在中华优秀传统文化中得到更进一步、更深层次的发展。中华优秀传统文化虽然包含着鲜明的批判性思维，但由于受儒家思想的深远影响，传统文化的研究对象更偏向于伦理道德。在学习方法上，传统文化提倡学会审问、提出疑问的目的并不在于发展批判性思维本身，而是为了学习知识以便于从仕。这在很大程度上束缚了批判性思维的发展。

中华民族的生存和发展离不开文化的赓续。习近平总书记指出"中华优秀传统文化是中华文明的智慧结晶和精华所在，是中华民族的根和魂，是我们在世界文化激荡中站稳脚跟的根基"②，高校教育是传承中华优秀传统文化的主要渠道，大学生是传播中华优秀传统文化的主力队伍，因此，必须培养大学生的批判性思维，深入挖掘中华优秀传统文化中所蕴含的批判性思维的宝贵资源，在实现中华优秀传统文化创造性转化、创新性发展的过程中为推进中国式现代化凝聚强大精神力量。

（二）为实现高水平科技自立自强培养创新人才的关键因素

创新是民族进步之魂、是国家兴旺发展的不竭动力，而批判性思维是突破定式思维的方法论，③ 在增强创新能力过程中发挥着不可替代的重要作用。定式思维是人们在所处的学习、生活和工作环境中通过长时间积累形成的一

---

① 《礼记》，北京联合出版社，2019，第 113 页。
② 《把中国文明历史研究引向深入 推动增强历史自觉坚定文化自信》，《人民日报》2022 年 5 月 29 日，第 1 版。
③ 罗仕国：《大学生批判性思维培养的紧迫性和途径》，《广西大学学报》（哲学社会版）2007 年第 5 期，第 136 页。

种固定的思维习惯。这种定式思维往往会使人们的思维局限在固定的框架之内，降低人们创新求变的主动性。要想克服这种思维定式，就要求我们拥有自我批判和反思的意识，不断培养自身的批判性思维。

当前，世界百年未有之大变局向纵深推进，国际形势仍发生着复杂深刻的变化，新一轮科技革命和产业变革浪潮不断，对我国以加快科技创新步伐助推现代化进程提出了更高的要求。我们党在深刻分析当今国际形势和中国国情，习近平同志在党的二十大报告中提出"加快实施创新驱动发展战略""加快实现高水平科技自立自强"① 的有力号召，以科技创新催生中国发展新动能。我国要实现高水平科技自立自强，归根结底要靠高水平创新人才，习近平总书记曾指出："要更加重视科学精神、创新能力、批判性思维的培养培育。"② 面对当今激烈国际竞争的严峻形势，我们要充分认识到新时代大学生是未来创新人才的后备军，是未来攻关"卡脖子"关键核心技术难题的领头人，大学生灵活运用批判性思维的本事越大，就越是能打破固化定式思维的藩篱去创新，就越是能肩负起中华民族伟大复兴的历史重任。

（三）构建有中国特色的自主知识体系的重要环节

从马克思主义认识论的维度考察，知识体系应当包括认识世界和改造世界的科学体系和技术体系，即科学回答是什么、为什么、怎么办的理论体系和方法体系。③ 当前，我们正在进行中国历史上最为宏大而独特的实践，即推进中国式现代化的伟大实践。实践每前进一步，知识体系及其创新发展就要跟进一步，这就要求我国的自主知识体系要根据中国式现代化的发展进程不断健全和完善。在这一过程中值得注意的是，我们不能跟在别人身后亦步亦趋，而是要有自己的理论思考和价值判断，毛泽东同志早在 1944 年就说过："我们的态度是批判地接受我们自己的历史遗产和外国的思想。"④ "我

---

① 《习近平著作选读》第一卷，人民出版社，2023，第 29 页。
② 《习近平谈治国理政》第四卷，外文出版社，2022，第 202 页。
③ 田鹏颖：《中国式现代化视域下中国自主知识体系的构建》，《思想理论教育》2024 年第 5 期。
④ 《毛泽东文集》第三卷，人民出版社，1996，第 192 页。

们中国人必须用我们自己的头脑进行思考，并决定什么东西能在我们自己的土壤里生长起来。"① 因此，构建有中国特色的自主知识体系需要也必须系统运用批判性思维，以更好解决现代化建设过程中出现的各种新情况、新问题。

在以中国式现代化全面推进中华民族伟大复兴进程中培养大学生批判性思维是构建中国自主知识体系众多环节中的重要一环，任何一所高校在教育过程中对此都不能省略、不能抛弃。我们要始终坚持以马克思主义为指导，以批判性思维培养为方法，积极引导大学生在各个领域散发自主研发、创新创造的光和热，在胼手胝足、埋头苦干中构建具有中国特色、展现中国风格、彰显中国立场的自主知识体系，为推进中国式现代化伟大实践提供丰富思想和智力支持。

（四）解决中国式现代化进程中复杂问题的现实需要

党的二十大报告指出新时代十年，"改革开放和社会主义现代化建设深入推进，书写了经济快速发展和社会长期稳定两大奇迹新篇章"，② 取得了一系列重大历史性成就，同时也提出了"以中国式现代化全面推进中华民族伟大复兴"③ 的历史任务，为中国式现代化建设指明了方向。中国式现代化的实现并不是一帆风顺的，我们需要应对一系列重大挑战，化解一系列重大风险，处理一系列重大矛盾，这要求我们主动识变应变求变，系统运用批判性思维来解决问题。习近平总书记指出："青年是整个社会力量中最积极、最有生气的力量，国家的希望在青年，民族的未来在青年。"④ 高校大学生是青年群体的中坚力量，肩负着实现中华民族伟大复兴的重任，正处在掌握知识、增长才干的关键阶段，因此，必须抓住培养大学生批判性思维的黄金时期，使大学生在现代化建设复杂环境中增强明辨是非的能力、在现代化建设多重困境中提高解决问题的能力，努力践行"请党放心，强国有我"的铮铮誓言。

---

① 《毛泽东文集》第三卷，人民出版社，1996，第 192 页。
② 《习近平著作选读》第一卷，人民出版社，2023，第 13 页。
③ 《习近平著作选读》第一卷，人民出版社，2023，第 18 页。
④ 习近平：《在纪念五四运动 100 周年大会上的讲话》，人民出版社，2019，第 6 页。

二 中国式现代化进程中大学生批判性
思维培养存在的问题

马克思指出："新思潮的优点就恰恰在于我们不想教条式地预测未来，而只是希望在批判旧世界中发现新世界。"[①] 批判性思维作为马克思主义思维方式之一，是我们培养创新人才、解决实际问题、推进民族复兴必须具有的基本素养。当前，大学生批判性思维的培养也越来越受到重视，经过不断的努力已经取得了不少成效，但是还存在一些不足之处。

（一）高等院校对学生和课程管理规划存在问题

"教育兴则国家兴，教育强则国家强。高等教育是一个国家发展水平和发展潜力的重要标志。"[②] 高等院校作为高等教育的主阵地，是系统培养大学生批判性思维的主要平台。目前各大高等院校已经注意到在现代化建设进程中培养大学生批判性思维的重要性，但是在培养过程中存在着一些不合理的方面。

首先，高等院校培养计划存在不符合学生思维发展规律的情况。培养计划在大学生学习和成长道路上起着十分重要的作用。培养计划合不合适会对学生产生各种各样的影响。当前大学生多是年轻的"00后"一代，其思维发展呈现出连续性和阶段性的统一。部分高等院校对大学生思维发展规律的认识存在偏差，为他们制定的培养计划或超出其思维发展阶段，或低估其认知知识水平，使批判性思维的培养处于不恰当阶段。其次，逻辑课程结构安排不合理。目前大多数高校已经设置了逻辑学的通识课程，却忽视了学生最基本的用于生活的非形式逻辑。非形式逻辑是人们在日常生活中所用的一种逻辑思维，能帮助人们在交流中找到自身和他人逻辑的缺陷，从而不断完善自己的逻辑体系。非形式逻辑课程是培养学生批判性思维的专门课程，只有

---

① 《马克思恩格斯全集》第 1 卷，人民出版社，1956，第 416 页。
② 习近平：《在北京大学师生座谈会上的讲话》，人民出版社，2018，第 4 页。

打好学生日常生活中的批判性思维和逻辑基础，才能对更深层次的逻辑课程有着更加深刻的理解。最后，思想政治理论课改革创新步伐放缓。思想政治理论课是培养大学生批判性思维的重点课程，习近平总书记强调思想政治理论课建设"要向改革创新要活力"，并且提出了思想政治理论课程改革创新的具体要求，① 这为高等院校思想政治理论课程改革创新指明了方向。但是目前，部分高等院校的思想政治理论课程仍然存在建设不足的情况，仍坚持按理论讲理论、照书本念书本的传统做派，从而导致思想政治理论课程教育效果不佳，缺乏思想性、理论性和亲和力。

（二）教师自身素养和教学方式亟待加强

教师是教育工作的中坚力量，教师的知识水平、自身素养和教学方式都会影响学生批判性思维的培养。教师在培养学生批判性思维过程中主要存在两个问题：一是教师自身缺乏批判性思维，不能起到良好的引导作用。部分高校教师未接受过系统的批判性思维训练；有些已经接触过相关知识的教师不能将批判性思维的训练放在合适的教学环节；还有的教师仍然保留着自己的陈旧观念，不愿意去锻炼自己的批判性思维。这些因素都会影响学生批判性思维的培养效果。二是依然采取传统的"填鸭式"教学，教学模式死板僵化。美国学者肯·贝恩曾指出"优秀的教师的高明之处在于尽力创造一种自然的批判性的学习环境"②，这正是大多数高校教师还未企及的境界。有些教师仍旧坚持"填鸭式"灌输的僵化教学模式，课上只是一味地输出观点，将教学看成一项任务，而非一份责任。部分教师能够采用启发式教学的方法，但在启发提问之后，抛出自己提前设定好的"标准答案"，使这种启发式教学流于形式，无法真正感染学生、引导学生，不能达到理想的教学效果。

（三）大学生自身主体意识缺失致使思维得不到充分发展

主体意识是指"明确认识到自己是个公民，而不是一个臣民；是社会政

---

① 习近平：《论党的青年工作》，中央文献出版社，2022，第191页。
② 〔美〕肯·贝恩：《如何成为卓越的大学教师》，明廷雄、彭汉良译，北京大学出版社，2014，第96页。

治生活和公共生活的主体，而不是无足轻重的客体；自己是作为一个有独立意识和独立地位的政治权利主体加入社会政治关系和政治程序的"① 一种自觉意识，中国式现代化宏伟蓝图的实现需要大学生主体意识的参与，运用恰当的思维方式来解决实际建设中的问题。但是受到科技浪潮和价值观多元化趋势的影响，部分大学生主体意识缺失致使其思维得不到充分发展。

第一，对批判性思维的理解存在误区。要想熟练运用批判性思维就要先弄清楚批判性思维是什么，很多大学生对于批判性思维的认识还停留在主观阶段，认为批判性思维就是对事物的一种彻底否定的态度，抑或简单的逻辑分析和应用技巧。这些不正确的理解会使大学生将批判性思维的应用限定在考试、做题等狭小的圈子之中，久而久之就使思想固化。面对这些问题，迫切需要教师来帮助学生扫除这些认知障碍，促进学生批判性思维的发展。第二，不善于发现问题，存在思维惰性。受传统应试教育的影响，很多大学生对知识的学习和掌握还是依靠死记硬背的方式，习惯于被动接受而不喜主动发现、探索和思考问题，思维处于惰性状态，因而出现了大学生批判性思维不强、解决问题能力不强的现象。还有很多大学生在回答问题或者是完成课后思考题时喜欢依赖人工智能，它虽然能够给我们提供一些参考，但是机器终究是机器，无法解决像"道德两难"这一类的问题，过度依靠人工智能而不去结合自己所掌握的知识去批判地思考，也会使思维处于懒惰状态。第三，存在思维脱离实践的错误倾向。思维是主观存在于我们头脑之中的，思维想实现"实体化"就必须依靠实践。批判性思维作为一种思维方式，要将其运用到实际生活和实践中去才能发挥作用。不少大学生存在着思维脱离实践的错误倾向，头脑中想的是一套，实际行动中又是另一套，这就在学习中兜了圈子、在成长中绕了弯子，不利于自身的发展。

三　中国式现代化进程中大学生批评性思维的培养策略

当前，我国正面临世界百年未有之大变局，正处在中华民族伟大复兴的

---

① 张文显：《法理学》，高等教育出版社，2007，第 16 页。

关键时期，"我们比任何时候都需要批判性思维，它是我们生存和发展的基本、必需和关键的素质"。① 新时代大学生批判性思维的培养需要学校、教师、学生三者共同发力。

（一）学校设置合理的培养计划和课程规划并加强思想政治理论课改革创新

1. 将批判性思维纳入大学生成长成才培养计划

培养计划是指学校或者教育机构为贯彻人才培养理念，基于学生特点、学科要求和教育目标而设计的旨在推动学生学习和成长的规划，在学生学业和成长道路上起着不可忽视的重要作用。各大高校要根据每个学生的不同情况制定符合学生认知发展规律和能力水平的培养计划，同时将养成批判性思维纳入学生成长成才发展目标，要求学生将批判性思维作为一种方法来掌握，激发学生想象力、创造力，锻炼学生逻辑思维能力和日常生活反思能力，以解决实际生活中的多种复杂问题。同时，高校大学生培养计划的拟定可以借鉴发达国家在教育方面的成功经验，但是不能照抄照搬，要根据地域区别、文化差异、学生风格制定体现中国标准、中国模式和中国方案的大学生成长成才培养计划。

2. 弥补高校逻辑课程设置的缺位

教育部在 2019 年颁布的《教育部关于一流本科课程建设的实施意见》中就创新教学方法指出，我们要"解决好创新性、批判性思维培养的问题"②，这意味着我国已经对培养大学生批判精神提出了明确的要求。当前大多数高校已经开设了有关逻辑学的通识课程以锻炼学生思维的逻辑性，但是要想满足全面建成社会主义现代化强国、以中国式现代化全面推进中华民族伟大复兴的宏伟实践的需要，还要开设以培养批判性思维为主要目标的非形式逻辑课程。

---

① 董毓：《批判性思维原理和方法：走向新的认知和实践》，高等教育出版社，2010。
② 《教育部关于一流本科课程建设的实施意见》，http://www.moe.gov.cn/srcsite/A08/s7056/201910/t20191031_406269.html

"非形式逻辑就是探究人们日常思维中的论证的学科，它主要是对日常思维论证的构建与评价"①，它并不局限于普通逻辑和数理逻辑的范围，而是更加注重分析、评估和改进人们在日常生活中的形形色色的非逻辑推理和论证。非形式逻辑课程更加贴近大学生的生活，可以引导学生分辨日常生活中遇到的逻辑谬误和诡辩，有助于学生构建自己的论证思路和评价体系，因此，每一所高校都应该将批判性思维作为一门专业课程来开展教学。

3. 加强高校思想政治理论课程的改革创新

现如今，大学生多数都是"00后"的年轻一代，他们个性鲜明、思维跳跃，又善于使用网络技术来收集信息，这是他们学习新知识、掌握新技能的显著优势。但是，在全球化浪潮下，西方国家企图通过文化和意识形态渗透来影响人们特别是年轻一代的生活和思维方式，这就要求各大高校根据现实情况的变化对思想政治理论课程进行改革创新。

习近平总书记在学校思想政治理论课教师座谈会上强调，推动思想政治理论课改革创新要"坚持建设性和批判性相统一"。②坚持建设性就是要坚持对学生进行主流意识形态的传导和灌输，坚持批判性就是要运用批判性思维的方式引导学生正确看待、理性分析、辩证认识中国乃至世界上发生的各种问题。高校思想政治理论课必须始终坚持以马克思主义理论为指导，坚持正确政治立场和政治方向，传导主流意识形态，把党的创新理论融入思想政治理论课堂之中。坚持落实立德树人根本任务，运用好批判性思维这一马克思主义的重要思维方式，在同各种错误思潮斗争和解决教育难题过程中向学生讲好中国历史和中国故事，引导学生在辩证认识、谨慎分析、批判看待现实问题过程中树立正确的世界观、人生观和价值观，真正做到"扎根中国大地办教育，同生产劳动和社会实践相结合，加快推进教育现代化、建设教育强国、办好人民满意的教育"③。

---

① 罗仕国：《大学生批判性思维培养的紧迫性和途径》，《广西大学学报》（哲学社会科学版）2007年第5期，第138页。
② 习近平：《思政课是落实立德树人根本任务的关键课程》，《奋斗》2020年第17期。
③ 习近平：《思政课是落实立德树人根本任务的关键课程》，《奋斗》2020年第17期。

（二）培养大学生批判性思维关键在教师

百年大计，教育为本。"教师是人类灵魂的工程师，是人类文明的传承者，承载着传播知识、传播思想、传播真理，塑造灵魂、塑造生命、塑造新人的时代重任"①，教师与学生联系最为密切，能够清晰了解大学生思维上存在的缺点和不足，教师可以通过带领学生走出认识误区、摆脱传统课堂教学方式、引导学生参与实践等途径培养大学生的批判性思维。

1. 打破大学生对于批判性思维的认识误区

批判性思维是促进知识发展和创新创造的基本素养，是大学生成长发展必不可少的思维方式。目前我国大部分高校已经开设了培养大学生批判性思维的课程，但是"'思维僵化'和'否定一切'两极共存的现象普遍存在，应该质疑和创新的地方人们却墨守成规，应该欣赏和接受的地方却充斥着非理性的反对"②，对批判性思维的误解会阻碍大学生批判性思维的培养。因此，教师在课堂教学和日常生活当中要注意引导学生纠正对批判性思维的错误认识，鼓励学生跳出这些有关批判性思维的认识误区。这些认识误区主要包括以下几方面。

第一，批判性思维等于彻底否定。"批判"是指对某个事物进行全面的分析和评价，揭示其存在的不足。人们最常见的误区就是一看到"批判"二字就自然而然地将其等同于否定，这是一种习惯性思维。我们要知道，"否定不等于批判性思维"，"批判性思维不一定包含否定"。③ 第二，批判性思维是简单的逻辑分析。现实生活中，许多人喜欢将批判性思维限定在逻辑学的框架之内，认为批判性思维同简单的逻辑分析一样，可以套用逻辑学中的某些公式。我们可以说批判性思维的一大来源是逻辑学中的内容，而且要遵循逻辑原则，但是不能用它来代替逻辑分析，批判性思维更为重要的是评价和反思，要将它看成一种辩证的认知过程。第三，批判性思维就是技巧的应

① 伍义林：《中国共产党理论传播论》，人民出版社，2022，第110页。
② 董毓：《批判性思维三大误解辨析》，《高等教育研究》2012年第33期，第65页。
③ 董毓：《批判性思维三大误解辨析》，《高等教育研究》2012年第33期，第66页。

用。和普通的逻辑课程教学相似，批判性思维的教学往往注重技巧和方法，其目的是帮助学生顺利通过考试，这就给学生造成一种学批判性思维就是学技巧的假象，使教学效果大打折扣、教学目的同教育目标背道而驰。

2. 摆脱传统课堂教学形式，用批判性思维的方法来教授和培养批判性思维

美国著名教育家杜威曾对传统课堂教学情景有过这样的评价："按几何图形排列着一行一行的简陋课桌，紧紧地挤在一起，很少有移动的余地……我们看了这些情况，就能推断在这样的场所可能进行的唯一的教育活动。这一切都是有利于'静听'的，因为单纯地学习书本上的课文，只是'静听'的另一种形式，它标志着一个人的头脑对别人的依赖性。"① 中国传统的课堂教学形式主要是"灌输式"教学，在这一教学过程中，教师是课堂的主体，学生是教师传授知识的容器，在某种程度上来说，教师自己也成了教书的工具。学生的头脑依赖于教师所教授的内容，缺乏自主思考的积极主动性，这就要求教师摆脱传统的课堂教学形式，做学生发现问题、分析问题直至解决问题的引导者。

首先，教师特别是思政课教师自身要具备批判性思维，用批判性思维的方法来教授和培养学生的批判性思维。马克思指出："如果你想感化别人，那你就必须是一个实际上能鼓舞和推动别人前进的人。"② 批判性思维是我们反思自身、理性分析现实问题的重要思维方式，是一种科学的思维。教师自身要通过自主学习、集体研讨、参加培训等途径来培养自己的批判性思维，使自己掌握的知识更具有系统逻辑性。只有批判性思维在教师教学思想中扎下根，才能在学生思想上开花结果。其次，采用启发式教学方法，注意提问方式。《论语·述而》中提及"不愤不启，不悱不发，举一隅不以三隅反，则不复也"③，这是孔子教育思想中极其重要的主张。启发式教学强调在学生充分进行独立思考的基础上，选择恰当的时间再次对他们进行启发和开导。教师在课堂当中要善于诱导学生进行思考，将话筒递给学生，"引导学生发

---

① 罗仕国：《大学生批判性思维培养的紧迫性和途径》，《广西大学学报》（哲学社会科学版）2007 年第 5 期，第 137 页。
② 《马克思恩格斯文集》第一卷，人民出版社，2009，第 247 页。
③ 杨伯峻：《论语译注》，中华书局，2017，第 97 页。

现问题、分析问题、思考问题，在不断启发中让学生水到渠成得出结论"①，在发散思维、畅所欲言、解决问题中培养学生的批判性思维。同时，教师也要注意提问的方式，在提问中把握适度原则，选择合适的问题，过于费解或者过于简单的问题都不利于学生批判性思维的发展。

3. 引导学生将批判性思维与实践活动紧密结合起来

马克思指出，"人应该在实践中证明自己思维的真理性，即自己思维的现实性和力量，自己思维的此岸性"②，思维只有投入实践当中去运用，才能证明它是否能够解答困惑，是否能够解决问题。教师不仅要培养学生的批判性思维，还要引导学生将批判性思维与实践活动紧密结合起来。教师可以依靠团日活动、策划撰写、科研竞赛、社会实践等形式，让学生在实践中积极思考问题，主动发散思维，进而动手操作、收获成果。

"批判已经不再是目的本身，而只是一种手段"③，要求学生养成批判性思维不是教育的最终目的，而是要使学生把批判性思维作为解决实际问题的一种方法来掌握。只学会用批判性思维方法来促进理论发展，却将新的理论束之高阁，不化解来自四面八方的矛盾风险，不解决现代化建设中的现实难题，再好的理论也是没有用的。因此，教师不仅要善于引导大学生运用批判性思维创造新的知识来解释中国式现代化进程中出现的新情况、新问题，还要促使学生将批判性思维灵活应用于解决现代化进程中的矛盾难题，将头脑中的思维转变为自觉的行动，为推进中国式现代化贡献自己的一份智慧和力量。

（三）大学生自觉加强主体性活动，在自我教育中培养自己的批判性思维

柏拉图曾说过，"奴隶之所以是奴隶，乃是他的行为不是代表自己的思想，而是代表别人的思想"④，这从侧面说明了人的主体性发挥的重要性。新

---

① 习近平：《思政课是落实立德树人根本任务的关键课程》，《奋斗》2020年第17期。

② 《马克思恩格斯选集》第一卷，人民出版社，2012，第134页。

③ 《马克思恩格斯选集》第一卷，人民出版社，1995，第4页。

④ 崔国富：《"从做中学"的生命教育价值解读——杜威实用主义经验论生命教育思想探析》，《渤海大学学报》（哲学社会科学版）2011年第33期，第112页。

时代大学生不能妄图简单依靠教师传授就掌握批判性思维，而是要自觉加强主体性活动，在自我教育、自我反思过程中培养自己的批判性思维。

1. 培养批判性思维特质，提高运用批判性思维的敏感性

批判性思维特质是个人表现出来的从事批判性思维活动的意愿、态度和习惯化倾向，是培养学生批判性思维的切入点。它主要包括强烈的兴趣、自信、不迷信权威、开放的心理、具有灵活性、探究和反思等。① 哈佛大学心理学家铂金斯认为批判性思维特质"还包括对批判性思维场合的敏感性"，也就是要能够敏锐地识别可以运用批判性思维的机会。

这些特质本该是学生所具有的，但是互联网的迅猛发展和人工智能的进步正在改变着人们特别是学生的思维方式，有些学生在面对教师提出的问题时常常不加以思考而是利用人工智能进行答案编写，对于课后思考题更是敷衍了事。这种行为不仅会使学生自身丧失对知识的渴求、放弃对问题的追问，而且会使学生湮没在鱼龙混杂的互联网信息中，缺乏分辨能力。因此，大学生要在课堂学习、文化浸润和观察生活中注重培养自己的批判性思维特质，比如质疑书本和专家的权威性、产生好奇心、积极参加学术研讨会、外出实践、反思自身学习和生活等。同时要注意提高运用批判性思维的敏感性，善于识别出可以运用批判性思维的场合，抓住机会，在不同的生活和学习情境中培养自己的批判性思维。

2. 进行元认知训练，努力克服思维惰性

元认知即"对认知的认知"，是由美国心理学家 J. H. 弗拉维尔提出的。他认为"元认知是一个人所具有的关于自己思维活动和学习活动的认知与监控"，简单来说，就是指学生"对自己学习过程的有效监控和控制倾向"。② 它可以使认知主体对自己的认知活动和行为进行调节和监控，因此可以在大学生批判性思维的培养过程中起到重要的作用。

现在，不少大学生在学习过程中盲目相信"权威"，一味地相信专家、书本和老师所讲的知识，而没有积极主动地去认真思考这些问题，上课就

① 朱新秤：《论大学生批判性思维特质培养》，《高教探索》2007 年第 3 期，第 45 页。
② 张大均：《教育心理学》，人民出版社，1999，第 202 页。

像是在听"天书",抱着"老师怎么教,我就怎么记"的心态进行学习,久而久之就会造成思维的惰性。面对这样的难题,大学生要准确定位自己的知识水平,积极进行元认知训练,了解自己的思维方式和思维习惯,找到自身学习和思考过程中存在的问题,一旦发现懒于思考的苗头就要及时制止。另外,大学生也要对自身进行深刻反思,在反思中总结经验教训。恩格斯曾这样强调反思和总结经验的重要性:"伟大的阶级,正如伟大的民族一样,无论从哪方面学习都不如从自己所犯错误的后果中学习来得快。"① 这就要求大学生通过元认知训练来监督自己的每一个学习过程,并对这个过程进行反思,在反思中发现问题、总结经验,更好地培养自身批判性思维。

3. 自觉增强问题意识,拓展自身思维视野的广度和深度

"问题是思维发展的驱动力量"②,提出问题是培养批判性思维的最有效方法。问题能够增加学生的好奇心,激发学生的求知欲,使学生在好奇心的驱动下学会利用多种方式去寻找问题的答案,解答心中的疑惑,在问题探索的过程中学生的批判性思维得到了有效的锻炼。"问题是时代的格言,是表现时代自己内心状态的最实际的呼声"③,大学生要自觉增强问题意识,善于结合现代化建设的实践发现问题、分析问题,在对问题的探索过程中运用自己的批判性思维,努力拓展自身思维视野的广度和深度,找到现实生活和现代化建设进程中的痛点和难点,"不断提出真正解决问题的新理念新思路新办法"④,不负时代、不负韶华,在全面建成社会主义现代化强国的实践中绽放青春的绚丽之花。

---

① 《马克思恩格斯选集》第一卷,人民出版社,2012,第79页。
② 〔美〕理查德·保罗、〔美〕琳达·埃尔德:《批判性思维工具》,侯玉波、姜佟琳等译,机械工业出版社,2016,第92页。
③ 《马克思恩格斯全集》第一卷,人民出版社,1995,第203页。
④ 《习近平著作选读》第一卷,人民出版社,2023,第17页。

高中思想政治课加强学生创新思维培育的实践路径[*]

蔡　敏^{**}

摘　　要： 加强对学生思维能力特别是创新思维能力的培育是顺应时代和学科发展要求，落实学生核心素养的重要举措。本文在新课程标准导向下，研究高考政治评价体系中针对创新思维的学科化测试内容与方法，并以此作为理论依据，从情境创设、问题设计、活动设计三个维度探索高中思想政治课教学培养创新思维的具体路径和方法。适切的情境因真实具象、主题鲜明、复杂多元，让学生有发展创新思维的学习场景与素材；科学的问题设计应贯穿高中思想政治课教学始终，将教学内容、学习任务转化为逻辑清晰、由浅入深的问题设计，引导学生在解决问题中提升创新思维水平；有效的活动让学生在思辨、探究和实践中提升运用创新思维解决实际问题的能力。

关 键 词： 创新思维；情境式教学；问题式教学；活动型课程

创新型人才培养是当前教育面临的一个重大课题，围绕这一课题，学生创新思维的培养在普通高中新课程中得到强化。普通高中思想政治课程开设

　＊　本文系中国教育学会 2022 年度教育科研一般规划课题"核心素养导向的高中课堂高阶思维培养实践研究"（课题编号：202200142106B）阶段性成果。

＊＊　蔡敏，四川省双流艺体中学思政课一级教师、四川师范大学兼职教师。

了选择性必修 3 "逻辑与思维",并明确提出该课程的教学目标:"引导学生掌握科学思维的基本要求,把握逻辑思维和辩证思维的方法,提高创新思维能力。"同时,高考评价体系也对创新思维能力的考察提出了具体的要求:"考试命题要增强情境与设问的开放性和探究性,允许学生根据自己的理解,从不同角度加以探讨,对同一问题或现象得出不同的结论,引导学生独立思考、批判创新,培养批判思维和创新思维能力。"

一 巧创情境,厚植"思"之土壤

情境是生成创新思维的土壤,思想政治课以情境为载体,在情境中体验和探究,在情境中思考与分析,在情境中建构与反思,由此使学生生成创新思维。

1. 创设真实情境,植思维之根

通过创设真情境解决真问题,才能让学生的创新思维落地生根。教学实践中,教师们会创设一些虚构的情境,以满足教学需要,但虚拟的情境大多事理不足,缺乏严密逻辑,培养创新思维的教学收效甚微。只有创设真实的情境,让学生在真实的事件与场景中解决真问题,才能真正提升学生分析、推理、解释等创新思维的核心能力。

在关于"以按劳分配为主体,多种分配方式并存"内容的教学中,大多数课堂会以某家庭收入构成创设情境。为了让情境更好为教学内容服务,有些教师会编撰出涵盖所有分配形式的家庭收入结构,让学生分析这些收入形式属于何种分配方式。这一虚拟情境因为事例单薄、内容单一、缺少深度和厚度、缺乏必要的事实逻辑,只能达成浅层的知识理解目标,难以实现生成创新思维的目标。

在讲授这一内容时,笔者以全国乡村振兴示范村——成都市郫都区战旗村村委会带领村民实现共同富裕的真实案例创设情境,让学生通过分析战旗村村委会建立文旅合作社、农产品合作社,准确辨识出村民通过参与集体经济获得的劳动收入形式,再进一步推理和论证战旗村村民获得的宅基地使用权流转收入、文创产品收入、直播带货收入等多渠道的收入属于何种收入形式。学生通过对真实情境进行剖析,对真实案例进行深度解读,不仅习得有关分配方式的学科知识,更能对实现乡村振兴的路径有全面整体的认知,提升辨识与判断、分析与综合等学科关键能力,促进创新思维能力提升。

2. 创设主题情境,引思维之深

通过创设主题情境,一例到底,引导学生进行深度思考,从而增强学生创新思维的深度。在创设情境时,选取一个主题,围绕这一主题选择适切的材料信息和课程资源,在情境呈现的方式上,用文字、图片、表格、数据、视频、音乐等多种形式,尽可能调动学生的感官,让学生获取大量的感性材料,再运用科学思维方法,将其上升为理性认识,拓宽学生创新思维的广度。情境内容不是零散的、碎片化的,而是用一条逻辑主线串联起来的,让学生在把握逻辑主线时,提高创新思维能力。

3. 创设复杂情境,绽放思维之花

复杂情境是相对于简单情境、一般情境而言的,简单情境和一般情境因为反映内容单薄、层次简单、呈现形式单一,蕴含的思维含量较低。复杂情境因反映的内容层次较多,呈现的形式比较多元,测试目标的综合性较强,需要深入解读。在创设情境时,要善于创设复杂的情境,让学生从复杂情境中提取、整合、建构信息,用科学思维方法创造性解读情境材料,让思维绽放出绚丽的花朵。

在"国家财政"一课的教学中,选用 2022 年我国财政收支的各项数据创设情境,包括全国一般公共预算收入、全国税收收入、非税收入、全国一般公共预算支出、主要支出和科目情况等多项数据,每项数据既有绝对值,又有与去年相比的变化值及比率。在呈现的方式上,用了饼状图、数据表、柱状图等多元形式,让学生从财政收入的各项数据中概括出财政收入的主要来源、从数据的变化中分析和推理影响财政的因素、从财政支出的具体内容中演绎、归纳出财政的作用。让学生通过解读经济信息、分析数据、深度思考数据背后蕴涵的经济学原理,综合提高学生解读、分析、推理、评价、解释等思维能力,从而优化学生创新思维的品质。

二 善设问题，浇筑"思"之基石

问题是培养创新思维的基石，以问题为抓手，用问题驱动思考和探究，在分析问题、解决问题中筑牢创新思维。

1. 奠基石：内容问题化

将教学内容转化为问题，问题式教学方式是培养创新思维的奠基石。

首先，把课时内容问题化。课前，把教学内容凝练成关键性的问题，用问题导读方式提纲挈领引导学生在课前预习思考，记录反馈自己对问题的反思和困惑。通过让学生自主学习和独立思考提升学生自主解决问题的创新思维能力。课中，教师通过学生的反馈进一步解决关键问题，把学生对关键问题的难点和困惑拆解成一个个小问题，通过对这些小问题进行思考和探索，使关键问题迎刃而解，从而使学生创新思维实现进阶。课后，再对照问题导读单，回顾本节课的内容，通过对问题的回答和解决评价学生创新思维的达成度。

其次，把教材内容问题化。按照教材目录，以问题形式梳理教材内容，把整本教材提炼为一个个问题，让学生在对这些问题的反思中不断提炼出新的问题，提高创新思维能力。

此外，还可以提取教材中的学科大概念，围绕学科大概念设计问题，以问题形式拆解学科大概念，整合教材内容。以"消费"这一大概念为例，可以设计如下问题：为什么要重视消费？我国消费现状如何？影响消费的因素有哪些？如何扩大消费？通过这些问题设计，跨单元整合教材知识，让学生形成对消费的整体认知，提升学生分析与综合、探究与建构的能力，进而塑造学生创新思维品质。

2. 铺路石：任务问题化

《普通高中思想政治课程标准（2017 年版 2020 年修订）》（以下简称《标准》）将思想政治学科的必备知识、对关键能力的考查融入学科任务之中，考查学生学科核心素养。基于高考评价体系导向的思想政治课教学应是学科任务主导下的课堂教学。完成学科任务也是达成学科素养和创新思维的必由之路，而把任务问题化，以解决问题的方式来完成学科任务是这条必由之路的铺路石。

在讲授"正确发挥主观能动性"时，我们选用复旦大学患癌教师于娟的生命故事创设主题情境，将于娟《此生未完成》这本书中在网上广为流传的一个章节"我为什么得癌症"以朗读的形式呈现，让学生通过课堂范读方式创设视听情境。依托情境，提出学科任务——结合材料，调动和运用哲学知识，解释与论证问题一："于娟对生活的反思是如何正确发挥主观能动性的？"学生在探究和分析过程中会自发将于娟对生活的反思、对生命的思考映射到自己身上，引发自己对生活真谛的思考，对生命意义的追问。老师再进一步通过设计学科问题进一步提出学科任务："畅想自己 20 岁、30 岁、50 岁、80 岁最期待的生活是什么样子的。"学生在思考这个问题时，会自觉运用"一切从实际出发"的原理，将概念性的知识生活化、程序化、事实化，在分析与综合、论证与阐释中提升创新思维能力。

3. 压舱石：问题结构化

零散、重复、碎片化的问题设计不利于创新思维的培养。设计问题时应由浅入深、层层递进，用逻辑主线将问题结构化，形成一条结构化的问题链。问题链是培养创新思维的压舱石，它可以让学生在深度学习中锻炼思维能力，提升创新思维的宽度、深度和效度。问题链设计要从四个维度把握要领。第一，探究性。问题是思维的起点，如果设计的问题链不需要经过深入的思考和必要的探究，一眼就明晰每个问题的答案，那么这样的问题链设计是无法达成培育创新思维目的的。第二，层次性。问题链设计应该彰显由浅入深、由小到大、由近及远的层次性，引导学生思维层层递进，让学生渐进性加深创新思维难度。第三，逻辑性。问题链应该蕴涵着一条显性或者隐性的逻辑主线，避免自相矛盾、低效重复、问题之间风马牛不相及。让学生在探究问题链时抽丝剥茧，通过不断解决问题提升推理与论证、反思与评价能力，这些学科关键能力的提升，能够巩固创新思维。第四，实践性。问题链的设计要着眼于知识和能力的运用，用理论指导实践，对问题的分析和解决都不能脱离生活与实践，避免问题成为无源之水。立足实践，提高学生思维能力，让学生在理论联系实际中不断提升创新思维能力。

在讲解"事物的发展是前进性和曲折性的统一"这一原理时，笔者以我国新能源汽车的发展创设主题情境，设计了四个问题，形成了一条问题链，让学生探究和思考。

（1）与传统燃油汽车产业相比，新能源汽车产业为何迅速走红？

（2）你的家庭会选择购买新能源汽车吗？为什么？如果不选择，你的顾虑有哪些？如何正确看待新能源汽车存在的这些问题？

（3）有人认为，新能源汽车当下的火爆不过是昙花一现，新能源汽车终会"挥一挥衣袖"，华丽退出市场。你认同这种观点吗？为什么？

（4）请为推动我国新能源汽车产业发展提出建议。

以上问题链设计具有探究性、层次性、逻辑性、实践性。学生围绕这条问题链不断思考与探究、质疑与批判、反思与论证，在这一完整的思维链条中形成学科的关键能力，从而增强创新思维。

三　妙构活动，挖掘"思"之源头

《标准》指出："本课程力求构建学科逻辑与实践逻辑、理论知识与生活关切相结合的活动型学科课程。学科内容采取思维活动和社会实践活动等方式呈现，即通过一系列活动及其结构化设计，实现'课程内容活动化''活动内容课程化'。"[①]

1. 巧用思辨活动，在思辨中涵养思维

设计思辨活动是涵养学生创新思维的直接路径。从思辨活动设计内容上看，思辨活动要根植于真实的情境，生成真实的问题。从思辨活动的形式上看，可采用辩论、评析、求证等多元形式，提升学生的辨识、质疑、批判、论证等创新思维能力。从思辨活动的特征上看，强调活动的"思"与"辩"。"思"即引发学生思考、碰撞出思维的火花，让学生在思考的过程中

---

① 《普通高中思想政治课程标准（2017年版2020年修订）》，人民教育出版社，2020，第2页。

增强创新思维能力，"辩"即让学生通过辨识、辩说、辩论等一系列思维活动增强学生创新思维。

在讲"价值判断与价值选择"时，让学生辩论"看到老人跌倒，该不该扶"，这一辩论活动通过创设两难情境，让学生在争辩中生成价值冲突，通过学生之间的思维碰撞让学生在辨识、质疑、批判与论证的过程中塑造创新思维，学生通过理性分析和深度思考，在辩论过程中进一步提升了创新思维品质。

2. 妙设探究活动，在探究中升华思维

设计探究活动是提升创新思维的重要途径。探究活动的设计要注意三个要点。第一，可探性。探究活动设计要有深度，让学生必须经过深入思考、合作探究才能完成该活动，在这一过程中才能形成创新思维。第二，有效性。探究活动设计要有效度，不能仅仅追求探究活动形式，探究的内容要指向教学目标，尤其要重视学生思维培养目标和学科关键能力培养目标的达成。第三，开放性。探究活动的设计是开放的，不是封闭、单一、固化的。探究活动设计应给予学生充分的思维空间，引导学生多维度去认识、评价问题，用发散性思维去解决问题，让学生从"点-线-面"上构建立体化的创新思维品质。

在讲"文化交流"时，采用贵州省遵义市的茶城湄潭县茶文化作为主题情境，设计了探究活动："如何破解湄潭茶文化'养在深闺无人知'的困境?"这一探究活动蕴含较高的思维与能力要求，学生要运用类比与分析、推理与综合的思维方法探究出湄潭茶文化"无人知"的原因，再运用发散思维，多元思考破解该问题的有效方法。在这一探究活动中，学生能够掌握和运用文化交流的相关知识，提升创新思维品质，提高学科关键能力和学科素养。

3. 立足实践活动，在实践中超越思维

实践是培育创新思维的根本动力和最终归宿，要立足于实践活动，在实践中塑造和发展创新思维，在实践中完善和超越创新思维。在设计实践活动时要贯彻三点要求。第一，积极拓宽思想政治课教学场景，延伸思想政治课

堂的广度。在设计实践活动时，要让高中思想政治课积极融入社会大课堂，充分挖掘社会资源，拓展培养创新思维的课程资源。第二，坚持理论与实践相结合。在设计实践活动时，要思考实践活动的理论支撑，不能脱离教材知识，片面追求实践形式。最好能结合新近学习的教材知识，提高学生理论联系实际的自觉性，从而促进创新思维的成果转化。第三，强化实践活动方案指导性。在设计实践活动方案时，一定要提出明确的要求，要让学生在实践中物化创新思维成果，比如撰写实践报告、小论文、成果汇报册等，引导学生在实践中反思，在反思中思考，在思考中创新，让创新思维能够通过成果外化显现。

为了让学生更好地认识我国的基层自治，我们在高一暑期设计了到自己家所在地的社区进行实地采访和志愿者服务体验这一社会实践活动，让学生参与社区实践并撰写一份调查报告，报告内容包括社区运行机制、工作主要内容、存在问题、反思及建议等。学生通过这一实践活动，将基层自治的理论与实践深度结合，在实践中不断理解和反思教材理论知识，在参与社区实践的过程中分析社区的性质、功能，在撰写调查报告时通过运用提炼、类比、综合、评价等思维方式形成对社区较为全面的认识，在这一过程中不断强化创新思维。学生运用创新思维分析与提炼出社区运行和工作中存在的问题，并运用创新思维提出破解问题的措施，从而实现创新思维的成果转化与成果外在显现。

总之，培养学生的创新思维是高中思想政治课应有的价值追求，教师应不断追求有深度、有温度、有高度的高中思想政治课堂，通过培养学生的创新思维为学生全面发展赋能，为学生扣好人生中的第一粒扣子，为社会培养有理想、有道德、有本领、有担当的时代新人。

《批判性思维》学习引导

〔美〕琳达·埃尔德[*]　苏格兰 译[**]

　　我是琳达·埃尔德，《批判性思维》（原书第4版）的合著者之一。接下来，我会介绍批判性思维的主要概念，并帮助你理解这些概念之间的关系，希望你能更好地掌握我们在编写本书和教学时所期待达成的目标。批判性思维不局限于一系列技能或能力，尽管你在阅读本书的过程中会学到一些技能和能力，但不止于此，我们所期望的是，在你不断发展思维的一生中，你将会发展出越来越多的理智的美德和特质。

　　学习批判性思维就像学习拉小提琴一样。只要多加练习，就会越拉越好。如果不练习，就不会有很大进步。我们所有人都曾在某种程度上进行过批判性思考。当然，选择阅读这本书就说明你已经具备了一定的批判性思维，可能是因为你正在大学里学习批判性思维课程，抑或你希望通过自己的决策来获得一个更好的未来。

　　我们每个人都会在一定程度上进行批判性思考。问题是思考的程度如何，你在哪些方面没有进行批判性思考，以及如何在你生活的所有领域或部分领域中全面提高你的思维能力。比如你想学好一门乐器或一项运动，你就

---

　　*　琳达·埃尔德，教育学博士、心理学家，美国批判性思维基金会主席和批判性思维中心执行主任，国际公认的批判性思维权威。
　　**　苏格兰，翻译，心理学、社会学和性别议题研究者。

必须练习。所以在整本书中，我们为读者提供了许多练习、案例去深入推敲，设法帮助读者理顺其中的逻辑，并让读者写下答案，以便读者内化批判性思维。

培养批判性思维是一个持续终身的过程。批判性思维包含一系列相互关联的概念，在本书的绪论中，我们详细地介绍了一部分概念。在阅读本书的过程中，你会对这些概念有更多的了解。但请始终记住，我们要把批判性思维视为一套完整的思想，而不是读完本书后就弃之不用的思维技能或工具。如果你认真对待这份导读，完成整本书的所有练习，那这就有助于你今后在学习和生活中熟练地运用批判性思维。

如果想要有效地解决人类面临的严重问题，我们就需要进一步掌握与运用批判性思维。比如在地球资源的可持续性问题上，我们认识不足，我们的批判性思维和问题解决能力没有应用于这个议题。我们只有运用最好的批判性思维，才能有效地回答问题和解决问题。我们正处于人类历史上的关键时刻。如果我们不开始在更高的层次上认真思考，我们将无法看到人类乃至其他物种的积极未来。因此，毫不夸张地说，批判性思维是一种革命性理念，它与所有人的生活息息相关。

一 批判性思维的概念

让我首先谈谈批判性思维的概念。其中的重点是，公正心这一概念是批判性思维概念的核心。因为作为人类，我们每个人的决定和行为都会影响其他人。我们并非生活在真空中，所做的一切都会影响他人，因此我们有义务在我们力所能及的最高水平上进行道德推理。本书有一章专门介绍道德推理，这对丰富批判性思维的概念非常重要。现在，我将简要介绍这本书中的大部分图表，并在你开始正式阅读正文之前帮助你整合本书要点。

让我们从批判性思维的初始定义开始。批判性思维包含一系列丰富的概念，它无法用单一定义来概括。这是我们思考的一个良好开端。批判性思维是一门思考思维的艺术，它能让思考变得更好，就比如在我思考的同时思考我的思考。改进思维涉及三个内在交织的阶段：第一个阶段是对思考进行分析；第二个阶段是评估分析之后得出的结论；最后，我们的最终目标是改进我们的思维。

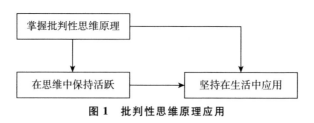

图 1　批判性思维原理应用

二　批判性思维总体结构

让我们看看批判性思维的总体架构，这也是我们在这本书中将要学习的理论。你将使用它们来更好地掌握批判性思维的原则，不断地内化这些原则，并在生活中积极应用，有条不紊地进行推理，享受高质量的生活。换句

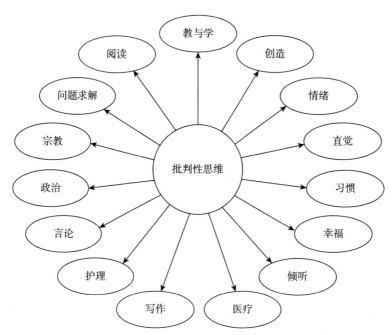

图 2　批判性思维适用于我们思考的一切

话说，我们并不把批判性思维视为一门独立存在且脱离实际的课程。批判性思维应该被视为一个体系的起点，一个通向其他所有知识体系的门户。

为了更好地形成我们的创造力，更好地理解我们的情绪，拥有更高水平的直觉，我们需要批判性地思考我们一生中形成的习惯。我们只有批判性地思考，才能更好地倾听。我们需要批判性地思考医学、写作、护理、演讲和政治，以及我们所持有的任何观点。在阅读过程中，我们需要用批判性思维解决问题，我们还可以在下表中添加其他的思维领域。

三　思维的三个层次

现在让我们从思维的层次这个角度开始想象一下大脑中正在运行的程序。

首先是低级思维方式。大多数人在大部分时间里使用的都是这一层次的思维，它通常不需要任何反思。就复杂程度而言，它是混乱而低级的，经常依赖非理性的本能反应和直觉，主要动机是自私和自我欺骗。人类在很大程度上是自我欺骗的动物，我们将在本书中讨论这一点。理解大部分人类的思维主要停留在这一层级是非常重要的。尽管这一阶段的思考可能质量尚可，但它最重要的特点是非反思性的。如果你是一个从不反思的思考者，那么你要如何认识到你在思考，又如何能积极改进你的思维呢？这太高深了。

第二个层次的思维，即中级思维，是有选择性的反思。在许多情况下，这一层次的思维技巧水平得到了发展，但即使达到这一层次，我们通常还是不擅长运用批判性思维术语。我们很少能做到一致、公正，也许还善于诡辩，并为自己开脱。

当我们开始明确反思自己的想法时，我们就达到了第三层次的思维。在生活中不断前行时，我们需要始终在行动之前反思自己。"让我重新思考一下整件事。好吧，我现在对另一个人的预设是这样的。我的观点是否过于偏激？我是不是对他有偏见？在这种情况下，有什么是我不愿意看到的吗？有什么是我不想面对的吗？"当我们把自己定位为最高层次的思考者时，这些都是我们会主动提出的问题。

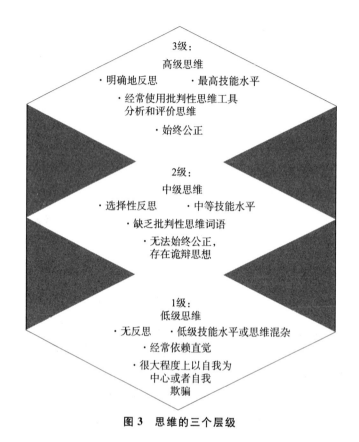

图 3　思维的三个层级

因此，我们要达到更高的技能水平。我们经常使用批判性思维工具，对思维进行分析和评估。同样，在道德层面，我们作为思考者，始终保持公正的心态，并拥护理智的美德。最高层次的思维是我们所有人都希望达到的水平，只有通过长久练习、积极实践批判性思维，并将方法和理论内化应用于生活，才可能实现。

图 4　批判性思维的精髓

学习批判性思维，我们需要做很多重要的事情，其中之一就是要真心相信你能够弄清任何你需要弄清的事情的逻辑。这与意愿有关，与你的自我意识有关。你的自我意识会让你相信自己可以实现想要和 需要实现的事情，相信自己可以发挥潜力，具备控制自己思维的能力，并且能利用思维弄清楚任何自己需要理解的问题。

当我们使用批判性思维工具时，我们将更有能力通过合理论证来解决问题，因为我们有得心应手的工具可用。换句话说，这是一种强大的逻辑：无论处在什么样的情境中，我都可以用思维能力对其进行掌控。这就是你作为一个理性思考者不断前进时想要发展出来的能力。

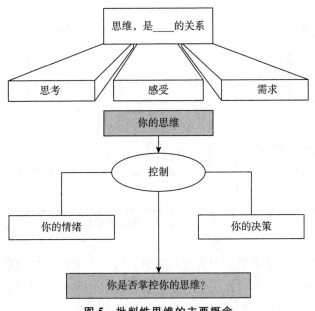

图 5　批判性思维的主要概念

四　思考者的三种类型

现在，让我重点谈谈批判性思维的一些理论。我不仅要探讨思考本身，还要展示思考、感受和需求之间的关系。我已经谈到一点——人们心中始终存在欲求。每一天，我们都在思考、感受并有所需求：想要达成某些目标或者避免某些结果。基本上，这三个过程每天都会持续进行。问题是，你是否控制了这些过程？尽管情绪对于我们很重要，它们代表了我们的某些意愿或者愿望，但是我们需要通过思考来控制情绪，以及我们想要什么或追求什么。我们的思维是控制其他心智功能的关键。所以，在阅读过程中，我们会反复地向你提出问题：当你翻阅书本时，你是否在控制自己的思考？可能你正在思考很多事情，但是你对自己的思考过程有多少掌控呢？

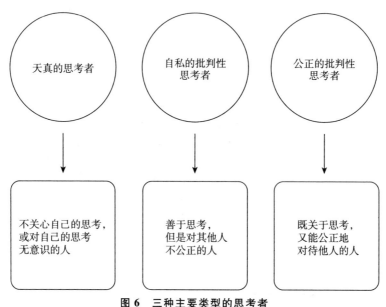

图6 三种主要类型的思考者

我们可以说，思考者主要有三种类型，每个人虽然都会根据情况不同而在这些类型间转换，但可以大致将自己定位为其中一种，即定位自己思维最主要的运作方式。

那么，你是天真的思考者吗？你可能会想："哦，我不怎么思考，我也并不真正重视思考。我确实没有什么想法来优化我的思考过程，也不擅长考虑很多。我认为其他人比我聪明得多，我只需要保持沉默，让他们来替我进行思考就好了。"如果你以这种方式进行思考，那么我会担心你的未来，因为你将很容易被操纵或被骗。并且，尽管你认为别人比你更擅长思考，但这并不意味着他们确实比你思考得更全面，所以我们不能依赖于他人。虽然目前你所受到的教育可能告诉你，你只需要坐下来，保持安静并倾听，但这无法帮助你成为一名批判性思考者。请不要成为天真的思考者。

自私的批判性思考者是指那些为了私利而进行批判性思考的人。这个世界上有很多人属于此类别，我相信你很容易就能说出他们的名字。现在你可能并没有把自己列入其中，因为那样会有点尴尬；但是你可以想到一些人，他们善于思考，能很好地利用思考的结果服务于个人利益，同时轻松、有效地操纵他人。这是我们希望你能避免的一种类型。

我们追求的是成为公正的批判性思考者。这一类人具有良好的思维能力。他们不仅善于利用自己的能力，还能考虑到他人的权利和需求。请注意在这一点上他们与自私的批判性思考者在道德层面上的差异。像自私的批判性思考者一样，这类思考者也会批判性地思考，但并不只是为了满足自己的利益。当其他人的观点与他们的观点相悖时，他们会予以考虑，而不会忽视。

我们可能会在这三种类型中来回切换。有时候你可能会发现自己相当自私地进行思考，而其他时候则相当公正、理智。那么我们如何从天真的思考者、自私的批判性思考者转变为公正的批判性思考者呢？首先，我们必须主观上想要成为公正的批判性思考者。如果你不想，那么任何人都很难帮到你。这是一种来自内心深处的、自发的倾向。人类的未来取决于我们是否接纳公正、理智作为文化特质中重要的一部分。所以作为人类，我们需要认真对待这个问题。

五　培养批判性思维的方法

这里有一张我认为概括了培养批判性思维的方法的结构图。我们已经简单探讨过分析思维和评估思维，它们逐渐接近批判性思维概念的核心，我们还将进一步深入探讨。从批判性思维理论的角度来看，分析思维是至关重要的。因此，我们需要拆解我们的思考过程。拆解之后，我们必须评估我们的想法。你如何决定接受什么、拒绝什么？当某人在对话中向你说出某些主张

分析思维
（聚焦于推理的要素）

评估思维
（使用理智的标准）

培养理智的美德

警惕影响批判性思维的障碍

自我中心主义
社群中心主义

图7　培养批判性思维的方法

时，你如何决定是认同该人所说的话，还是拒绝呢？你是否会说"好吧，这听起来不错，基本上就是我的想法"？如果你使用这个方法来决定是接受还是拒绝别人，那这会出问题。所以我们需要评估批判性思维的标准，我们可以坚持这些标准，在决定接受什么和拒绝什么时依靠它们做出判断。

　　我们的最终目标是培养理智的美德。所以，当你读这本书的时候，请记住，你是在尝试培养自己作为人的品性，而不仅仅是培养发现相关信息或找出情境中关键问题的能力。最重要的是，你要成为一个善良的人，一个拥有理智的毅力、理智的同理心和公正心的人。在前进的过程中，我们必须关注那些阻碍我们培养理智的美德、分析思维和审视思考过程的障碍。这些障碍大致可以归类为自我中心主义和社群中心主义的思维方式。关于这一点，在本书中我们会详细介绍。

　　在深入讨论自我中心主义和社群中心主义之前，我想先谈谈图7中的前三组概念，即分析思维、评估思维和培养理智的美德。让我们从理智的标准开始。

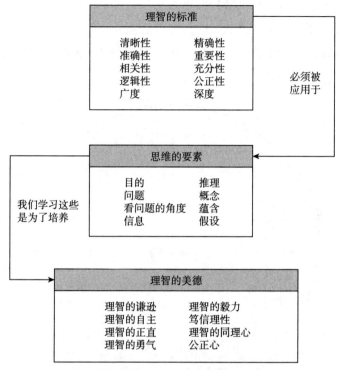

图 8　理智的标准、思维的要素和理智的美德

什么是理智的标准？它是高级推理者用来评判推理方式的标准，在整个人类历史上一以贯之。我们相信，如果每个人都能明确使用并坚持这些标准，那么所有人的推理能力都将得到提升。

我们的观点需要保持清晰和准确。我们的想法需要切合实际。当我们需要考虑多个看问题的角度时，我们的思维可能需要同时保证有逻辑性和广度。当我们需要更多的细节时，我们需要确保我们关注的是更重要的关键信息，而不是琐碎的无用信息。我们需要确保我们的思维是连贯的或充分的，确保自己全面地进行了思索，确保自己公正并深入地对待复杂问题。

我们通常将理智的标准应用于思维的要素。我们每次思考都出于某种目的，我们会提问，会从某个角度思考，会使用信息，并根据这些信息进行推断；我们的思维是由与我们的假设所关联的概念驱动的；最终，我们也必须承受我们的思考所带来的有益或者无益的后果。

我们可以把所有的思维解构为思维的八个要素，如图 9 所示。本书对思维的要素采用了多种表述方式，比如推理的要素、理智的要素、思维的部件等，但这些表述本质上都是一样的。八个要素支撑了我们的思考过程。当我们推理时，这些要素必不可少。

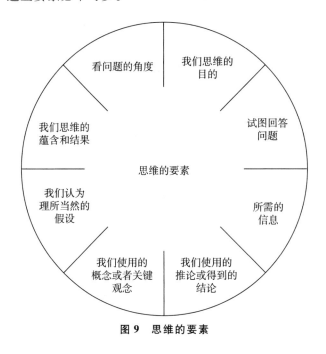

图 9　思维的要素

无论你是以最高质量还是最低质量的水平进行思考，思维的要素都会存在。因此，我们可以随时在这些要素中切换，以提高我们的思维能力。你可以随时间自己："我现在的目的是什么？"例如，我写这篇导读的目的有很多，明确这些目的对我而言很重要；在开始讲解之前、准备材料时以及讲解过程中，我都会提出问题。我在利用自己获取到的信息，进行一些推理。我的思考始于某些概念，并且会提出一些新概念。对作为一个学习者的你，乃至所有学习者，我都持有一些理所当然的假设。同时，我是从某个特定的角度进行思考的。我的讲解会具有一定的蕴含和后果，产生一些影响，比如我希望本导读会对你有所帮助。

　　我想表达的是，作为一个普通人，我们在一天中不断地、多次地推理。每当我们进行推理时，这些思维的要素就会出现。当你阅读一本书时，你是在读某个人推理的产物。这个人写作必然有其目的，可能是一个主要目的和好几个次要目的。他会提出很多问题，而其中必然有一个核心问题。这个人也会利用信息，再次进行推理，和你一样遍历思维的所有要素。你读到的社论和文章都是某个人或者某些人推理的产物。小说也是，故事中的每个角色都有一个或多个逻辑，有他们自己的目的，他们也会像我们一样问问题和利用信息。

　　推理在生活中如此普遍，以至于我们很难察觉，并且经常忽视。因此，我们最好在任何情境下都能经常使用思维的要素。你现在可以尝试设想一个目的。我们提出了什么问题？我们正在使用哪些信息？缺少哪些信息？如果你正在为一门课写论文，你写论文的目的是什么？你在这篇论文中要回答的关键问题是什么？你使用了哪些信息，省略了哪些信息？你为何忽略这些信息？当你在与某人进行争论时，你是否曲解或者故意遗漏了一部分信息？如果你确实有以上行为，那么你是否怀有恶意？批判性思维使我们能够进行以上所有思考以及其他可能的思考。

　　记住，我们学习批判性思维的目标就是分析并提高我们的思维能力。我们希望使用理智的标准来评估我们的思维。归根结底，我们还是要培养理智的美德和成为有知识品格的人。

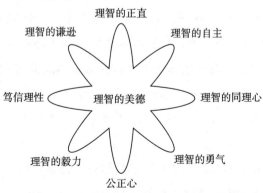

图 10　公正的批判性思考者具备的理智的美德

公正心意味着我们言出必行，用同样的标准对待自己与他人，甚至用更高的标准对待自己。理智的谦逊意味着，在任何特定的时刻，只要秉持这种美德，你就能清楚地区分自己所知和所不知之间的界限，并且如果你某次不慎越界了，例如说了谎，或者你基于新信息重新思考自己的已有立场或观点，发现自己错了，那么你就会愿意站出来说："你知道吗？昨天我说过这样的话，采取了这样的行动。然而，当我根据新的信息重新思考时，我意识到我错了。我愿意承认自己的错误，并愿意改变自己的想法。"批判性思考者愿意改变自己的想法，承认自己在思考中会犯错，因为他们知道每个人都会在判断时犯很多错，所以他们并不固守自己的观点，而是愿意在需要的情况下改变自己的观点。

理智的自主意味着你愿意独立于群体进行最好的思考。这并不是因为你想表现得与众不同，把头发搞得标新立异或者穿奇装异服。它意味着你已经做出了最好的思考，周围人的反对意见并不会对你造成困扰。你不需要他们的认可或是赞同，更无须和他们达成一致。因此，与理智的自主相反的就是理智的顺从，也就是随大流，一味地附和大多数人的观点。这是人类生活中一个非常重要的问题。但你能判断出自己在多大程度上被顺从性影响吗？

理智的同理心意味着我们有能力并愿意去真正理解那些与自己观点不同的观点，尤其是反对观点。当我们具备理智的同理心时，我们会说："等一下。让我尝试阐述你的观点，并尽可能以你认同的方式向你解释。理想情况下，在我向你解释完你的立场之后，你会说'没错，你完全理解我在说什么'。一旦我们能够达成一致，我就可以更好地剖析你的观点，因为我正在试图抛开我的信念、个人立场和偏见，按照你的逻辑思考问题。"我们都希望做到有同理心，但实际上我们永远无法真正做到。如果能够做到，那就说明我们已经变成毫无瑕疵的"完人"，然而完美之人从不存在，也永远不会出现。

理智的勇气意味着你敢于审视自己的信仰，乃至自己至今接受的所有信念。如果这些信念经不起理性的推敲，你敢于放弃它们。你可能在某种观念的熏陶下长大，并且对它深信不疑。但如果你具备理智的勇气，你就会愿意审视这些信念，客观地看待它们，并在必要时将它们抛诸脑后。

理智的毅力意味着我们愿意应对困难，并且知道如果要在生活中取得高质量的成就，就必须坚持不懈。它意味着我们愿意克服心理困难，在困惑和失望中不断前行，以达到更高层次的思考水平，正如为了精通任何一项运动，你都必须持之以恒地练习一样。如果你想打篮球，你必须练习无数次运球、控球和上篮，以及其他成为一名优秀篮球运动员需要做的事情。如果想要保持身体状态良好，你就必须坚持锻炼身体，这是一个需要长期努力的过程。如果你想学会拉小提琴，那同样需要毅力，锻炼你的思维也是如此。如果你想在任何领域有所发展，就必须有毅力和决心。如果你想在更高的水平上分析和理解问题，那么当思考遇到瓶颈时，你就绝不能放弃。

能够在这个世界上取得成就的人永远是那些拥有理智的毅力的人。如果你想发挥自己的能力，你就必须拥抱这种坚韧不拔的精神。设想用一块大理石雕刻出美丽的雕塑是怎样的过程。如果你有这方面的经验，你会首先意识到，你面对的是一块毫无轮廓、只会挑战你耐心和毅力的坚硬的石头。一开始，你只能想象它会变成什么样子。这可能会很痛苦，对吧？因为还什么都没有。你看不到脸，看不到眼睛，也看不到鼻子，只看到一块石头。而且在很长一段时间里，你只能看到自己在一块石头上敲敲打打，仿佛一切都徒劳无功。但如果你是一位高超的雕塑家，那么你就会知道对这块石头进行的所有雕刻，最终会成就一件作品。

笃信理性意味着无论事实引导我们得出怎样的结论，无论我们对这个结论喜欢与否，我们都愿意遵循事实。遵循事实往往意味着自己必须放弃过去坚持的某些习惯。如果我们笃信理性，那么我们就愿意放弃自己坚持的一些习惯，愿意面对事实、内化事实，并按照事实生活。许多人害怕面对事实、害怕真相、害怕审视自己的信念、害怕直视他们从小就接受并深受其影响的观念或者教育。但是一旦你害怕审视自己的信念，你就不可能成为一个批判性思考者。

很明显，这些理智的美德是相互关联的。为了保持公正心，就必须尽可能培养理智的同理心，因为你必须真诚地代入并真正理解那些你不认同的观点，以便保持思维公正。我们将理智的美德视为一个集合。理智的美德与思维的要素不同，我们可以将思维的要素简化为八个，但我们不能把理智的美德概括、简化为几个。还有其他一些品质我们可以归纳到理智的美德的范畴中，比如理智的自律、理智的责任感、理智的好奇心，等等。但鉴于你的学习之旅刚刚开始，上文提到的这些理智的美德就足以帮助你了解如何成为一个有智慧的人。

六 批判性思维的障碍

许多其他理论、方法主要关注的是思维技巧的培养，但在我们的方法中，我们关注培养理智的美德。而要培养理智的美德，我们要看到有两种主要障碍：以自我为中心的思维方式和以社群为中心的思维方式。

先看下图的最底层。理性的思维方式使我们努力兼顾他人的权利和需求，努力探寻事物的本质。我们不想自我欺骗。人类在自我欺骗方面具有高超的技巧，而且这种技巧是与生俱来的，无须学习。我们来到谈判桌上，就像我们带着自我欺骗的能力来到这个世界上一样。在很小的时候，我们或许就开始了自我欺骗。当然，这可能会受到特定文化的鼓励或者抑制。但当我们使用理性的思维方式时，我们希望看到事情的真相，并考虑他人的权利和需求。

阻碍理性思维的主要是我们内心的两种本能倾向：以自我为中心和以社群为中心。

以自我为中心的思维方式引导你得到你想要的，或者是验证自己的思维方式是合理和正确的。换言之，在你人生的某个阶段，你处于一种自负状态，你相信你所有的信念都是正确的。为什么你会这样想呢？因为你并没有每天都反思："我需要拒绝我的哪些想法？我的哪些观点有问题？我至今学到的哪些观点给我带来了问题？"反思不是人类习惯采用的思维方式。相比之下，我们更愿意相信"此刻，我所有的信念都是正确的"。但这并不正确，因为没有人的思考是完美的，我们所有人都会犯错误。

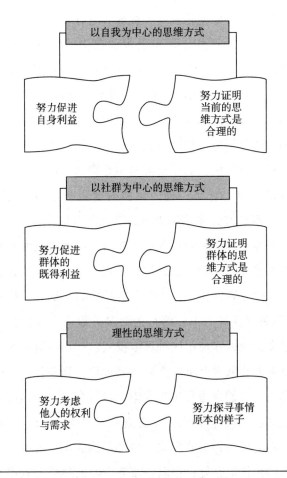

图 11　区分理性的动机与以自我为中心和以社群为中心的动机

因此，以自我为中心的本能使我们固守在我们想要维持的逻辑中，即使它们已经给我们造成了问题。例如，你可能认识一些负面情绪很多的人，他们总是把自己的窘境归咎于别人，并且不停地抱怨在生活中遇到了哪些困难。他们总是过于关注负面情况，对自己的生活缺乏控制。我们每个人都必须审视自己的内心，问问自己，我们在多大程度上以自我为中心。你可以选择责怪父母，并将原生家庭作为一个借口来逃避现实问题，这就会导致当其他人在向前迈进时，你却像旋转木马一样在原地打转，除了产生正在前进的错觉，什么都无法改变。这就是把自己束缚在错误的思维方式中的一个例子。一旦你的思维方式出错，你在思考和验证思考的过程中就会产生各种各样的问题，这些问题使你无法保持理性。因此，当以自我为中心进行思考时，我们要么容易产生自私的行为，要么会被狭隘的观点束缚。

以社群为中心的思维方式和以自我为中心的思维方式是并存的。以自我为中心强调个体利益最大化，而以社群为中心则强调群体利益最大化，为自己所在的群体争取更多，它是一种因个体高度团结而形成的群体意志——"我们是最好的"。我们在许多情境中看到以社群为中心的存在，比如体育比赛、民族主义，等等。你一生中加入过许多群体，或许已经看见过一些人是如何被排斥在你的群体之外的，或许你自己也有过被排斥的体验，这些都是以社群为中心的思维方式的例子。"你不是我们的一部分。你不能成为我们的一员。"如果这种以社群为中心的行为会对其他人产生消极影响，情况就会更加糟糕。很多企业都在使用这种思维模式：一切以满足企业的最大利益为先，即使这意味着会以更严重的方式污染地球。当然，企业的这种想法并不会明确表达出来。它们会进行自我欺骗，告诉自己有正当的理由，一切行为的底线是"这对我的群体有好处"。这是以社群为中心的一种主要形式。

以社群为中心的另一种主要形式是验证群体的思考方式。请注意这里与以自我为中心思维的相似之处：在以自我为中心的思维方式中，个体在验证自己的思维方式，而在以社群为中心的思维方式中，不同个体共同验证他们所处群体的思考方式。浏览社交媒体时你就会注意到，当人们被孤立或者加入某些群体，将自己与其他群体隔离时，无论那些群体内部的思维方式多么病态，群体中的成员都在相互验证这种思维方式是完全合理的。

这只是关于阻碍理性思考的两种思维方式的初步介绍，但我希望你在最开始就先了解这些。如果你不能以一种理论的方式研究推理、理智的标准和理智的美德，并认为你现在已经是一个批判性的思考者了，那么你就必须问问自己，在任何特定的时刻，你的以自我为中心的思维倾向达到了什么程度？你在多大程度上跟随主流的意见？为什么你要这样做？这是理性思考的结果吗？或者这是以社群为中心进行思考的结果吗？

图12 人类总是通过非理性的滤镜来歪曲事实

再多说一些关于思维障碍的内容。上图为一张"滤镜图"。"自我中心主义病理学"和"社群中心主义病理学"位于图中央，还有其他同义词，如"自私自利""成见/偏见""歪曲事实""谬误思考""合理化""心理投射"，这些都是我们感知世界时所透过的不同滤镜。试想如果所有这些扭曲都发生在你的思考过程中，你还能看清现实吗？我们希望各位读者可以通过批判性思维尽可能消除或减少这些滤镜的影响，坚定地过上理性的生活，意识到以自我为中心和以社群为中心的思维方式何时会起作用，从而减少它们对生活的影响。

上图是对思维障碍的扩展讨论。我们可以将思维方式分为两个分支：一个分支专注于理性的思维方式，在这种思维方式下，我们想要思维公正，实现自我发展；另一个分支专注于内在的非理性倾向，即以自我为中心和以社群中心的思维方式。如图13所示，内在的非理性倾向在很大程度上都发生

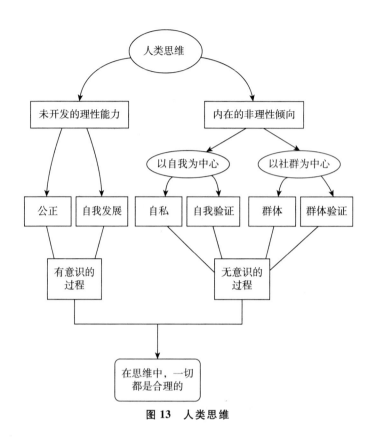

图 13　人类思维

在无意识层面，而理性的思维方式则主要发生在意识知觉层面。但是，所有这些思维方式对于大脑来说都是合乎逻辑的。因此，如果你自认为采用了理性思维，而实际上正处于自私、自我认同、群体主义或群体认同的思维陷阱时，那你怎能真正改善你的思考呢？我们必须意识到，每个人都具有以自我为中心与以社群为中心的本能倾向，并且这些倾向会阻碍我们的全面发展与自我实现，阻碍我们成为快乐的、能够为更美好的世界做出贡献的人。

　　下面我们来看下成为批判性思考者的六个阶段，如图 14 所示。第一阶段是你开始思考自己思维方式的起点。随着你深入阅读本书，你会不断积累知识。我再次鼓励大家认真对待书中的练习，并认真写下答案。希望你的老师也会要求你这么做。

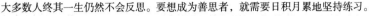

> 大多数人终其一生仍然不会反思。要想成为善思者，就需要日积月累地坚持练习。
> 如果你想通过积极的努力将自己培养成为批判性思考者，你会经历以下六个阶段。
> 第一阶段：非反思型的思考者。你没有意识到自己思维中存在重大问题。
> 第二阶段：接受挑战的思考者。你开始意识到自己思维中存在问题。
> 第三阶段：初级思考者。你开始尝试改进，但你还没有进行常规练习，也不知道如何改进。
> 第四阶段：实践型思考者。你认识到常规练习的必要性，并正在制定具体的练习方法，以改进自己的思维方式。
> 第五阶段：高级思考者。你在实践中不断进步，并在生活中受益。
> 第六阶段：成功的思考者。熟练而深刻的思考成为你的第二本能，你在生活中的主要领域都能表现出理智的美德。

图14　成为批判性思考者的六个阶段

不论何时，我们每个人都有可能处于图中的六个发展阶段之一，一开始我们可能是非反思型的思考者，没有意识到我们思维方式中存在问题，甚至不知道存在像批判性思维这样需要付出实际努力才能形成的思维方式。也许你听说过"批判性思维"这个词，但你并不知道它的含义。实际上，大部分人都如此。这个词随处可见，但它对于我们来说并没有太大价值，因为我们并没有深入地理解它。

本书的目标就是让你掌握可以终身受用的批判性思维。我希望你能从一个非反思型的思考者先变为接受挑战的思考者。当你开始意识到自己思考中存在问题时，你就已经实现了这一转变。如果你在阅读这本书的过程中没有意识到你的思维中存在任何问题，那么这个阅读过程可能没有发挥作用，或者你没有很投入地阅读。当我们开始认真对待我们的思维，将其视为提高生活质量的关键，并开始采取行动改进时，我们便进入了初级思考者阶段。即便你在独立进行批判性思维训练后成为实践型思考者，但正如在教练指导后开始独立训练的篮球运动员，他们中表现最好的是那些在训练结束后还能走进场地花时间进行额外训练以提升技能水平的人，他们明白如果不投入时间训练，将无法达到最高水平。

我希望你们在读完本书后能成为自发的实践型思考者。对此我只有几句话要说：请记住批判性思维在当今社会并不被高度重视，尤其是公正的批判性思维；虽然我们每个人都在一定程度上进行了批判性思考，但我们需要明确的工具来持续改进我们的思考，并达到我们力所能及的最高水平。

请记住，无论至今你接受了什么样的思维训练，你都有巨大的、或许自己都没有意识到的发展潜力。如果我们相信自己心智的力量，并认真对待批判性思维的基本工具，将它们应用到生活的各个方面，那么我们就可以做得更好。很开心你将通过阅读本书进行学习，希望这个导读帮助你找到起点。祝你好运，期待听到你进步的消息。

被误读的批判性思维

彭凯平[*]

批判性思维（critical thinking）是人们在日常生活中使用频率特别高的一个词。中国知网数据显示，自从 1981 年起，很多学者开始使用"批判性思维"这个词；进入 21 世纪，"批判性思维"开始在非学术领域的社会生活中广泛流行开来。今天，在学习、工作与生活中，中国人开始大量使用这个词语，由此可见，批判性思维的确是一项特别重要的思维方式与思考技能。

不过，当这么重要的一个概念从学术领域进入生活时，却有不少人错误理解或运用。在 2021 年一项针对国内两所高校的 209 个学生进行的调研中，7%的人认为批判性思维就是"批评别人""找碴儿""完全否定"。这个调研的结论很有代表性。事实上，今天许多人在听到"批判性思维"或者使用"批判性思维"时，都或多或少简单粗暴地放大或扭曲了这个词语的否定意义。特别是在我们的语言习惯与文化心理惯性中，"批判"本身就包含历史凝固下来的使用偏好。甚至在很多人的心中，"批判"是比"批评"更加严重的一种否定。于是，就产生了上面调研中出现的情况：当批判性思维成为某种生活用语或"时尚用语"后，它不带有任何情感色彩的理性阐述悄然变成带有强烈否定倾向的情感发泄。这种情况的产生完全是我们的语言运用习惯与文化心理偏好遗留下来的一个"常识性误解"。

单从哲学解释的角度来看，"批判"是一个中性、严肃的并且严密的词

* 彭凯平，中国积极心理学发起人，清华大学心理学教授、博士生导师，清华大学全球产业研究院院长，社会科学学院前院长。

语。这里面的"否定"代表的是一种反思、审视、考察、辩证，一种不人云亦云、不随波逐流、不盲目服从常识的审辩的态度与理性。而批判性思维正是这种态度与理性的思维工具与逻辑工具。从词源上来讲，"critical"的词根源于希腊语的两个词：一个是"kritikos"，意为"有眼力的判断"；另一个是"kritrion"，意为"标准"。因此，批判性思维的含义是"运用恰当的评价标准，进行有意识的思考，最终做出有理据的判断"。根据《朗文常用英文词根词典》，从词源看，cirtical 最初的意思是指"用手筛选"，后引申为"区分、辨别"。早在古希腊时期，哲学家苏格拉底便开始使用过类似的思考方法与技巧。学术界公认，最早定义"批判性思维"的人是美国哲学家与教育家约翰·杜威。杜威在《我们如何思维》一书中称"critical thinking"为"reflective thought"（反思性思维），表达"making careful judgement"（审慎判断），是对自己的一种信仰或所偏爱的某种知识形式，从它们所依存的基础上和可能得出的结论上，进行积极、持续、仔细的审视。在杜威的阐释里，我们看到批判性思维并没有明显"批判"或"否定"的意思，反而是积极、持久而专注的。《中庸》中有这么一句话——"博学之，审问之，慎思之，明辨之，笃行之"，阐明一个君子的学习、思考与行为。对应杜威的解释，我们发现批判性思维可能更接近于"审问之，慎思之，明辨之"这三个思考步骤的总和。因此，无论是东方还是西方，批判性思维代表的都是一种积极的高级思辨力。

1990 年，来自全球人文科学、自然科学、社会科学和教育领域的 46 位专家历经两年研究，发布了《批判性思维：一份专家一致同意的关于教育评估的目标和指示的声明》。该文章提出批判性思维所代表的认知能力的核心为阐述、分析、评估、推论、解释和元认知六个方面。美国哲学学会在批判性思维所包括的上述 6 种核心能力之外又增加了 7 个人格特质（求真、开放性、分析性、系统性、自信、好奇心和认知成熟度）。经济合作与发展组织（OECD）于 2000 年发起的世界上最具影响力的国际学生评估计划（PISA），将批判性思维作为未来全球公民所必需的核心素养中"高阶认知"的首要素养（其他四项高阶认知包括"创造性""问题解决""学会学习""终身学习"）。PISA 评审委员会认为，批判性思维代表的高阶认知是学生通用素养与人格养成中的最高级状态，是学生在进行"社会性发展"（沟通与合作、领导力、跨文化与国际理解、公民责任与社会参与）与"个人成长"（自我认识与自我调控、人生规划与幸福生活）时需要具备的最为关键的能力与人格要素。

因此，从上面这些内容来看，我们应把注意力更多地放在批判性思维真正代表的含义上及应用领域，并且加以深刻且透彻的理解，某种程度上看，把"批判性思维"简单理解为批评能力是不准确的。其实，批判性思维就是人类作为一种高级灵长类动物所具备的独有的观察力、思辨力、认知加工力、审美力、共情力、创造力等，它们都是值得人类持续不懈地积极追求的。

非常幸运的是，今天该领域的专家理查德·保罗和琳达·埃尔德用他们最新的著作《批判性思维》（原书第 4 版）帮助我们全面、系统、准确地理解批判性思维。批判性思维不是一种简单的批评武器，而是一种公平、高尚的理性智慧。它能有效地帮助我们解决生活、学习和工作中的问题和挑战。期待读者与这本书的作者一起努力，培养批判性思维，开启改变自身命运的旅程。

独立于自己，独立于他人

樊　登[*]

对于批判性思维，我相信很多人都耳熟能详，但很少有人能说清批判性思维是什么、为什么批判性思维被人们推崇和学习、如何在现实生活中运用批判性思维，甚至在很多时候人们还对批判性思维有不少误解。

关于批判性思维这个话题，我之前讲过保罗教授和埃尔德教授的另一部作品《思辨与立场》，谈到了思维的三个层次。

一是较低层次。较低层次思维的特点是无反省，人们往往凭借非理性直觉做事，而且从来不认为自己这样做有什么问题，具有很大程度的自利特征。这就是我们常说的低层次思维方式。

二是高级层次，即能够选择性反思。也就是说，一个人虽然有比较高的思考技能水平，但是缺乏公正和合理性，对自己和他人的认知无法保持一致，持有两套不同的标准。这种思维方式虽然有较强的思辨能力，但存在一定的虚伪性和遮蔽性，不是真正的批判性思维。

三是最高层次，也就是我们所说的真正的批判性思维。具备这种思维能力的人既有很高的思辨水平、理性推理能力，也懂得换位思考，拥抱对立方的正确观点。他们愿意追求科学、公正、逻辑，运用理性推理，并保持思维的自主性，进而成为独立的思考者。这是最高水平的思考技能。

而要想拥有批判性思维，我们还需要明确"对象感"——拥有批判性思维是为了什么。人们对这个问题的理解往往存在各式各样的误区。事实上，

---

[*]　樊登，帆书 App 创始人，首席内容官。

批判性思维除了可以培养我们提高对别人的看法或者评论的逻辑敏感度，还鼓励我们加强捍卫自己逻辑的能力和决心，重要的是，它让我们能够批判自己的想法，并学会反思。大多数人的思考是无意识的，所以我们很难自然获得批判性思维。因此，大多数思想消极的人不会对自己说："我选择了用消极的方式思考自我，思考自己的过往经历。我竭尽全力让自己不快乐。"这种大脑惯性让我们很难意识到自己的思维，也就更难察觉到无意识的思维会造成什么后果。

如果意识不到自己的思维，我们就不会在需要纠正它时及时出手。在无意识状态下察觉不到问题所在，导致我们不会产生改变问题的念头，从而画地为牢、作茧自缚，任由消极思维蔓延生长。

人之为人，能够独立思考十分可贵。这个独立不仅在于独立于他人，也在于独立于自己。独立于自己，就是跳脱出自己无意识的思维观察和要求自己。而意识到自己在想什么，判断自己的思维走向，掌握对自己思维的主导权，就要求我们拥有批判性思考的能力。在《批判性思维》（原书第4版）这本书中，作者希望每个人都能成为公正的批判性思考者，并告诉我们在生活的各个领域和维度如何培养理性思维，提高自主思考能力。其中一点，我觉得可以和大家探讨下，那就是在互联网技术和信息洪流中，批判性思维如何发挥作用。

我想每个人都会有同样的感受，那就是我们每天一定会在各种大大小小的屏幕所呈现的各类内容和信息上花费大量的时间。这是我们在互联网时代了解和参与世界的重要方式，是十分自然的事。那么在接触互联网这类日常和普遍的事物时，运用批判性思维，获得的感受和体验会有所不同吗？

对于这个问题，这本书中提到的一点很有意思。两位作者指出，要理解互联网的逻辑，首先要将其视为一个巨大的信息传播机器，它的触角伸向无数个方向。我们不需要对每个触角都有所了解，重要的是掌握其整体逻辑。我们要认识到，与人类的所有创造物一样，每个网站都是人类推理的产物，我们需要通过理智的标准和思维的要素对其进行评估，例如，它呈现的信息和观点是否准确、清晰、公正、有深度等。

所以，只有掌握批判性思维工具和武器，我们才能够更好地理解和评估互联网技术及其运作逻辑。比如，对于大多数人来说，把大量时间花在互联网上，是既自然又有益的，但是理性的思考者会把所接触的信息来源和网站限制在一定范围和时间内，因为他们知道，虚拟世界和现实世界的体验是完全不同的，虚拟世界永远无法取代真实、面对面的人际互动带来的美感与活力。

互联网的能量是巨大的，如果只是无意识地穿梭在浩瀚的信息海洋，我们只会无止境地消耗时间和心智。在这种情况下，如果能更加理性和公正地进行思考与分析，有意识地掌握事物的运作逻辑，我们就能对自己面对的互联网环境和互联网技术产生更深刻的理解。而提升对所处环境的评估和判断能力，我们就拥有了更强的辨别能力，自然也就拥有了更好地保护自己的能力。

思考是人的天性，但人却不是天生善于思考。在这个高度技术化的复杂世界，我们只能在前行的时候，善用批判性思维，也就是有效使用我们本就拥有的智力工具"激活"自己的思想武器，让自己在穿梭于复杂的群体、社会、文化、国家时，保持足够的判断力和洞察力，并从思考中受益。

向大家推荐这本书。它是批判性思维领域的经典图书，这次历时十年升级而成的第 4 版，内容大幅扩充，而且用简练的语言和清晰的图表将推演和批判性思维的理念进行了可视化。这本书通过介绍案例和社会现象，帮助我们在生活和学习中运用批判性思维。阅读这本书，你一定能收获全面且深刻的理解。

优秀的思考者不仅能洞察自己的思维过程，还懂得借助工具的力量提升自己的思考效率和质量。这本书将是我今年做深度反思时的有力工具，我也期待它能够被更多的人广泛而灵活地应用。

言不厌精，思不厌细

郁喆隽[*]

孔子对弟子们说过："食不厌精，脍不厌细。"（《论语·乡党》）它的意思是食物处理得越精越好，肉切得越细越好。紧接着，他又提出了"八不食"的原则。崇尚养生的人如今也延续了类似的想法，对自己每日入口的食物、食材进行溯源。然而讽刺的是，我们对入自己脑和出自己口的内容却很少采取如此认真的态度。只要睁开眼、打开手机，每天我们都会或主动或被动地"摄入"海量的内容，大部分是碎片化的信息，充斥着大量似是而非的看法与意见，极少能够达到知识的层面。我们每个人的头脑似乎成为一个信息的"回收站"甚至是"垃圾桶"。

还有人笑言，手机上的各个 App 分别代表了欧洲中世纪基督教"七宗罪"中的一项——饕餮、淫欲、暴怒、贪婪或傲慢等。换言之，有些人看似是在上网，其实是在假借网络宣泄自己的特定情绪。网络的确具有极大的"情绪价值"，但很多时候也是负面情绪的来源，沦为信息"粪坑"和舆论"修罗场"。有些人要么蜗居在自己的信息茧房里抱团取暖，要么从自己的舒适区探出半个身子来开怼喷人。不仅如此，各种社交网络和平台存在虚假信息（misinformation），有些是商业营销，有些是为了博人眼球。虚假信息甚至已经被"武器化"。

我们能识别虚假信息吗？还能相互好好说话吗？我们能不能稍微修改一下孔子的话，做到"言不厌精，思不厌细"呢？这些不仅是涉及人品的私德

* 　郁喆隽，复旦大学哲学学院副教授、宗教学系副主任。

问题，更是社会公共伦理的"基础设施"之一。要做到这一点，不得不提到"批判性思维"（critical thinking）。虽然这个概念来到中国时间已经不短了，但远未深入人心。它大致被视为一种单纯的说话"技巧"，近乎"巧言令色"。在人类各大文明里，其实都有关于如何讲话、提出论证、据理力争的学问。在西方，批判性思维在中世纪经院哲学的神学讨论和辩论中得到了系统化的总结与表述，后来又经过新教一些派别内部管理制度的洗礼，从而在现代形成了一个学问的门类，大体放在逻辑学之下，因而又和哲学密切相关。批判性思维之所以被人接受，在很大程度上是因为其实用性，它可以运用于辩论、谈判和公共交往中。从学院派专业学术研究的角度来看，它至多是基础研究的一种准备性工作，能够为有效论证打好基础。不过，倘若从当下的现实来看，批判性思维还具有学术之外的社会效用，即识别谬误、澄清思维、净化讨论。对个人而言，它也是一件"傍身护体"的利器。

虽然此前国内出版界已经引进翻译了不少批判性思维的图书，不过摆在面前的这本《批判性思维》（原书第 4 版）给人耳目一新的感觉。这本书的第一作者理查德·保罗博士可谓美国批判性思维领域的领军人物和开拓者；第二作者琳达·埃尔德博士是一位教育心理学家，她对思维与情绪、认知与情绪的关系特别感兴趣。两位合作可谓珠联璧合，一人侧重理性，一人关注情绪，将论证的形式化内容与个人心智成长结合起来，也很好地平衡了批判性思维背后"私己"与"公共"两方面的追求。以往批判性思维的图书大多仅仅看重训练个体的思维，而这本书的长处在于加入了一个认知提升的维度，为个人心智的成长提供了循序渐进的标准，也运用大量图表、问题与案例，给出了自检自查的步骤。

为什么说在当下的处境之中，于公于私都急需批判性思维的训练呢？

于私，这首先和人类的思维有关。很多人将思维和视觉进行类比：眼睛看不到自己，却可以观察世界。不过如果一个人眼睛本身有问题，那么又会看到怎样的世界呢？不过这种类比存在一个误区——和眼睛不同的是，思维具有一种特殊能力，那就是自指（self-reference）。思维不仅可以考察外部世界，也可以自我审视。眼睛就不具备这种能力，它不能直接看到自己。因而这本书的作者明确地提出批判性思维包含了三个相互交织的阶段：分析思维、评估思维和改进思维。在很大程度上，我们接受批判性思维训练不是为了赢得别人的掌声与鲜花，而是需要时刻"刀口向内"——它主要不是针对别人，而是用来"折腾"自己的。人为什么要折腾自己呢？不难发现，身边不少人从出生到死亡，都未曾检视过自己的思维和语言。很多时候与其说是你讲出了一句话，还不如说是一句话通过你表达了出来。"我"这个人称代词具有极大的欺骗性。绝大多数思想内容并非"我"原创，而是别人的发明并在社会中流通的。遗憾的是，一些人的头脑是混乱的"跑马场"、群兽撕咬的"丛林"。他越是义正词严，就越会陷入"自欺欺人"的状态。现代人呈现出一个矛盾：一方面有些人极度自私自利，总在计算自己的利害得失；但是另一方面，经过他头脑的观念、价值和思想却未经检查。于是才会出现"我相信它，所以它是真的"这样一种非理性信念。

笔者将另一种类似的现象叫作"思维短路"：很多人的思维和情绪是可以被预期的——当看到关键词 A 的时候，他必然产生 B（回答/情绪/反应）。就像一台机器被按下开关后，它就必定会做出特定的动作。这意味着，此人是很容易被操纵的。他很少会去进行语境化的（二阶）思考——为何在此时此地有人抛出了关键词 A？以及 A 在其他时间和场合是否可能具有其他含义？无论是不自知的自欺，还是"思维短路"，都可能会让当事人产生某种真理在握的自大感受，但终将受到因果律的"制裁"。

于公，澄清认知和舆论是这个时代需要的道德责任。二战时期德国著名的神学家朋霍费尔在纳粹的监狱中写道："愚蠢是一种道德上的缺陷，而不是一种理智上的缺陷。"（"论愚蠢"，《狱中书简》）讲理不仅是个人的素质，而且是好公民的义务。这几年，伴随着社交互联网的崛起，盲从权威、"帮亲不帮理"等现象回潮。很多人尝试去维护自己越来越小的"圈子"，寻求莫名其妙的身份认同；有时会聚拢成一些不可控的力量，打击异己，"社死"他人。这本书也让我们认识到，小圈子甚至整个社会都可能是具有欺骗性的。无论是"地平论"（flat earth theory）还是"达克效应"（the dunning-kruger effect），都提醒我们，需要时刻对个人的以自我为中心和以社群为中心的倾向保持警惕。人的伟大和荒谬之处可能都源于一点："人类是悬挂在自己编织的意义之网上的动物。"格尔茨在《文化的解释》一书中对此给出了一个大众心理的解释："人倾向于坚持自我信念。"换言之，人会固执己见，甚至可能为了捍卫自己的错误观念而不惜伤害他人。批判性思维就是时常自问，我以为的"理所当然"真的就那么理所当然吗？一个社会中的"天经地义"真的就那么天经地义吗？我们这样认为的理由是什么？它究竟是信念还是认识呢？不讲理很可能源于自己深层的不安全感。在此意义上，批判性思维可以通过澄清信念，来揭示并克服那种不安全感。

和情绪化的出路相比，批判性思维是一个高成本的解决方案。讲理的人成本比较高，因为你不能不讲理。它要求将论证的责任分摊到每一个人身上。换言之，每个人成为自己的权威。这与启蒙的核心要求"自主性"（autonomy）是高度契合的。这本书中高频出现的一个词是"独立"——这并不意味着任性妄为，而是要求每个人尽量好好说话，给出有效的理据，也要好好听别人说话；当不同的人对同一件事情的判断产生分歧时，是否还有可能进行有效的对话，即在不诉诸暴力的前提下说服对方，进而达成一致或者谅解？每个人都要时刻准备接受更好的论证，乃至改变自己原先的立场。正如美剧《波士顿法律》（Boston Legal）中主角艾伦·肖的一句口头禅："我可能是错的。"其实这与"虚己"和"慎独"也有异曲同工之处。身处这样一个所谓的"后真相"时代，人类最终还需要真相吗？笔者认为，人不可能全然采取一种知识上的犬儒态度，否则将陷入流沙。用脑思考，还是用肠子、肾上腺或性器官做出决定，这是一个问题。英国作家乔纳森·斯威夫特在给友人的一封信中写道：把人定义为理性的动物（animal rationale）是错误的，他是能够使用理性的动物（rationis capax）。在此，"能够"是一个奇妙的词。哪怕是那些最为理性的人，也很少动用自己的理性能力，而在绝大多数时候，我们动用的都是那些非理性能力，例如激情、冲动、血气等。我们终究要保持一种清醒的认识：理性是一种稀缺而少见的潜能。持续接受批判性思维的训练，或许可以将这种潜能发挥出来。在谨言慎思之后才是行动，而不是倒过来。

中国逻辑学会批判性思维专业委员会成立大会暨首届学术研讨会综述

林胜强　罗　磊[*]

2023 年 12 月 30~31 日，为响应习近平总书记关于"要更加重视人才自主培养，更加重视科学精神、创新能力、批判性思维的培养培育"[①] 的号召，推动批判性思维研究与教学在中国的普及与发展，"中国逻辑学会批判性思维专业委员会成立大会暨首届学术研讨会"在四川师范大学召开。本次会议由中国逻辑学会主办，四川师范大学哲学学院承办，《四川师范大学学报》（社会科学版）编辑部等单位协办。来自中国社会科学院、中国人民大学、中山大学、南京大学、四川大学等科研院所、高等院校的专家学者，以及中小学教师等参加了这次会议。研讨会围绕批判性思维与逻辑的关系问题、我国传统文化中的批判性思维、逻辑教学与论证能力培养、批判性思维与大中小学逻辑教育教学以及批判性思维的研究和应用、批判性思维的本质特征及当代意义等问题展开了广泛而深入的讨论。

---

* 　林胜强，四川师范大学哲学学院教授，博士研究生导师。罗磊，四川师范大学哲学学院逻辑专业硕士研究生。

① 　《习近平著作选读》第二卷，人民出版社，2023，第 474 页。

一 批判性思维与逻辑的关系问题

批判性思维与逻辑的关系问题是一个敏感的话题，学界为此争论不休。本次大会特邀报告阶段，南京大学哲学系张建军教授作了《从逻辑悖论研究看逻辑与批判性思维的关系》的报告。他认为，批判性思维以"合理怀疑、合理置信"为根本特征，而"合理"的要义在于"尊重事实、尊重逻辑"，要"尊重事实"也要首先"尊重逻辑"，因而"逻辑是批判性思维之根"。张建军以罗素悖论及其通俗版本"理发师悖论"等经典案例，运用当代认知科学的"高阶认知"观念阐释逻辑悖论的发现与澄清，探究悖论的构成、解悖路径与标准，说明演绎逻辑、归纳逻辑和辩证逻辑在悖论研究中的作用和机理，并呈现悖论对于提升批判性思维能力的特殊意义。

江南大学吴格明教授在《我所理解的批判性思维》中认为，批判性思维的核心是逻辑，批判性思维的本质是反思，批判性思维的灵魂是人类理性，批判性思维的起点是怀疑，论证的评估和建构则是批判性思维的主要内容。江汉大学李文浩副教授在《"Critical Thinking"的译介取舍及其影响》中指出，critical thinking 无论如何都要尽量还原"批判"的哲学含义，既要体现中西方的共同点，也要强调其现代意义上的逻辑论证特点。湖南科技大学颜中军教授在《批判性思维的逻辑性与逻辑思维的批判性》认为，逻辑学是培养批判性思维的必要条件和本质要求，但不能用批判性思维混同甚至取代逻辑学。这不仅有助于推进批判性思维教育改革，而且还有助于正确认识逻辑学的教学地位，避免不必要的讹误。

二 传统文化中的批判性思维

中国逻辑学会杜国平会长认为，如何充分发掘中华优秀传统文化中的批判性思维思想，并构建体现东方智慧的批判性思维理论体系是一个非常值得研究的课题。我国早在先秦时期就提出了"博学之，审问之，慎思之，明辨之，笃行之"① 这一经典学习过程和认知方法。其中的思想方法就与批判性思维存在诸多相通之处。传承中华优秀传统文化，并在此基础上，对批判性思维进行补缺性、创新性发展，是一项能充分彰显中国学者学术优势的非常有价值的学术研究工作。

中国人民大学杨武金教授论证了墨家逻辑和批判性思维学科之间存在着密切的联系。他通过对墨家逻辑和批判性思维进行比较考察，认为墨家"三物逻辑"理论与批判性思维的基本框架存在同构性，墨家逻辑在多个方面展现出了批判性思维的理论特征，墨家逻辑在墨家社会政治思想的具体应用上体现了批判性思维的基本精神，我们可以通过把握墨家逻辑的本质来推动批判性思维学科的研究与进展。

盐城师范学院汪楠博士以因明唐疏古籍文本为依据，对因明唐疏三支论式与图尔敏论证模型进行比较研究，重点考察因明唐疏古籍文本中关于概念层级的划分的内容，比较因明唐疏三支论式与形式逻辑三段论、非形式逻辑论证型式，认为在论辩中使用的因明唐疏三支论式，具有自身的独特性。

三　逻辑教学与批判性思维

全球批判性思维研究与教学的新浪潮，不仅与逻辑学的新发展，特别是脱颖而出的非形式逻辑相伴而行，而且这两股思维新势力相互促动，既使批判性思维在大学传统课程体系中找到了安身之地，又让大学（通识）逻辑教学的面貌焕然一新。延边大学武宏志教授指出，逻辑知识、方法和精神服务于批判性思维技能和倾向的培养，不仅能充分发挥逻辑提升理性思维的传统功能，而且利用逻辑自身的模式化、规则化的优势，能让批判性思维具体化、可操作，从而取得实效。逻辑与批判性思维的融合——创造一种逻辑教学的新形态，不仅可能而且可行。

中山大学谢耘教授在特邀报告《逻辑教学与论证能力培养》中指出，对

---

① （宋）朱熹：《四书章句集注》，中华书局，2011，第32页。

逻辑学专业知识的学习能够提升我们的论证能力和评价能力。他认为当代非形式逻辑和论证理论的发展为论证能力的培养提供了可资借鉴的理论资源，我们可以援引其中的相关成果来充实逻辑导论的教学内容。他从论证结构的宏观分析、非演绎论证的分析与评价、论证建构、论证互动的理性参与四个角度探讨了非形式逻辑和论证理论在逻辑教学中的作用。

中国社会科学院李章吕教授认为，批判性思维能力与逻辑知识密切相关，大学逻辑课程或逻辑取向的批判性思维课程在批判性思维教育中大有可为，特别是对学生"理论批判性思维能力"的培养。西北政法大学王荣虎认为，在逻辑学课程中，基于批判性思维要义设计教学活动，突出训练识别谬误能力，强化论证意识，能够培养学生在服从理性、逻辑、真理和事实的前提下又保持开放态度和怀疑精神，并坚持论证的说理方式。因此，突出批判性思维的课程设计、训练识别谬误能力和强化论证意识是逻辑学课程中培养批判性思维能力的三个重要维度。西安欧亚学院武晓在报告中对如何利用项目制教学法提升批判性思维课程培养效果进行了阐述，分别从"为何用""如何用""效果评估"三个方面对项目制教学法与批判性思维课程的融合进行论证，期望有效利用项目制教学法提升学生的批判性思维能力。电子科技大学文竟在基于 CNKI 的文献计量分析，系统研究了中国高等教育领域批判性思维研究现状与发展趋势，认为在未来的研究中，学者们可进一步增加教学模式的种类，扩大学科的范围，探索不同教学模式在不同的学科教学中对大学生批判性思维能力及其他能力的促进作用。

四 基础教育与批判性思维

基础教育批判性思维教育教学研究是批判性思维研究的重头戏。李晓艳所在的华中科技大学附属小学秉持"真理想、真实践、真创新"的教育精神，历经二十年的苦苦求索，借助批判性思维与合作学习开创了小学教育教学中"培养未来科学家"的课程体系，强力推进批判性思维及科学教育工作，这成为小学批判性思维教育教学研究的一面旗帜。

逻素（深圳）科技有限公司王宏鹰认为，逻辑与批判性思维课程在我国学校教育中仍然严重缺位。只有坚持逻辑与批判性思维教育工作从娃娃抓起，多学科融合进行，以逻辑为基础，融入数学、科学和美学的综合素质教育，采用市场化运作模式，才适合我国学生的综合素质培养，才有助于推动逻辑与批判性思维的广泛应用，促进社会的发展和进步。

在教学研究方面，成都市树德中学王华美老师认为，语文教学中培养批判性思维应该抓住关键以寻求突破。他将理解与质疑、论证与评估、反思与创新确立为语文教学中批判性思维培育的着力点。

五　批判性思维与课程思政

中央党史和文献研究院郭海龙认为，从"两个大局"视角来看，全民亟须提升在认知体系中起统帅作用的逻辑与批判性思维能力。"五育并举"是我国新时代深化教育教学改革的重要要求，课程思政是新时代落实立德树人根本任务的战略举措。华中师范大学宋荣团队积极探索构建课程思政教学创新模式，坚持综合提升教育对象的全方位素养，坚持"三全育人、五育并举"，促进思政课程与课程思政的同向同行，为逻辑学课程思政教学创新模式探索提供可能路径。

东北师范大学张萍教授认为，在实现中华民族伟大复兴以及实现第二个百年奋斗目标的历史征程中，大学生作为未来国家的建设者尤其需要具备理性批判精神和独立思考能力，因此，大学生批判性思维素质培养至关重要。东华大学田长生副教授认为，中国式现代化需要创新精神，大学生作为中国式现代化的生力军，肩负着塑造国家未来的重任，应该提升创新的能力。在新时代高校思政课课程中引入批判性思维，能够有效克服传统思政课教学弊端，提升课堂教学质量和教学实效，切实促进大学生思维健康发展，从而推进中国式现代化进程。

在具体实施策略方面，郭海龙认为，一是有针对性地对科研、教学等重点领域强化逻辑与批判性思维训练，通过科教创新培养高素质人才和新质生产力，形成良性循环；二是在各行业从业规范和行业标准方面完善逻辑链条，以逻辑与批判性思维能力提升的绩效引导全民自觉提升逻辑思维能力；三是通过宣传逻辑与批判性思维成功案例，引领全民强化提升逻辑与批判性思维能力的内在动力。四川师范大学陆禾认为，在当前形势下，在各教育阶段传播中华优秀传统文化、提高学生文化自信具有十分重要的意义，也是我国教育改革和发展的重要内容和基本要求。以逻辑与批判性思维教育为载体，利用逻辑与批判性思维教育传播中国文化，弘扬中华优秀文化，增强文化自信，是逻辑与批判性思维教育课程设计的重要课题。

六 批判性思维的应用和现代价值

本次会议关注批判性思维应用与实践的学者不在少数。第三军医大学翟建才认为，马克思主义批判哲学是批判性思维的理论基础，批判性思维的基础工具性作用明显，与创新能力的关联性极强。当今世界，批判性思维对于科学技术创新既十分重要，又相当紧迫和有效。南京大学谢昊岩、许昌学院黄海认为，批判性思维被强调为理解 AI 影响和解决这些挑战的关键工具。因此，在人工智能时代，教育的重点应转向培养学生的批判性思维能力。批判性思维对于个人和社会的发展至关重要。

在法律应用方面，湖北大学徐梦醒认为，批判性思维通常建立在新问题的可能解决路径的探寻上，而不是拘泥于固有的定义和认知的约束力。批判性思维对法律方法应用能力培养的意义体现在凸显法学"经世致用"之价值、落实法学教育课程思政的方法论路径两个方面。河南财经政法大学李依林、炊苗苗认为，批判性思维为冤假错案的逻辑分析提供了新视角、新范式、新维度。将批判性思维理论和冤假错案的案例结合，运用批判性思维理论中的问题式思维、审辩式思维、关联式思维等方法对冤假错案进行逻辑角度的批判，为冤假错案的预防提供辩证性的逻辑思维机制。

综上，本次会议回应世界与时代关切，深化批判性思维研究，是逻辑与批判性思维学界的一次盛会。批判性思维专业委员会的成立，结束了我国一直以来没有正式的、专业的批判性思维学术组织的历史，这是具有开创性意义的一件大事。中国逻辑学会批判性思维专业委员会的成立，有助于推动批判性思维在中国的研究和发展，提高公众的批判性思维素养，为中国式现代化建设和人类文明的赓续和发展贡献智慧和力量。

Logic and Critical Thinking   Vol.1

Table of Contents & Abstracts

Abstract: This article explores the profound relationship between critical thinking and deductive logic. It critiques scholars who cultivate critical thinking without grounding it in logic. The article demonstrates that deductive logic is the most crucial foundation and the most fundamental tool for critical thinking. It emphasizes that without the foundation of deductive logic, there can be no genuine critical thinking, nor can there be genuine cultivation of critical thinking.

Keywords: Critical thinking; Cultivation; Deductive logic

Abstract: Critical thinking is closely linked to mental health and the author's professional experience. Drawing upon this work experience, the article explores the relationships between mental health and belief, critical thinking and belief, as well as critical thinking and mental health, specifically highlighting the importance of critical thinking for mental health.

Keywords: Critical thinking; Belief; Mental health

From Introduction to Logic to Introduction to Logic and Critical Thinking

Wu Hongzhi / 32

Abstract: The new wave of global critical thinking research and teaching not only goes hand in hand with the new development of logic, especially the outstanding informal logic, but also the two new forces of thinking promote each other, which not only makes critical thinking find a place in the traditional university curriculum system, but also makes the university (general) logic teaching take on a new look. One of the achievements of university logic teaching reform is the rise of the course "Logic and Critical Thinking". Such textbooks deal differently with the relationship between logic and critical thinking. It is a new form of logic teaching to take logic knowledge, method and spirit as a powerful tool of critical thinking and integrate them with it. Logic knowledge, method and spirit serve the cultivation of critical thinking skills and tendencies, not only give full play to the traditional functions of logic to improve rational thinking, but also make use of the advantages of logic itself as a pattern and rule. Make critical thinking concrete, actionable and practical. The fusion of logic and critical thinking is not only possible but feasible.

Keywords: Critical Thinking; Logic; Informal Logic; Argument; Fallacy

Exploring the Reform of Logic Teaching in the Construction of New Liberal Arts

Huang Huaxin, Hong Zhengyi, Xu Cihua / 51

Abstract: With the advent of the era of intelligence augmentation, the acceleration of knowledge flow, and the transformation of learning paradigms, cultivating students' abilities for deep learning and critical thinking has become a crucial issue in current educational reform and development. Logic, with its core values of "seeking truth, understanding principles, and adhering to rules," aims to enhance people's thinking capacity and quality, aligning closely with the goals of modern education. In response to the demands of the New liberal arts, it is imperative to carefully select the content and methods of logic instruction, guided by the principles of "internationalization, digitalization, specialization, and quality." Furthermore, it is essential to fully leverage new technologies and methods in the internet era to promote reforms in logic teaching. In the broader trend of interdisciplinary integration between the sciences and humanities, guiding students to master the fundamental methods of rational thinking and scientific inquiry is a topic that warrants our deep consideration.

Keywords: Logic Teaching; Curriculum Development; New Liberal Arts; Digitalization

The Current Status and Development Trends of Critical Thinking Research in the Field of Higher Education in China

Wen Jing / 61

Abstract: This study aims to summarize the researchers, disciplines involved, research frontiers, and development trends in the field of critical thinking in higher education in China through visualization analysis. Using the search terms (higher education+university+higher vocational) * critical thinking, a total of 226 journal articles indexed by the Chinese Social Sciences Citation Index (CSSCI) or the Chinese Core Journals Overview were retrieved from CNKI. The CiteSpace was used for bibliometric and visualization analysis. Research on critical thinking in China began in 1996, primarily focusing on higher education, foreign languages and literature, education theory, and management disciplines, with Huazhong University of Science and Technology being the most important research institution and Shen

Hong being the most prolific author. There are 11 core authors, but a core author group conforming to Price's law has not yet formed. The cultivation of students' innovative abilities and teaching models, the development of higher education and the enhancement of students' comprehensive abilities, and the evaluation of critical thinking are the main research focuses in this field, with critical thinking and creative thinking abilities consistently being key areas of interest. Research initially started in the philosophy discipline and is predicted to gain more attention in the teaching of various other disciplines in the future. This study only retrieved articles indexed by CSSCI or the Chinese Core Journals Overview in CNKI and did not analyze articles indexed by internationally renowned databases.

Keywords: Critical Thinking; Higher Education; Bibliometric Analysis; Visualization Analysis

Communication and Mutual Learning
—A Dialogue on Critical Thinking

Lin Shengqiang, Linda Elder / 76

Abstract: The dialogue revolves around the book "Critical Thinking". Through discussions, extensive communication and beneficial explorations were conducted on the history, current status, and future development of critical thinking education and research in China and the United States. In particular, achievements and consensuses were reached in aspects such as the status and role of critical thinking in education and socio-cultural life, the relationship between critical thinking and creative thinking, the relationship between critical thinking and logic, the accomplishments of ancient Chinese critical thinking, as well as exchanges and collaborations in research and advancement.

Keywords: China-US; Critical Thinking; Dialogue

Critical Thinking and Counterfactual Reasoning

Hu Jiawei, Dun Xinguo / 90

Abstract: Critical thinking requires thinkers to reasonably reflect on and solve problems in specific situations and with specific issues. This rationality relies on a certain logical foundation. By analyzing the definition, essence, tendencies, and abilities of critical thinking, this article discovers a close relationship between this cognitive activity and counterfactual reasoning. Counterfactual reasoning is also a rational questioning and thinking process that targets specific situations and issues. It is the primary way to explore the causal relationships between actual events. Since the thinking model of counterfactual reasoning is relatively simple, cultivating critical thinking from this perspective is a new approach worth trying.

Keywords: Critical Thinking; Logic; Tendencies and Abilities; Counterfactual Reasoning; Causal Model

The Essence of Critical Thinking

Huang Hai, Wang Kexi / 104

Abstract: Critical thinking refers to a mode of thinking that is skeptical, analytical, inferential, rigorous, and agile. It should embody four intellectual characteristics, seven constituent elements, and three steps. This article provides a detailed analysis of the features and components of critical thinking, unveiling its core concepts and application methods. By comparing historical and modern cases, it demonstrates the effectiveness of critical thinking in various fields. Critical thinking is not merely a thinking method but an amalgamation of all thinking methods for understanding the diverse world, encompassing innovative thinking, divergent thinking, and contrarian thinking. Critical thinkers should possess the ability to discover and solve problems, adeptly use evidence and arguments to support their ideas, and systematically discuss and analyze issues. It is recommended to strengthen the cultivation of critical thinking in education and practice to address the complex challenges of modern society.

Keywords: Critical Thinking; Essence; Discover Problems; Analyze Problems; Solve Problems

A Comparative Study of the Three-branch Argumentation of Tang Dynasty's Yinming Annotations and Toulmin's Argumentation Model

Wang Nan / 125

Abstract: Tang Xuanzang successively translated "Yinming Ruzheng Lilun" and "Yinming Zhenglimen Lun", lecturing on Yinming, and his disciples annotated these two theories in succession, forming the Yinming Annotation System of the Tang Dynasty, also known as Tang Dynasty's Yinming Annotations. In the study of argumentation, Tang Dynasty's Yinming Annotations inherited the three-branch argumentation of Chenna's New Yinming. In recent times, the academic community has mostly explored the nature of the three-branch argumentation of Tang Dynasty's Yinming Annotations from a formal perspective. Formal methods can clearly show the relationship between the various elements of the argumentation, but they tend to overlook its unique characteristics and lead to difficulties. Toulmin's argumentation model is a functional explanation of each step in maintaining an argumentative claim in informal logic, which is consistent with the intention of Tang Dynasty's Yinming Annotations to interpret the three-branch argumentation according to "proposition-reason-analogy." By examining the three-branch argumentation of Tang Dynasty's Yinming Annotations with the analytical argumentation of Toulmin, we can not only escape the dilemma of whether the three-branch argumentation is deductive or inductive, but also better focus on how to analyze and evaluate the three-branch argumentation as a form of Buddhist debate and argumentation.

Keywords: Tang Dynasty's Yinming Annotations; Three-branch Argumentation; Toulmin's Argumentation Model

Validity, Empirical Evidence, and Criticism

—An Analysis of Traditional Chinese Argumentation Methods

Wang Wei / 140

Abstract: Wang Chong's Logic of Argument, as a model and significant center of argumentation research in China during the two Han dynasties, has a lot of theories and practices about argumentation methods in his book Lun Heng, which is an important reference value for today's research on traditional Chinese argumentation theory. This paper, through the method of logical analysis, examines Wang Chong's "Verification Argumentation Method" in the light of the specific argumentation practice in Lun Heng, and finds that this method is not only the inheritance and development of the traditional Chinese argumentation method, but also has its distinctive imprint of the times and personal style. Its inherent nature is to criticize all falsehoods, restore the original appearance of the facts, and provide a standard of measurement for the world to correctly understand things. Taking Wang Chong's "Verification Argumentation Method" as a point, it is of great significance for the construction of Chinese independent knowledge system in the new era, by driving the understanding of the whole traditional Chinese argumentation and reasoning and promoting the innovative development and creative transformation of traditional argumentation methods.

Keywords: Validity; Evidence; Critic Falsehood; Critical Spirit; Empirical Spirit

Artificial Intelligence and Critical Thinking

Xie Haoyan, Lu He / 157

Abstract: This article explores the significant role of critical thinking in the application of artificial intelligence (AI) technology, as well as how AI can conversely facilitate the development of critical thinking. Firstly, the article emphasizes the necessity of assessing the accuracy and reliability of AI-generated information, highlights the importance of identifying and addressing biases in AI systems, and discusses the importance of making ethical and moral decisions in AI applications. This section clarifies that critical thinking is crucial in ensuring fairness, transparency, and morality in decision-making when adopting AI technology. Furthermore, the article explores the potential of AI in promoting critical thinking, including enhancing human understanding and decision-making capabilities through data analysis and logical reasoning, supporting the development of critical thinking skills through personalized learning paths in the educational field, and the application of AI in decision-making assistance, demonstrating how AI can help people make more informed and rational decisions.

Keywords: Critical Thinking; Artificial Intelligence; Large Language Models

A Pragmatic Interpretation of the RTE Violation

Tang Ying, Wang Gang / 166

Abstract: When determining how much degree of belief is reasonable for a proposition, we should consider all relevant evidence, not just a part of it, which is the Requirement of Total Evidence. If this requirement is violated, it will be unreasonable. And Peter Achinstain don't think so. In his view, in some cases, we choose to "ignore" certain evidence out of pragmatism. Although this may violate Requirement of Total Evidence, this approach may be reasonable. Therefore, he defended his viewpoint by citing some cases.

Keywords: Requirement of Total Evidence; Achinstein; Pragmatism

A Logical Critique of Wrongful Cases
—A Critical Thinking Perspective

Chui Miaomiao, Li Yilin / 178

Abstract: Critical thinking is the evaluation of the thinking process of drawing conclusions about a specific situation for oneself or others, with the goal of making the right decisions or conclusions. When evaluating the reasoning that forms a conclusion, it is critical thinking. Critical thinking requires us to evaluate the logic and authenticity of our arguments. By combining critical thinking theory with cases of wrongful convictions, and using the methods of problem-solving, argumentative thinking, and relational thinking in this theory to logically criticize wrongful convictions, we hope to provide a dialectical logical thinking mechanism for the prevention of wrongful convictions.

Keywords: Wrongful Cases; Problem Based Thinking; Argumentative Thinking; Relational Thinking

How Logic and Critical ThinkingEnlighten Students' Values of Truth, Goodness, and Beauty

Chen Aihua / 196

Abstract: In the process of exploring logic teaching with critical thinking, emphasis is placed on inspiring students from the triple dimensions of truth, goodness, and beauty. This can inspire students to inquire into the truth of logic, comprehend the goodness of logic, and appreciate the beauty of logic. Therefore, in logic teaching, the author pays great attention to enlightening students with truth to stimulate their wisdom, storing morality through truth, and achieving beauty with truth. At the same time, emphasis is also placed on inspiring truth through morality, perfecting goodness with morality, and reaching beauty via morality. Furthermore, attention is given to inspiring truth through beauty, storing morality with beauty, and appreciating aesthetics based on beauty. As teachers and students learn from each other, while inspiring students from the triple dimensions of truth, goodness, and beauty, educators also gain a deeper understanding of the inherent truth, goodness, and beauty embodied in logic, as well as their application in practice.

Keywords: Logic; Critical Thking; Truth, Goodness and Beauty

Strategies for Cultivating Critical Thinking Among College Students in the Process of Chinese-style Modernization

Wang Jiaqi, Tian Changsheng / 203

Abstract: Critical thinking is an important component of Marxist thinking mode and a basic quality for us to promote the process of Chinese-style modernization and solve complex problems. College students are the rising stars and pioneering forces for the future development of the motherland. It is necessary to cultivate critical thinking among college students in the process of Chinese-style modernization. We can cultivate critical thinking among college students through the joint efforts of schools, teachers, and students themselves, so that the younger generation of college students can take on the baton of the motherland's construction cause and run well in the marathon of national rejuvenation with more confidence and ability.

Keywords: Chinese-style Modernization Process; College Students; Critical Thinking; Cultivation Strategy

Practical Paths to Strengthen the Cultivation of Innovative Thinking in High School Ideological and Political Classes

Cai Min / 218

Abstract: Strengthening the cultivation of students' thinking abilities, especially innovative thinking abilities, is an important measure to comply with the requirements of the times and subject development, as well as to implement the core literacy of students. Guided by the new curriculum standards, this article studies the subject-oriented test content and methods of innovative thinking in the political evaluation system for the college entrance examination. Based on this theoretical foundation, it explores specific paths and methods for cultivating innovative thinking in high school ideological and political courses from three dimensions: situation creation, problem design, and activity design. Appropriate scenarios, with their realistic concreteness, distinct themes, and complexity, provide students with learning scenarios and materials to develop innovative thinking. Scientific problem design should run through the entire teaching process of high school ideological and political courses, transforming teaching content and learning tasks into logically clear, gradual problem designs, guiding students to improve their innovative thinking levels in solving problems. Effective activities enable students to enhance their ability to use innovative thinking to solve practical problems through speculation, exploration, and practice.

Keywords: Innovative Thinking; Situational Teaching; Problem-based Teaching; Activity-based Curriculum

《逻辑与批判性思维》征稿启事

为推进逻辑与批判性思维理论研究，中国逻辑学会与社会科学文献出版社合作创办《逻辑与批判性思维》集刊。《逻辑与批判性思维》集刊为逻辑与批判性思维的专业学术集刊，由中国知网 CNKI 收录，每年两辑或以上；常设【高等教育研究】【基础教育研究】【学术争鸣】【学术论坛】【传统文化研究】【应用研究】【课程思政】【学术动态】等栏目。现将征稿要求说明如下，欢迎赐稿。

1. 原创性论文。本刊刊发论文正文须为中文；投稿请用 word 文档。

2. 请自行检测后投稿，并注明检测结果。在本刊发表之前，投稿论文不得 在其他出版物上（含内刊）刊出。

3. 文章格式严格遵循学术规范要求，包括中英文标题、摘要（300 字以内）和关键词及作者简介（姓名、性别、出生年月、籍贯、工作单位、职务或职称、主要研究领域）；基金项目论文，请注明下达单位、项目名称及项目编号等相关信息。

4. 论文字数 0.6 万至 1.2 万。投稿文件名请统一标注为：作者-论文题目。

5. 注释采用脚注形式，每页重新编号，注释序号放在标点符号之后。所引文献需有完整出处，如作者、题名、出版单位及出版年份、卷期、页码等。网络资源请完整标注网址。

6. 编辑部可能会根据相关要求对来稿文字做一定删改，不同意删改者请在 投稿时注明。

7. 编辑部收稿后会按规定安排专家进行评审。对符合本刊刊发要求的稿件，将通知作者，并进入编辑程序。60 天之内未收到用稿通知的，作者可自行处理。恕不退稿。

8. 编辑部联系方式如下。邮箱：Lgct2023@ 126. com。地址：四川省成都市锦 江区静安路 5 号四川师范大学哲学学院，邮编：610066。

图书在版编目（CIP）数据

逻辑与批判性思维. 第一辑／林胜强主编. --北京：
社会科学文献出版社，2025.6. --ISBN 978-7-5228
-5323-9

Ⅰ. B81

中国国家版本馆 CIP 数据核字第 2025QL2877 号

逻辑与批判性思维　第一辑

主　　编／林胜强

出 版 人／冀祥德
责任编辑／卫　羚
文稿编辑／田正帅
责任印制／岳　阳

出　　版／社会科学文献出版社·人文分社（010）59367215
　　　　　　地址：北京市北三环中路甲 29 号院华龙大厦　邮编：100029
　　　　　　网址：www.ssap.com.cn
发　　行／社会科学文献出版社（010）59367028
印　　装／三河市龙林印务有限公司

规　　格／开　本：787mm×1092mm　1/16
　　　　　　印　张：17.75　字　数：270 千字
版　　次／2025 年 6 月第 1 版　2025 年 6 月第 1 次印刷
书　　号／ISBN 978-7-5228-5323-9
定　　价／138.00 元

读者服务电话：4008918866